聽懂另一半

破解男女溝通邏輯，
語言學家教你解讀弦外之音

You just don't Understand

Women and men in Conversation

黛博拉・泰南 Deborah Tannen ＿著
沈聿德＿譯

目錄

前言

我們的人生就是一連串的對話。身為社會語言學家，分析日常對話與其對關係的影響，向來是我職業生涯的關注焦點。在這本書裡，我同時傾聽女性與男性的聲音。我會疏通釐清那些看似無意義卻困擾著你我關係的誤解，同時讓大家明白，即便在沒有明顯誤會的情況下，男性和女性也可能用不同的方式去解讀相同的對話內容。我會說明，為何想要溝通的真心誠意往往卻讓對方困惑，而我們要怎麼做才能多少避免或緩解挫折的無力感。

我的著作《我的意思才不是那樣！》(*That's Not What I Meant!*) 讓讀者知道人人都有不同的對話風格。因此，當來自同一個國家但地區有別的人，或者不同族裔及階級背景的人交談時，他們話語的本意，可能就會跟聽者理解的意義不盡相同。不過，又不是人人都得跟自己國家裡不同地區或不同族裔的人結伴終生，這只是部分人的選擇罷了。話說回來，我們的確八成會與異性配對、長期結伴，而且很多人都這樣。再者，即使很多人（也越來越少）可以大半輩子都不用跟文化背景迥異的人緊密接觸，卻幾乎無法逃避跟異性打交道，因為就算沒有異性朋友，也有異性的親戚與同事，就連沒有生活伴侶或者主要關係對象為同性伴侶的人也不例外。

《我的意思才不是那樣！》共有十章，其中有一章處理的是對話風格的性別差異。然而，我接到訪談、邀稿，以及演講的邀約時，有九〇％都希望我把重點放在該書一〇％的內容上，也就是男女差異的那一章。大家都想更了解性別與對話風格。

我自己也想更深入。這可一點不假。我之所以決定要成為語言學家，很大一部分是因為修了羅賓．萊可夫（Robin Lakoff）的一門課，內容是她針對性別和語言的研究。我的第一份大型語言學研究，主題就是迂迴表達的性別與文化差異，而且，我對同一主題的其他研究也相當熟悉。只不過，雖然我一直以來的研究都與性別研究有點關係，但我沒有一頭栽進核心研究圈，這多少是因為這個領域太具爭議性了。

每每我寫到或談到男女之間對話風格的差異時，就會爭論四起。多數人會驚呼我說的千真萬確，興奮地認為我解釋了他們的個人經驗。他們會鬆了一口氣，知道這些困擾其實很常見，而不是因為自己、伴侶、或是他們的關係出了什麼嚴重的問題。過去他們把伴侶的說話方式歸咎為伴侶個人的缺點，如今，他們可以重新理解伴侶的說話方式只是反映出一套不同的系統。另一方面，他們自己的說話方式可能讓伴侶困擾多年，但如今他們可以據理力爭地說，這種方式既合乎邏輯又合理。

雖然多數人認為，我對說話方式之性別差異的解釋能說明他們自身的經驗（他們還迫不急待地要提出自己的例子），但有些人一聽到性別二字就侷促不安。有些人光聽到男女不同的觀點就生氣。而且，這種反應男女皆有。

有些男人從女性口中聽到任何攸關男女的陳述，就視其為控訴——認為這只是女人表達受不了的美化方式，彷彿是在怒喊「你們這些男人！」，他們覺得只要自己被討論，就算不是受到詆毀，也是一種物化。

然而，可不只是男性會對一切關於男女的陳述忿恨不平。有些女人會有憑有據地擔心，任何性別差異的看法，大家聽在耳裡，會以為言下之意是女人不一樣——與標準有別，也就是與男人的一切有別。男性被視為常態，而女性則被視為背離常態。何況，「不一樣」跟「比較差」只有一步之隔——而且「不一樣」可能終究會被當成「比較差」。

此外，就算讓大家明白女性和男性的對話風格不同，通常被要求要改變的，也是女性。我就曾在別人針對我的作品的回應裡，見識過這樣的事。《華盛頓郵報》（*The Washington Post*）上有一篇我寫過的文章，內容提到一對男女在車上的對話。對話中的女性問：「你要不要找地方喝一杯？」她的丈夫誠實地回答「不要」，接著繼續開車。事後丈夫得知太太其實想找地方喝一杯，所以很不高興。他覺得很無力，納悶不解：「為什麼不說她想喝一杯就好了？她為什麼要跟我玩遊戲？」我的解釋是，女方並非沒有如願而生氣，而是因為先生沒有考慮她提出的選項。從她的觀點來看，她對先生想做的事都會表達在意，反觀先生對她想做什麼卻完全不在乎。

我的分析強調此案例中的丈夫和太太的風格儘管有別，**卻一樣合理**。在我另一篇《多倫多星報》（*Toronto Star*）的文章裡，這個論點卻被編輯過頭，刊出時已經消失不見了。這讓我看似在建議讀者：「女性務必要理解，當男性回答『要』或『不』的時候，她並不是非得照做而沒有商量的餘地。」《多倫多星報》的編輯刪掉了一段前文：「想了解出了什麼問題，男性必須明白，當女性問他想做什麼時，並不是要他提供訊息，而是在開啟協商，討論雙方想做什麼。然而，女性務必要理解……。」編輯這麼大刀一揮，我的說法從男女**都**應該調整，變成女人務必單方面努力理解男人。告知女人務必單方「理解」，言下之意就是男人的方式才對，而女人的方式錯。這個編輯後的版本被重印納入教科書，錯誤便一傳十，十傳百地傳開了。

我們都曉得自己是獨特的個體，但卻往往視他人為群體的代表。這是天生習性，因為我們非得以模式觀察世界，方能加以理解；要能處理每天大量的人事物，就得有辦法預測與這些有關的訊息、感覺自己對其有所知曉。只不過，這個看出相似性模式的能力，雖然與生俱來又頗有助益，卻也有其不幸的後果。把個體「歸約」為一種類別，不但會讓人不快，還是一種誤導。將女人和男人區分成各種類別，就會強化這種還原論[1]的危險。

儘管「概括」可描繪出相似性，卻也掩蓋了差異性。型塑你我的種種影響，族繁不及備載：族裔、宗教、階級、種族、年齡、職業、自己與親人居住過的地理區域，以及許多其他群體認同等等都是——其中還混雜了個體的人格與偏好。我們很容易透過一個或幾個類別總結他人，例如美國南方淑女（southern belle）、紐約的猶太知識份子（New York Jewish intellectual）、波士頓婆羅門（Boston Brahmin）或暴躁的義大利人（hot-tempered Italian）。這些類別即使能預測到該對象的部分行為，但沒有描繪到的卻遠多於此。每一個人和任何其他人都有完全不像的地方，數也數不完——就算跟許多同一個類別中的其他人，也會不一樣。

我深知這些危險，卻還是走入越來越多人以性別和語言為主題的對話，因為，忽略差異性的危險，比指出差異性的危險更大。欲蓋彌彰並不會讓阻礙物消失；我們反而會在大步穿過房間時被它絆倒，最後只得用爬的。拒絕接受真正的差異，可能只會加重在這個改變與重塑男女關係的年代裡早已司空見慣的疑惑。

假裝男女都一樣的行為，對女人有害，因為我們會用對男人而言的常態，來對待女性。這對男人也不利，因為，如果男人本著善意用對男人說話的方式來和女人溝通，得到的效果卻不如預期，甚至招來嫌惡或惹對方生氣，那麼，男人反而會不知所措。

這種弔詭可見於美洲原住民女性艾比．阿碧南蒂（Abby Abinanti）的自白中。她談到自己讀法律研究所很辛苦而且又備感孤立的原因：

> 大家不喜歡或不接受原住民或女人當律師。有的人沒辦法確定自己到底更討厭前者或後者；有些人則會假裝大家都一樣，誰當律師都沒有差別。我也可以是「男學生的一分子」、「白人男學生的一分子」。不太可能這樣的。這兩種對待都會讓我困擾。

1 編注：reductionism，一種哲學思想，相信通過拆解就能理解、描述複雜的系統與現象。

討厭女人或原住民當律師這件事，會對讀法律研究所的原住民女性造成問題——這很容易理解。但要明白「想以平起平坐之道接納她的人」也會對她造成問題，就難多了。認定「她跟大家一樣」的想法之所以有傷害性，就是因為她不一樣。那些人用來反映並確立自己身分認同的種種假定、價值觀還有風格，會破壞她的身分認同。

有些學者為了確立女人的對等地位，反而不願讓大家看到男女的不同，因為差異可以被用來合理化不公平的對待與機會。儘管我理解也同理那些希望男女間不存在差異（只有可彌補的社會不公）的人，但我和其他人的研究、連同我自己與其他人的經驗，在在都告訴我事實就不是這樣。說話的方式**真的**有性別差異，我們要能辨識與理解。沒有這種理解，我們就注定會把截然不同的對話風格所帶來的困惑與有害後果，怪到他人與自己（或關係）的頭上。

承認性別差異，個人便不必再糾結自己是否不正常或出了問題。許多男女對自己的親密關係都不滿意，而且想試著討論時，甚至更沮喪無力。以**社會語言學**來面對關係，就可能解釋這種無力感，而不指責是誰發狂或邏輯錯誤，同時也不必怪罪或放棄這段關係。假如我們承認也理解彼此的差異，就能把彼此的風格納入考量，調整自己、適應各自的風格，並從中學習。

本書採用的社會語言學手法，會讓讀者們明白，由於男孩和女孩在基本有別的文化之下成長，所以男人與女人的對話是一種跨文化溝通。用跨文化觀點處理對話風格中的性別差異，跟以性別和語言為主題的研究是不一樣的，後者認為男女對話失敗的原因在於，男人要宰制女人。男性作為一種主導你我社會的階級，這點無庸置疑；而許多男人想在生活中主宰女性，也是不爭的事實。但男性主導並非全貌。光靠這點，無法解釋對話中的男女要面對的一切——尤其當雙方都抱著真心誠意，想理解彼此的對話內容。主導的結果不見得出於想主導的意圖。這就是本書為大家帶來的新知。

在這個機會大開的時代，女性嶄露頭角爬上權威要職。起初，我們以為女性可以用以往的方式說話，但這往往行不通。另一個看似合乎邏輯的想法，就是女性該改變風格，用男人的方式說話。除了「女性必須負責所有改變」很令人反感，這也行不通，因為說話像男人的女人，會受到不同的評斷——而且嚴苛得很。我們不得不檢視我們的選擇與其招致的後果。唯有透過理解彼此的風格與自己的選項，才能開始找到機會，不受單一死硬對話風格的圈囿。

對話風格的差異沒辦法解釋男女關係的一切問題。心理問題、真的不再相愛相護，以及純然的自私（連同政治與經濟不平等所造成的現實後果）都可能是威脅。但還有無數的情況是，這些缺失被關係中的一人用來誣指對方，原因只是對方用不同方式表達想法、感受以及對溝通的既定看法。假使我們可以根據對話風格去釐清差異，就能以比較好的立場迎擊真正的利益衝突，同時找到能協調伴侶的共同語言。

我提筆寫《我的意思才不是那樣！》的前言時，就提到有個女學生，她聲稱在喬治城大學修了我一門課因而挽救了婚姻。不久前，那位學生（如今是教授，仍然已婚）寫了封信給我。她說她和丈夫一直都保持對話，只是到頭來不知何故都以爭執收場。某次兩人吵到一半，她的丈夫氣急敗壞地說：「泰南博士最好趕快寫新書，因為，男女說話這件事一定是世界上嚴重的問題！」本書前言至此，停筆前，我要把這本書獻給那個丈夫，以及世界各地正想盡辦法要跟彼此溝通的男男女女。

第一章

在不同世界，說著不同語言

多年前，我那時的丈夫對我吼道：「我沒給妳跟我大小聲的權利，因為妳是女人，我是男人。」這聽來令人很無力，因為我知道不公平。但我也清楚這是怎麼回事。我把這種不公平的觀念，歸咎於他所生長國家裡的人，幾乎都不認為男女可能有平等的權利。

我如今的丈夫，既是我的伴侶也是朋友。我們的背景類似，有共同的價值觀與興趣。跟他講話帶給我的快樂源源不絕，有個可以傾吐一切同時對方也理解的伴侶，是件美好的事。只不過，他看待事物的方式不一定與我相同，做出的反應也不見得符合我的期待。而且，我也往往不明白他為什麼說某些話。

動筆寫這本書時，我們兩人在不同的城市工作。大家經常會大表同情地說「一定很難熬吧」、「妳怎麼受得了？」這種話。我通常會接受，再補上「我們很常飛去見對方」之類的話。有時我還會順著他們的顧慮強調：「最慘的就是，要一直打包行李，然後把行李再拿出來。」但我丈夫的反應就不同了，他通常會為此不快。他可能會冷處理相隔兩地的不便，回應道：身為學者，我們可以一起過四天的週末，每年還有長假，夏天也能在一起四個月。其他時間我們工作不受彼此干擾，對雙方反而都好。我有次無意間聽到他跟一個半信半疑的男人說，我們真幸運，因為研究顯示同住的已婚伴侶每個禮拜花不到半小時跟對方講話。言下之意就是，我們的處境是有利的。

我並不反對丈夫的回應方式（他說的都對），不過，我倒很訝異他會這樣說。我不理解他為何有這種反應。他解釋道，有些關心的表達有種自以為是的感覺，問話者似乎是在暗示：「你的婚姻不是真正的婚姻吧；你職業沒選好，才導致不利的安排。我可憐你，而且我高高在上自滿地看著你，因為我的妻子和我成功避開了你那樣的不幸。」我從沒想過這些關心可能有高人一等的意味，他如此點明之後，我是也看出來了。但就算我看出這一點，卻依舊忍不住覺得他的回應有點怪，那是他個人的怪脾氣。感覺他常常把別人當對手，而我卻不會這樣。

完成研究、寫出這本書後，我如今明白他只是用了許多男人面對這個世界的方式：視自己為階層社會秩序中的個體，若非高人一等就是矮人一截。在這個世界裡，對話是獲取並維持優勢的協商過程，以免受到他人意圖羞辱與擺布。這樣看來，生活就是競賽，是一場維護獨立、避免失敗的鬥爭。

至於我呢，則用許多女人的方式看待世界：視自己為連結網絡當中的個體。在這個世界裡，對話是為了建立「親密度」的協商，人們藉此想辦法尋求並提供彼此認可與支持以達成共識。女人們要保護自己免受他人意圖排拒。這麼說來，生活就是社群，是一場維護親密度同時避免孤立的鬥爭。儘管在這個世界裡也有階層制度，但與其說這些是權力與成就的階層制度，不如說是友誼的階層制度。

女性也會在意獲得地位、避免失敗這種事，只不過，這些並非她們時時刻刻**專注**的目標，而且她們往往會打著連結的名號追求這些。同樣地，男性也會在意如何實現緊密關係、避免孤立，只不過他們並不**專注**於這些目標，而且往往會打著反對的名號追求這些。

透過此一觀點討論男女的差異時，我的丈夫點出了一個我遺漏的區別：當他在表達關心的人身上嗅到階層制度的意識時，才會用我剛剛描述的那種方式回應。而我也碰過自己討厭別人對我們這種通勤婚姻大表同情的狀況。我記得有個男士問我問題時，斜眼看我，一臉存疑，讓我大感不滿；他說：「妳怎麼有辦法經營這種遠距愛情？」還有一次，在看戲時的中場休息，有個只是聽過我名聲的女士上前與我們攀談，她問完我丈夫在哪裡工作後，得知我們的狀況，還繼續打破砂鍋問到底，我也很不高興。在這些例子裡，我並不覺得自己被羞辱，而是覺得自己被打擾了。如果我的丈夫是因為覺察對方主張自己地位比較高而不滿，那麼我就是被這些同情我們的人士不恰當的親密度冒犯的。

親密度與獨立性

在一個連結的世界裡，個體會協商複雜的友誼網絡，盡量減少差異、想辦法達成共識，同時避免會強調彼此差異的優越感現形，此時**親密度**便至關重要。在一個區分地位的世界裡，由於建立地位的主要工具就是告訴別人要做什麼，而聽命行事又是地位低下的標記，此時，**獨立性**就至關重要。儘管人人都需要親密度和獨立性，但習性上女性以前者為重，男性則以後者為主。這猶如男女的生命之血，流動方向有別。

這些差異，可以讓男人和女人對同一個情況的看法迥異；以下這對伴侶便是一例，我姑且先稱他們是琳達和喬許。喬許的高中好友在他上班時打電話來，說下個月會到他的城市出差，喬許於是邀老友到家裡度週末。當天晚上，他告訴琳達週末會有客人來，而且他們第一晚會出門找地方聊天，重溫高中時光。琳達很不高興。那一週她要出差，而喬許要跟好友出門的週五當晚，正是她回到家的第一晚。但讓她最不高興的是，喬許擅自決定計畫才告訴她，而不是先跟她說一聲再邀約朋友。

琳達絕不會不跟喬許商量就直接做安排，哪怕只是一晚或週末的計畫都一樣。她不能理解喬許為何不同理相待，對等體諒。但她提出抗議時，喬許說：「我不能跟我朋友說『我得先徵得老婆的許可』！」

對喬許來說，跟老婆說一聲代表徵求老婆同意，言下之意就是他不是獨立的，也沒有自主行事的自由。這麼做會讓他自覺像是小孩或下屬。對琳達而言，先跟老公說一聲根本無關乎許可兩字。在她的認定下，伴侶會和彼此討論兩人的計畫，因為生活緊密，其中一人的行為會影響另一人。琳達不只不在乎跟別人說「我得先跟喬許說一下」，反而會樂在其中。清楚自己處在一段認真的關係裡而且和對方生活緊緊相繫，同時展現給別人看——這讓她感覺良好。

這個事件（以及其他類似的）直接切中兩人在意的主要重點，雙方都為此沮喪不已。琳達受傷，是因為她覺察到關係中喪失了親密感：喬許對她的在乎不及她對喬許的。而喬許受傷，是因為他覺得琳達企圖要控制他、限制他的自由。

另一對伴侶露意絲和豪伊，在花錢一事上也有類似的衝突。露意絲絕不會不和豪伊討論就買超過一百美元的東西，可是豪伊會出去買自己想要而且認為兩人負擔得起的東西，像是台鋸或新的電動除草機。露意絲之所以不高興，並非因為她不認可豪伊買的這些東西，而是因為她覺得豪伊的行為，就像是把她摒除於大局考量之外。

許多女人覺得與伴侶隨時商量是天經地義，而許多男人經常不和伴侶商議就自己做決定。這可能反映出兩者在決策過程概念上的重大差異。女性期望討論後再以共識做出決定，她們珍視討論過程，認為這是參與、溝通的證明。但許多男人卻覺得，花時間討論在他們眼中無關緊要的決定令人倍感壓迫，他們認定不能先斬後奏就是綁手綁腳。每當女性用「你覺得怎麼樣？」這個問題，希望誘導雙方暢所欲言的討論時，男人卻總是覺得對方在要求自己做出決定。

溝通就是持續不斷的平衡行為，對於親密度和獨立性的互斥需求的平衡。要生存在這個世界，我們就必須協力；但要活出自己，我們便得獨自行事，而不是當個大系統下的小螺絲釘。在某些方面，我們大家都一樣：會吃、會喝、會笑、會咳，而且吃的東西和笑點往往也相同。但在某些方面，每個人都不同，個體相異的需求和偏好還可能有衝突。同一份菜單在手，人人選擇點的菜卻不同，如果有蛋糕當甜點，有人拿到的那塊還可能比較大——更有可能的是，無論大小如何，都會有人**認為**別人拿到的蛋糕比較大。

誰占了上風？

如果親密度說的是「我們很親密，而且我們是一樣的」、獨立性說的是「我們彼此分開，而且還不一樣」，那麼我們就能輕易看出，兩者與「連結」和「地位」完美吻合。連結的基本元素是「對等性」：大家都一樣，感覺彼此都一樣親密。地位的基本元素是「不對等性」：大家並不一樣，人人在階層制度中各有不同位置。

這種對偶性，尤其顯見於同情或關心的表達，這取決於你怎麼解讀——可以對等式地將其解讀為「對等者之間感同身受」的證據；或者，也可以不對等式地將其解讀為「上位者對下位者提出」的感受。詢問失業的人找到工作了沒、想生孩子的伴侶有沒有成功，或還沒拿到終生教職的教授想不想取得資格。上述的問題，若出自體諒又關愛你的人口中，可能是為了表達一種連結，而若出自清楚自己狀況較好的人口中，則可能是為了提及對方的弱點，因此聽來高高在上——無論提問的原意如何，都可能被如此解讀。對許多男人而言，那種高高在上的同情觀點似乎不言自明。舉例來說，帶著殘障人士從事野外冒險的殘障登山家湯姆．惠特克（Tom Whittaker）曾言：「你同情不了自己仰慕崇拜的人。」但我覺得這個說法一點都不對。

社群的創造，靠的就是連結的對等性：如果兩個人都努力追求親密度，就是在為相同的目標努力。地位的不對等性則會造成競賽：既然兩個人不能同時占上風，那麼，地位協商在本質上就是你勝我敗。我在此前的著作裡探究了親密度（當時我以「介入」稱之）和獨立性，但我往往忽略了地位的影響力及其敵我對抗的本質。不過，一旦看懂這些動態關係，就會發現這類情況處處存在。朋友和同事那些令人費解的行為，總算能理解了。

我與丈夫看待同一個處境的看法各異，這原本可能讓人想不透，卻突然間變得合情合理。例如某次在爵士樂俱樂部，女服務生推薦我點蟹肉餅，沒想到難吃極了。我在想要不要退回那道菜，所以當女服務生來到桌邊問我們食物合不合口味時，我說我不太喜歡蟹肉餅。她問：「哪裡不好？」此時，我丈夫盯著餐桌回答：「吃起來不新鮮。」女服務生突然發脾氣說：「本來就是冷凍的啊！不然你以為呢？」我抬頭直直地看著她說：「我們就只是不喜歡罷了。」她說：「那，如果妳們不喜歡的話，我可以退回去，再上另一道。」

她拿走蟹肉餅後，我跟我丈夫都笑了，因為我們發現自己自然而然地演活了我筆下一直討論到的劇本。在他耳裡，對方的問題「哪裡不好？」是一種他必須迎接的挑戰。他認為必須反過來挑戰對方，但他又不喜歡吵架，於是他為了緩和自己的態度而不看對方：他直覺認為自己必須想出蟹肉餅不好的地方，以合理化我的抱怨。（他是為了我而吵。）我則覺得「哪裡不好？」這個問題，是提供資訊的要求。我直覺地尋求一個辦法，在不指責她的同時維護自己的立場。或許因為她是女性，所以面對我的方法時，她的回應比較友善。

我跟朋友和團體討論這些差異，他們也自覺能開始搞懂以往想不透的行為了。舉例來說，有一名女性說她總算理解，為什麼她老公拒絕跟上司談談有沒有機會升職。如果沒機會，他就打算開始找新工作。但他寧可擔心焦躁、失眠、煩惱，就是不開口問。這位太太沒有其他可用的解釋方法，只好從心理上解釋：丈夫一定是缺乏自信，害怕被拒絕。可是這麼說的話，所有人在某種程度上都缺乏自信啊。她的丈夫事實上滿有自信的，而她雖然深信自己不會比丈夫更有自信，卻可以毫不遲疑地去問老闆要不要把她從臨時雇員轉為固定員工。

了解地位在男性關係中扮演的重要角色，這一切就會一目了然。問老闆自己有無升職機會的行為，會凸顯出關係中的階層制度，進而提醒雙方，員工的未來掌握在老闆手裡。處在低地位，她的丈夫會極度不舒服。雖然這位太太沒有特別愛在老闆面前低聲下氣，這樣做卻也不會讓她腦裡的警鈴大響，與丈夫的情況相反。

另一名女性也有類似的頓悟。她從事銷售相關工作，驚呼她現在總算理解那位團隊主管升為區經理時的轉變。在那之前，她一直認為這個主管會是個好老闆，因為對方漠視權威的程度恰到好處。作為主管，他很少參加管理階層召開的會議，還會鼓勵團隊成員們自行判斷，也很願意利用自己的權力免除成員們要遵守的規定。不過，他當上區經理後就判若兩人。他制定的規定之多讓大家意外，而且他還堅持，除非白紙黑字向他正式提出要求，否則一律遵守，沒有例外。

這個人行事有所不同，是因為他在階層制度中待的位置不同。過去還在管理階層的權威下，他就盡其所能地加以限制，但當管理階層的位置賦予了他權威，他就會盡其所能地放大。從前他避免參加會議又輕蔑規定，證明的並不是他對階層制度的漠視，而是他在該制度中位處下屬的尷尬。

還有另一名女性說她終於明白，為何未婚夫深信平等，卻曾經小聲地請她壓低聲量說話。她的未婚夫說：「我的朋友們都在樓下，我不想讓他們留下妳對我頤指氣使的印象。」

女人之所以被貼上「碎碎念」的標籤，可能就是男女風格相互影響的結果；這種情況下，許多女人習慣去做別人要求的事，而很多男人只要一碰到任何人的要求，就算只是非常輕微的暗示，他們也會習慣性地抗拒，如果要求者是女人則更是如此。要求沒得到回應，女人通常會習慣再提一次，因為她們深信只要丈夫明白自己**真的**希望他那樣做，他就會去做。但想擺脫那種「聽命行事」的情況的男人，出於本能，或許會等一等再做，如此才能想像所做所為是出於自己的自由意志。女人每重複一遍，男人就再拖延一次，那麼，結果就是嘮叨不休了。

助人行為的兩種意義

雖然艾蜜莉和賈克伯自己籌辦婚禮，但艾蜜莉的父母會付一大筆費用。艾蜜莉的父母很希望順順利利，常常會打電話細問要花多少錢、會有什麼服務：前菜會上什麼？每一個客人吃幾道菜？晚餐菜色內容？每一桌是不是都有芹菜和橄欖？桌上放什麼花？這些有沒有都寫下來了？這些鉅細靡遺的問題，聽在艾蜜莉和賈克伯的耳裡，似乎是在暗示他們安排的能力不足、婚禮岌岌可危。艾蜜莉表達了不滿，她母親解釋：「我們希望參與籌畫，我們只是想幫忙。」

跟表達同情一樣——提出協助或幫忙的行為也總是存在著矛盾。只要滿足了被幫忙者的需求，這便是在表達關心、建立和睦關係。但只要有不對等性，那麼伸出援手就會讓其中一方顯得地位較高，而另一方較低。借用人類學家葛瑞利．貝特森（Gregory Bateson）的術語，我們可以視幫忙為「訊息」，即該行為的明顯意義。但這個幫忙的行為也傳達了「後設訊息」[2]，即和參與者的關係，還有他們對自己言行、幫忙對象的態度……等相關資訊。換句話說，幫忙的行為要傳遞的訊息是：「這對你而言是有利的。」但幫忙的事實，可能會傳遞出「我比你更有能力」的後設訊息，這麼說來，這個行為其實也有利於幫忙者。

要在任何溝通、幫助行為的例子裡，解讀地位與連結的後設訊息，主要得看事情的說法和做法。例如表達同情時，給人帶來的印象取決於用詞、語調、臉上的表情與手勢等。這一切象徵著溝通中傳遞的後設訊息。一個「安慰」的輕拍動作，可能會強化高高在上的感覺；深深擔憂的表情可能會使對方陷入困境的感覺加劇；而不經意的微笑，反而可能象徵該問題只是對等之人的互相關心。

如果人們因為工作而處在一種階級制度的關係裡，那麼「提供幫忙」原有的矛盾後設訊息，就會特別明顯。正如父母想當孩子的「朋友」，卻往往當不成——想給下屬善意建議的老闆也可能會發現，雖然自己說的話出於平等的立場，卻被從不對等的視角解讀。例如：某個智能障礙人士寄宿設施的負責人，因為同情抱怨工資低的員工們，便在會議上發表了自以為關心又坦白的言論。他對員工們坦言，他們的工資絕對不夠養家，還說如果沒有碩士學位，就沒辦法升上高薪的職務。身為大家的朋友，他建議如果想要有優渥的薪水，最好另謀出路。這個主管的坦率，員工們並不領情，因為在他們耳裡，這些話並不是某同事為他們的福祉表達關切。他們聽進耳裡的反而是主管的威脅：「如果你不喜歡這裡，你他媽的就離開啊。」

框構：誰在跟誰說話？

還有一種思考後設訊息的方式：後設訊息會「框構」對話，就像是畫框為圖像提供了一個情境。我們可以透過後設訊息，來辨識當下的情況，進而解讀某人的說話內容：是聊天還是爭辯？是提供協助、提出忠告還是責備？同時，你也可以從中得知，說話者在其中自認的地位以及你被指定的地位。

社會學家厄文·高夫曼（Erving Goffman）使用「調校」一詞來表達框構的面向。假如你批評我，那就是將自己的地位調校為高我一等。此外，透過展現你調校自己之於他人地位的方式，你所說的話就會框構你，一如你在框構自己說的話一樣。舉例來說，如果你用自己是老師而別人是

2 譯注：Metamessage，或譯「弦外之音」。

學生的方式去說話，對方可能會發現你把自己框構為高高在上或賣弄學問的人。如果你跟別人說話的方式就像是求助的學生，那他們可能會發現你是沒有自信與能力或天真幼稚的人。我們對他人言行的反應，往往取決於我們覺得自己如何被對方框構。

男人的禮貌與風度

在以下這個常見情況中，框構扮演了舉足輕重的角色。A車緩緩開在路上，而B車正打算駛離路旁的停車位。B車駕駛遲疑了一下，但A車駕駛把車停下，然後用手示意，願意讓對方先行。假如B車是女駕駛，她可能會微笑表示謝意然後把車開走，讓殷勤有禮的男駕駛等她。不過，如果B車是男駕駛，他可能也會回以揮手示意，堅持等對方就好，即使他本來為了不擋道，想在有車來之前就開走。

有騎士風度、會為女性開門或開車時示意女性優先的男人，其實同時是在協調地位與連結。雙方地位的差異，由控制的後設訊息可以看出：女性能繼續前行，並非因為這是她的權利，而是由於男人應允了她的請求，所以她就被框構為地位較低者。而且，有權應允特權的人也能改變心意，收回特權。有些女性抗議殷勤有禮的姿態是「沙文主義」，針對的就是這個面向。把這種姿態視為「有禮」的人，眼裡只看到「男方在表達善意」的連結——這同時也可能是姿態大方的男人自己看到的面向，所以，如果這種姿態招來的是不滿而非謝意，被激怒也是可以想見的。

不過，假如「讓道」只是給人優勢的有禮姿態，那為什麼有如此多男性，會拒絕另一輛車或某個路人讓他們優先通行，而選擇示意讓對方走在自己前面？這是因為，示意他人先過保有了獨立性：駕駛在決定自己的做法，而不是聽命他人。

保護者的姿態

男人所表現的保護性姿態，會強化男人保護女人那種傳統的調校。不過，女人所表現的保護性姿態，指的卻是不一樣的情況：女人保護的是孩童。因此，許多男人才會抗拒女性的保護姿態——這可能讓他們感覺被當成小孩。這些潛在的動態關係，讓原本看似沒有意義的男女爭辯，有了新的意義。

我來舉一個例子，說明為何一個小動作就能造成重大的挫敗感。珊卓在開車，莫里斯坐在副駕駛座。結果她在必須急煞時，做了以前她父親一定會有的舉動（她當時就坐在副駕駛座）：她伸出手臂保護身旁的人，以免對方往前摔。

這個動作大致上是象徵性的。珊卓的右手根本不夠壯，擋不了莫里斯。也許這行為的主要功能，只是在提醒莫里斯會有急煞。無論如何，對她跟她的父親來說，這個動作都是不自覺的反應，而且讓她覺得自己既體貼又有能力，莫里斯卻為此發怒。莫里斯解釋，為了安全起見，雙手都應該放在方向盤上。但珊卓知道自己伸手時，車子並沒有失控，所以雙方各執一詞，始終沒有交集。最後她為了避免吵架，訓練自己控制住保護莫里斯的衝動，但她認為對方不理性，自己也綁手綁腳，無辜得很。

莫里斯以安全為由解釋了自己的反應，但實際上，他是在回應那一舉動所暗示的框構。他覺得被當成小孩，被看輕了，因為珊卓伸手就是在保護他。其實光是給珊卓載，莫里斯就已經不舒服了，就算開珊卓的車也一樣。許多男女都以為自己在關係中已經達到平等，卻會發現同坐一輛車時，女人會自動走向副駕駛座，男人則會不自覺走向駕駛座；女人只在男人不在時才開車。

保護的行為，將保護者框構為主導者，被保護者則是從屬。但對男人而言，這種調校所暗示的地位差異可能更直接。所以，透過連結思考的女人，可能會在言行中表現出接受他人保護的傾向，而沒有發現在有些人看來，這等於是接受了從屬的地位。

目標相同，策略不同

地位與連結都可以被當成辦事動口不動手的工具。假設你找的水電行整個月都約滿了，那你或許能利用策略，操縱自己的連結或地位差異，達成目的。假如你選擇操縱地位差異，可以用比對方高或低的姿態行事。例如，你可以展現高對方一等的姿態：讓對方知道你是重要人物，是能左右水電行所需的授證、許可證這類事物的市府官員。或者，你也可以用低對方一等的辦法：哀怨地跟總機說你才剛搬來，沒有鄰居或親戚可以借用或借地方洗澡。你希望她會可憐你，給你特別待遇。無論你採取的是高對方一等或低對方一等的立場，這兩種方式，都是藉著承認雙方處於不對等關係，玩弄地位的差異。

另一方面，你也可以試著強調你們的相同處。假如你跟安排案件的總機是同鄉，或者你們都來自同一個國家或文化族群，你可以開始聊你的家鄉，或者用家鄉方言或語言跟她聊天，希望她知道你們來自同一社群，因此給你特別待遇。假如你們有共同朋友，或許可以提到那人，期待這能創造一種親近感，讓她想特別為你做點什麼。透過他人引介、將你從陌生人變成人脈關係的一員——這種認識人的方法之所以很有用，就是出於此理。

上述跟水電行總機談話的例子，說明任何人想辦成某件事時，隨時都有兩種選項。我們的說話方式，幾乎不會只有其中一種，而是兩種選項的組合，而且解讀為任一種皆可。例如，許多人認為提及重要人物以自抬身價，主要跟地位相關：「看啊，我可重要的呢，因為我認識重要人物。」不過，這同時也在利用親密度與緊密的連結。說自己認識名人，就像是在說認識某人的媽媽、表親或孩提時期的友人——企圖表現出你認識別人也認識的人，藉以取得認可。他們提到重要人物時，實際上並不是真的認識，而是**聽過**罷了。透過讓對方知道你認識他們聽過的人物以拉近彼此的距離，就這點而言，你在利用關係；但透過讓他們知道你**認識**他們**只聽過**的人，讓自己變成更重要的人物，就這點而言，你就在利用地位了。

對話內容的意義大多（甚至絕大部分）都不存在於說出口的話語，而是由聽者自行解讀。人人自有一把尺，判定別人說話是本著不同的地位，還是對等的連結。至於把他人的言語解讀成哪一種，則是取決於聽者自己的關注重點、關切內容還有習慣，而不是字詞的原意。

誰比較虛偽？

人們在思考這些相異又相關的人類關係解讀手法時，往往會覺得真正的動態關係，就是二擇一。有位男士聽到我分析預約水電行時的不同交談方式，就說：「利用這種套交情，不算騙人嗎？」如果有人深信人際關係的本質是階層分明，那麼，不透過地位而是利用連結，就像是在「假裝」沒有地位這回事——換句話說，就是在騙人。很多男人會這樣想。然而，有些人傾向將連結視為人與人的基本動態關係，則會認為利用地位差異，是一種操弄而且不公平。

地位也好、連結也罷，兩種都是與人建立關係並展現自己與他人關係的方法，只不過，以其中一種方法為重的人，可能不會把另一種視為可行的方法。在對話裡，男人往往更傾向於競奪地位：他是不是要站在我地位之上，或羞辱我？他是不是要指使我，以便建立主導位置？女人則更傾向於接受連結的協商：對方是想親近我，還是要跟我保持距離？既然這兩種元素一定都存在，那麼在同一個對話中，男女就很容易專注不同元素。

試著解讀，卻總是誤解

男人和女人從不同的制高點看全景，所以，同一個景色在他們眼裡可能相差甚遠。而且，他們針對同一種行為，也往往會有完全相反的解讀。

我有個同事說，自己收到編輯來信，請他告知在接下來六個月的新書製作過程中，有沒有打算搬離目前的住處。我的同事表示，原來編輯跟假釋官差不多。他對這封信的反應讓我吃了一驚，因為我也收過出版社的類似信件，而我的反應卻截然不同：我喜歡這些信，因為知道行蹤很重要，我會因此感覺自己是重要人物。我跟同事說到這個差異時，他跟我一樣，對彼此的反應困惑又覺得挺有意思。他雖然可以在思想上理解我的觀點，但在情緒上卻無法想像——為何被要求回報行蹤，卻不會覺得自己被框構成了可掌控、地位又低的人。同時，雖然我在思想上可以理解他的看法，情緒上卻無法共鳴。

本著類似的精神，我的同事說，他讀到一篇女性所寫的期刊論文，作者在致謝詞中，感謝丈夫對這個主題上的有益討論。我的同事一開始讀到致謝詞時，心想作者一定能力不足，或者沒什麼信心：她為什麼需要諮詢丈夫對她自己的研究有何看法？她為什麼無法自立？聽完我解釋女性看重連結的例證之後，他重新解讀了這位作者的致謝詞，認為作者八成很珍視丈夫的參與，深信這是自己擁有平衡關係的證據，才會驕傲地提及此事。

假如我同事的反應很普遍，那麼，想像一下，認為自己展現出正面特質（也就是連結）的女人，會多常遭到男人誤判——他們認為這是暴露自己缺乏獨立性，等同告訴大家自己無能又缺乏自信。

追求自由

有一位女性告訴我她的長期關係為何告終。她敘述了一段重複出現的關鍵對話。她和當時同居的男人都贊同兩人在不傷害彼此的前提下保有自由。但男人開始跟其他女人上床時，她提出抗議，男方卻對此發怒。他們的對話如下：

女方：你明知道這會傷害我，為什麼還這樣做？
男方：妳怎麼可以限制我的自由？
女方：但這件事讓我難受極了。
男方：妳就是想操控我。

某種程度上，這只是兩個不同意志發生衝突的例子：男方和女方想要的相互牴觸。不過，這基本上反映了我一直在解釋的關注焦點差異。對這個男人而言，為自己辯護的關鍵在於他的獨立性，也就是他的行動自由。對這個女人來說，關鍵是他們的「相依性」——也就是男方行為給她的感受。男方將女方對兩人相依性的堅持解讀為「操控」：女方是利用自己的感受來控制他的行為。

重點並非女人不重視自由，或男人不重視與他人的連結。重點在於，對許多處在關係當中的男人而言，自由和獨立性更重要，正如對許多女人來說，更重要的是相依性和連結。區別就在於關注焦點和程度。

社會學家凱瑟琳．瑞絲曼（Catherine Kohler Riessman）研究男女如何談論自己的離婚，他發現男人和女人都提到的離婚好處之一，就是自由度增加。只不過，**自由**對男女卻有不同的意義。當女人說離婚後獲得自由時，指的是得到了「獨立與自主」。她們如釋重負，不再需要擔心丈夫對自己行為會作何反應，也不必「回應不滿的配偶」。男人提到自由是離婚的好處之一時，指的是脫離義務的自由——感覺「比較不受拘束」、較無「幽閉恐懼」、而且「責任變少」的那種解脫感。

瑞絲曼的研究結果，描繪了男女因各自看待關係的獨特方式所造成的不同重擔。離婚為女人免除的負擔，可視為發自內在的：滿腦子想著丈夫會怎麼回應自己，而自己又該如何回應丈夫的那種感覺。離婚為男人免除的負擔，可視為外在加諸的：養家活口的義務以及自身行為受控於他人的那種幽禁感。對瑞絲曼訪談的男性來說，獨立性不是離婚的禮物，因為，套句其中一位男性受訪者的話：「我一直覺得自己是獨立的，不過如今大概又更獨立了吧。」

《高等教育紀事報》（*The Chronicle of Higher Education*）曾進行一份小規模的調查，詢問六位大學教授（四男兩女）何以選擇教職。其中兩位女性在回答時，一人表示「我一直都想教書」，另一人則說「我大學時就知道自己想成為教職一員……我那時就知道教書是我想做的事」。另外四位男性的回答則大同小異，而且明顯有別於女性的說法。他們直指獨立性是自己的主要動機，每個人的回答節錄如下：

> 我決定選學術圈而不進入業界的原因，是我可以自己選擇研究要做什麼。有比較大的獨立性。
>
> 我想教書，也喜歡設定自己研究目標的自由。
>
> 我之所以選學術工作，是因為學術圈的自由比薪資上的缺點還重要——而且，可以做自己有興趣的研究，而不是聽命於別人的指使。
>
> 我有個自己也覺得有意思的問題……我寧願這一輩子都拿三萬美元的年薪做基礎研究，也不願拿十萬美元去做電腦繪圖。

儘管有一位男性也提到了教學，但卻沒有女性提到追求研究興趣的自由，就是選擇教職的主要考量。我不認為這意味著女性對研究沒有興趣，而是對女性來說，獨立性（也就是無須聽命行事的自由）不是重要的執著之一。

這兩位女性在說明教書對其有何吸引之處時，都把焦點放在對學生產生正向影響的能力上。誠然，影響學生就反映了某種凌駕其上的權力，而且，教學又牽涉到不對等的關係，其中教師的位階較高。然而，女性在談論自己的職業時，關注的是與學生的連結，男性的焦點則是免受他人控制的自由。

男女的對話就是跨文化溝通

如果女性說的跟聽的，是連結與親密度的語言，而男性說的跟聽的，是地位與獨立性的語言，那麼，男女之間的溝通就像跨文化溝通，必定會受到對話風格不同的影響。一直以來，都有人說男人和女人講的是一樣的方言，卻是不同的性別方言。

乍聽之下，男女成長於不同世界的主張，似乎非常離譜。兄弟姐妹都在同一個家庭裡長大，都有兩性雙親。既然如此，男女究竟從哪裡學來不同的說話和聽話方式呢？

男孩與女孩的說話遊戲

男孩和女孩就算在同一個社區、同一處街口或同一間房子裡長大，也是在不同的言語世界裡成長。別人用不同的方式跟他們說話，也期待並接受他們用不同的方式說話。最重要的是，孩子不僅從爸媽身上學會說話、對話，也會向同儕學習。實際上，如果爸媽說話有外國腔或是地方口音，小孩不會效仿，而是會用自己成長地的發音。人類學家丹尼爾．莫爾茲（Daniel Maltz）和路斯．伯爾克（Ruth Borker）總結了一份研究，發現男孩和女孩跟朋友說話的方式非常不同。雖然常常玩在一起，但男孩和女孩大多仍待在同性的團體。而且，大家喜歡玩的遊戲大同小異，但兩邊最喜歡的遊戲並不一樣，在遊戲中使用語言的方式更有天壤之別。

男孩習慣在戶外玩耍，而且會以階層制度構成的大型團體，成群結隊地玩。團體中會有一個領導者指使別人做什麼、怎麼做，這個人還會拒絕其他男孩的提議。透過下達指令、讓大家乖乖聽命的行為，才能獲得較高的地位。另一個得到地位的方式，則是說故事和講笑話，以及打斷與反駁別人的故事和笑話，取得發言權。男孩子的遊戲會有贏家和輸家，也有他們經常爭論的詳盡規則系統。於是，我們經常會聽到男孩子吹噓自己的能力，爭執誰最擅長什麼。

另一方面，女孩會以小團體或兩兩結伴的方式玩；女孩們的社交生活中心，就是自己最好的朋友。在團體之中，親密感最重要：以相對的親近程度，分疏彼此間的親密感。在跳繩或跳房子這些她們最常玩的遊戲裡，每個人都輪得到機會上場，而且有很多活動（例如扮家家酒）沒有贏家或輸家。雖然有些女孩確實比其他女孩有能力，但人們不希望她們吹捧自己或展現「人不如我」的那種態度。女孩較不會下命令，她們會以建議的形式表達偏好，而且建議有可能會被採納。男孩們會用「那個給我！」和「你不是認真的吧！」，女孩會用「我們來做這個吧」和「要不要做那個看看？」不這麼說的話，都會被覺得「自以為是」。女孩不會搶當主角（她們不想），所以不會直接挑戰彼此且大多只是坐在一起聊天。女孩子不習慣用明搶的方式爭地位：受人喜歡，是她們比較在意的事。

研究員在小至三歲的孩子身上就觀察到說話方式的性別差異。艾美・歇爾登（Amy Sheldon）在某家幼兒園裡錄下孩子玩耍的情況，這些孩子三到四歲、三人一組玩耍。她比較了其中兩組（一組男孩、一組女孩），孩子因為想玩同一個東西而起爭執：大家都想玩塑膠醃黃瓜。雖然兩組孩子爭搶的東西一樣，但他們協調爭議的動態關係卻不同。歇爾登的研究，除了說明前面解釋的部分模式，也展示了這些動態關係的複雜性。

在幼兒園的廚房區玩耍時，蘇想要瑪莉手上的塑膠醃黃瓜，於是她說瑪莉應該要讓出那個玩具，因為同組的第三個女孩麗莎想玩。因此，出現了如何滿足麗莎（無中生有的）需求的衝突。瑪莉提出折衷辦法，但遭到蘇的反駁：

瑪莉：我把它切成一半吧。一半給麗莎，一半給我，一半給我。

蘇　：可是麗莎想要**一整條**醃黃瓜！

瑪莉又想出另一個有創意的折衷辦法，蘇也同樣反對：

瑪莉：呃……這也算整個**半條**醃黃瓜！

蘇　：不，這不算。

瑪莉：是啊，它就是，是**整個**半條醃黃瓜啊。

蘇　：**我會**給她整個半條。我會給她一整條。我給了她一整條醃黃瓜。

到了這個節骨眼，麗莎跟蘇不是同一國的了；蘇說「我假裝我已經給你一整條醃黃瓜了」，對自己相當滿意。

還有一次，歐爾登錄下了三個男孩在同一個廚房遊戲區玩耍的情況，這三個男孩也同樣為塑膠醃黃瓜爭執。

尼克：〔尖叫〕凱文，但……噢，我要切這條醃黃瓜！我要切啦！這是我的醃黃瓜！

尼克跟蘇一樣，為了得到醃黃瓜，都把第三個小孩扯進來：

尼克：〔對喬哀叫抱怨〕凱文不給我切醃黃瓜。

喬　：噢，我知道了！我搶過來再給你。就這樣吧！

男孩們的衝突，時間比女孩們長了兩倍半，演變為尼克和喬對上凱文的雙邊爭奪戲碼。

歐爾登在比較男孩與女孩爭搶醃黃瓜的情況時指出，女孩們主要藉著妥協與迴避，緩和衝突並維護和諧。男孩間的衝突，時間拉得比較長，他們的方式是更堅持、訴諸規則以及暴力威脅。不過，這裡是指男孩與女孩某一個策略用得**比較多**，並不表示他們完全不用其他策略。舉例來說，男孩的確企圖妥協，女孩也真的想用肢體蠻力。女孩跟男孩一樣，也爭著遊戲的控制權。蘇一脫口說出「**我會**給她整個半條」時，知道講錯了就立刻改口「我會給她一**整條**」，這就表示她認為重要的並不是給的大小，而是誰有權發配食物。

我讀歇爾登的研究時發現，儘管尼克和蘇為了得到東西，都試圖牽扯第三個小孩，但他們跟第三個孩子所建立的調校，連同開啟的動態關係，基本上都不一樣。蘇用滿足他人之欲來要求瑪莉：她說麗莎想要醃黃瓜，而沒有說**她自己**想要。尼克擺明自己想要，而當他無法靠自己，就請求喬的幫忙。喬於是試著以蠻力搶奪。這兩種情況下，孩子都有著複雜的從屬關係對話。

喬的強制手法不是為了自己，而是替尼克出頭。尼克用哀叫的語氣請求，把自己定位於階級中較低的位置，將自己框構為需要受保護的人。蘇要瑪莉交出手中的醃黃瓜時，是想登上發配食物的位置，她要爭的不是**擁有**醃黃瓜的權利，而是**分配**醃黃瓜的權利。（這讓我想起那些說自己當教授是為了教學的女性受訪者）只不過，蘇得靠瑪莉滿足她人所需的意願，才能達到自己的目的。

這份研究指出，雖然男孩和女孩都想得到自己想要的，執行方式卻往往不同。即便社會常規鼓勵男孩們要公然競爭、女孩們要公開合作，但不同的情況和活動，可能會造成不同的行為表現。瑪喬麗．古德溫（Marjorie Harness Goodwin）比較了參與兩個任務取向活動的男孩與女孩：

男孩要製作彈弓準備打仗，女孩則要製作戒指。她發現男孩的團體是階層制的：領導者會告訴其他人要做什麼、怎麼做。女孩的團體則是平等式的：人人會提出建議，也往往接受他人的建議。不過，古德溫觀察從事不同活動（扮家家酒）的女孩時卻發現，她們也會採用階層制的結構：扮演媽媽的女孩們會對扮演孩子的女孩下達命令，後者則反過來會尋求前者的允許。此外，扮媽媽的女孩也擔當了遊戲的管理者。這項研究顯示，女孩們知道如何在階層制的結構下行動與發號施令，只不過她們不認為那種模式適合用在跟同儕一起的任務型活動。她們反而認為，那種模式對親子關係是恰當的，所以樂得透過遊戲來執行。

這些遊戲的世界，揭示了伴侶關係中的男女世界觀。男孩的遊戲說明男人何以會留意自己是否受辱或遭到頤指氣使的徵兆。在男孩的階層制世界中，用來交換的主要商品是地位，同時，取得並維持地位的方式，就是發號施令、讓人聽命。居於低地位的男孩會發現自己任人擺布。因此，男孩會時時留意誰在發號施令、誰又在乖乖聽話，以觀察他們的關係有無微妙的地位變化。

這種動態關係，跟推動女孩們的遊戲的不一樣。在女孩的社群裡，用來交換的主要商品是親密度。女孩子會觀察她們的友誼在結盟上的微妙變化，而且會想辦法跟受歡迎的女生當朋友。受歡迎的程度雖然是一種地位，卻是以關係為基礎，同時會讓受歡迎的女孩陷入困境。唐娜，艾德（Donna Eder）在某所中學做完田野研究後發現，受歡迎的女生卻也弔詭地被討厭——而且必然如此。即便許多女孩想跟受歡迎的女生當朋友，但她們的朋友沒辦法太多，因為她們需要親密度，而不是大型群體活動。正因如此，受歡迎的女生必須拒絕大部分想跟她交朋友的人，結果就會被貼上「自以為是」的標籤。

關鍵在於理解

如果成年人從小就在各自同儕社交世界下學會他們的說話方式，那麼，男女之間的對話，就是跨文化溝通。雖然每一種風格按其各自方式都成立，但由於風格不同，誤會便因此產生。用跨文化的方式解讀男女對話，就有可能在不指責任何一邊有錯或發狂的情況下，解釋我們為何不滿的理由。

理解風格差異不會讓差異消失，卻可以避免相互指責與不解。就算我們還是不會跟自己的伴侶、朋友、甚至身邊的陌生人用相同的方式看待事物，不過，能理解他們的行為背後的原因，是一種寬慰。我們會因而更熟悉這個世界。此外，讓別人理解我們言行何以如此，我們也就免受他們的困惑與批評所苦。

普立茲獎作家愛莉絲．渥克（Alice Walker）在討論她的小說《寵靈的殿堂》（*The Temple of My Familiar*）時，解釋了小說裡的女人因為看上男人的「大耳朵」而愛上對方。她接著說，大家可能以為自己是因為性吸引力或其他的驅力而墜入情網，但「我們真正尋尋覓覓的，是能聽自己說話的人」。

所有人最想要的，就是有人聽自己說話——不只是被聽見而已，我們還希望對方理解，希望對方聽進耳裡的跟我認為自己表達的一樣，沒有曲解我們。如果更加理解男女使用語言的方式，抱怨「你／妳就是不懂」的情況，應當就會減少了。

第二章 不對等性：沒有交集的對話

伊芙動手術切除了胸部的腫塊。不久後，她跟妹妹聊天時表示，身體開刀讓她覺得很不舒服，而且由於縫線處改變了胸部外型，她每看一次就痛苦一次。她的妹妹說：「我懂。我動手術的時候也有一樣的感覺。」伊芙也跟自己的朋友凱倫說，凱倫回應：「我懂。就好像身體被侵犯了一樣。」不過，當她把自己的感受告訴丈夫馬克時，馬克卻說：「你可以動整形手術蓋掉那個疤，重塑胸型。」

伊芙得到了妹妹和朋友的安慰，但馬克的話卻沒有安慰到她，反而讓她更難受了。她不僅沒聽到自己想聽的話（也就是馬克表示理解她的感受），更慘的是，她反倒覺得訴說手術讓她多不舒服的同時，對方卻要她做更多手術。她反駁道：「我才不會再做其他手術！你不喜歡我胸部的樣子，我很抱歉。」這話傷了馬克，他一頭霧水。他頂了回去：「隨便妳，對我來說都沒差。」伊芙問：「那你幹嘛叫我要動手術？」馬克答：「因為妳說**妳**不滿胸部的樣子啊。」

伊芙覺得自己糟糕透了：在手術期間，馬克又是幫忙又是關心呵護，她怎麼可以因為馬克的話（「只是話而已」）就發脾氣，明明他的行為無可挑剔啊。儘管如此，她還是感受到馬克話裡那正中他們關係核心的後設訊息。這對馬克來說是面對太太抱怨的回應，不言自明，但這聽在伊芙耳裡是馬克自己的抱怨。馬克以為自己在安撫太太：不需要為了傷疤而難過，因為她可以**做**些什麼。伊芙聽到丈夫說她可以處理傷疤，認為這證明**馬克**會在意傷疤。何況，她想要丈夫安慰自己，告訴自己在那種情況下難過很正常，丈夫卻跟她說問題可以輕易解決，言下之意就是她無權對此難過。

伊芙要馬克給的是理解，馬克卻給了建議。馬克擔當了問題解決者的角色，而她只不過想要丈夫認可自己的感受罷了。

有一對夫妻出了車禍，妻子受到重傷，他們也出現類似的誤解。妻子很討厭待在醫院，所以要求要早點回家，但回到家後，她卻因為得較常走動而飽受疼痛之苦。她的丈夫說：「妳為什麼不待在醫院，妳在那裡比較舒服吧？」這話傷到了妻子，因為言下之意好像丈夫不要她在家。丈夫建議她應該待在醫院，在她看來不是回應自己的抱怨，她認為那是一個獨立的表達方式——丈夫比較希望她不在家。

「這是我的問題，不是你的」

如果說，男人不用「自己也有相同困擾」的方式來回應女人的問題，常常會讓女人難過，那麼，女人用那種方式回應男人的問題，反倒常常會讓男人惱火。有些男人不僅不會因此得到安慰，還會生氣。舉例來說，有一位女性告訴過我，她的伴侶抱怨某件個人的事時（像是對於變老的感受），她回應道：「我懂你的感受。我跟你感覺一樣。」沒想到，讓她驚訝又懊惱的是，對方因而不高興；對方覺得她在否定自己經驗的獨特性，藉以奪走自己的東西。

以下的經驗交流也是出於類似的溝通不良，原本是對話，最後卻是吵架：

男方：我真的好累。我昨晚沒睡好。

女方：我也沒睡好。我總是睡不好。

男方：妳在跟我比什麼？

女方：我沒有！我只是要讓你知道我懂！

這名女性不但因為丈夫的反應而灰心，也很疑惑。對方怎麼會以為自己在貶低他？所謂的「比」意味著「輕估我的經驗」，男方用維護獨立性與避免遭到貶抑的方式，看待女方想透過男方的問題以建立連結的意圖。

「我會幫你搞定」

女人和男人談到自己的問題時，常常都會因為對方的回應方式而感到無奈，而且還會因為對方的無奈，而覺得更加無奈。如果說，女人厭惡男人習慣性地提供問題的解決方法，那麼，男人也很討厭女人拒絕用行動解決自己抱怨的問題。既然許多男人認為自己是問題解決者，抱怨或困擾，就等於在挑戰他們有沒有能力想出解決辦法。例如女人的腳踏車壞了或車子熄火，對男人來說彷彿一道難題，要考驗他們修理東西的獨創力。不過，雖然許多女人會感激男人協助修理機械器具，卻極少有女人會感謝男人協助「解決」情感上的困擾。

有一對夫妻上廣播脫口秀，回答同一道問題時，兩人南轅北轍的答案，強化了男人是問題解決者的概念。在節目上，芭芭拉和威廉・克理斯多福（Barbara and William Christopher）這對名人夫妻討論有自閉症孩子的生活。主持人問，他們有沒有曾經覺得自己很可憐，不懂「為什麼發生在我身上？」的那種時刻。兩人都說沒有，但表達的方式卻不同。妻子不談自己，說真正受苦的人是她的孩子；丈夫則說「人生就是解決問題。這不過是另一個要解決的問題」。

由此可知，為什麼誠心要幫助女人解決問題，卻換得對方的不以為然而不是感激，會讓男人如此心灰意冷。有一名男性說女友不斷抱怨工作上的問題，卻拒絕接受他的一切建議，他都快生氣了。另一名男性則說，女友指責自己每次只要聽到她聊煩惱，就轉移話題，像是：「繼續說這個的目的何在？妳又無法有何作為。」還有一名男性說，女人好像沉迷在自己的問題裡，想無止盡地談那些問題，但他和別的男人想的是要找出解法或一笑置之，把女人從問題的泥淖中拉出來，一次了結。

試圖解決問題或處理困擾，就是把焦點放在談話的訊息層面。然而，對大部分習慣談工作或朋友問題的女人來說，訊息不是抱怨的主要重點。重要的是後設訊息：談論問題要得到他人能理解的表達（「我懂妳的感受」），或是類似的抱怨（「類似事件發生在我身上時，我跟妳有同感」）。換句話說，談問題聊困擾的目的，是透過送出「我們都一樣，妳並非孤身一人」這種後設訊息，強化親密友好的關係。得不到這種強化就算了，卻還因為對方的建議而感到疏離，這時女人會很無奈，因為對方建議的後設訊息，彷彿就是「我們不一樣。妳有問題，我有解決方法」。

此外，相互理解是對等的，而這種對等性會造就出一種社群感。另一方面，提出建議是不對等的，這樣會把提供建議的人框構得更有見識、更講道理也更有支配力——總之就是高人一等。而這會造成疏離的效應。

有一份書評的觀點，基本上就是在講提出建議可能是勝人一籌的本事。朗・卡爾森（Ron Carlson）評論愛麗絲・亞當（Alice Adam）的《你走了之後》（*After You've Gone*）一書時說，這個故事標題源自於一封信，寫信的女人是寫給拋棄她而選擇另一個年輕女子的前任。卡爾森表示，這個女人跟前任提到自己現在的生活，「接著主動積極、連珠炮式提供了很有智慧的建議。這顯然是一個很強勢的女人……」。雖然我們並不知女人寫信的意圖，卻可清楚看到評論的男性認為提出建議是一種攻擊，還覺得這就是占據了優勢地位。

兩條平行線

這些差異似乎可溯及我們的成長過程。有一個十六歲的女孩跟我說，她習慣跟男生在一起，而不是女生。為了檢驗我的看法，我問她男孩和女孩是不是都會談論自己面臨到的問題。是啊，她肯定地回我，兩邊都會。他們談的方式一樣嗎？我問道。她說「噢，不一樣」。女生會一直不斷地講；男生會提起這個話題，有人會想個解決辦法，然後討論就到此為止。

男女對彼此處理困擾的談話方式感到無力，那種挫折感，就像是把根據其中一套系統的解讀，套用在根據另一套不同系統所產生的對話上。聊到困擾時，男孩和男人都不會用女人回應彼此的那一套方法。我比較了兩個十年級男孩的談話，以及女生與摯友的對話之後，突然明白，男人在談困擾的話題上，那種非常不同的回應方式究竟源自何處。這些對話是心理學家布魯斯．多爾瓦（Bruce Dorval）研究計畫的一部分，男孩與女孩的對話逐字稿出自於此計畫的錄影內容。

我在檢視對話時，發現男孩和女孩對朋友都表達了深切的關心，方式卻不同——這解釋了成年男女日常對話裡會出現的差異。六年級和十年級女孩兩兩為伴，談到其中一人的問題時，都詳盡又充分。聽話的一方要求談話的人講仔細一點，還會說「我懂」，接著提出事證，證明自己真的懂。以下節錄的逐字稿，說明了女孩與男孩之間的重大差異。

十年級的兩個女生聊到南西和她男朋友跟她母親的問題。原來南西和莎莉參加了一個到外州的短途旅行團。南西在媽媽的堅持之下，突然離團，提早回家。南西必須提早走，所以很難過。莎莉告訴南西，突然離團也讓朋友們很難過，進一步認可了南西的感受：

南西：天啊，真的糟透了。我不敢相信她逼我回家。

莎莉：不過我覺得有點詭異，我是說，前一分鐘我們還一起出門，下一分鐘南西就要走了，「不好意思，我得走了」。（兩人都笑了）我不知道發生了什麼，茱蒂跑來跟我講祕密（其實大家都知道）：「妳知道南西要回家了嗎？」我說：「妳說什麼？」（兩人都笑了）「南西要回家了。」我說：「**為什麼？**」她說：「她媽媽逼她的。」我說（做鬼臉）：「原來喔。」她接著又過來說：「南西走了。」唔，我說：「**是喔**，這樣還真棒，她連來說再見都沒有。」然後她就對我發脾氣了。我說（模仿大吼大叫的樣子）：「好啦！」茱蒂還真很難過。我的感覺是「我的天啊，拜託」——

莎莉讓南西知道，朋友們因為她離開一事而難過，藉此回應她的困擾，也就是認可她因為媽媽逼她提早離團而有的苦惱。對比之下，檢視同樣年紀的兩個男孩的對話逐字稿，我們可以看出，同樣是表達困擾，男孩的回應方式有多麼不一樣。

這兩個十年級的男孩也說出了內心感受。他們談的也是困擾，但有點不同。他們不會專注在其中一人的問題上，也不會一直追問、探究、詳細說明。相反地，他們聊了自己的問題，而且認為別人的問題無關痛癢。

在第一則逐字稿中，理查說自己很過意不去，因為他的朋友瑪莉沒有舞伴一起參加即將到來的舞會，陶德對此不以為然：

理查：天啊，如果她只能在家，我會超級為她難過。
陶德：她不會待在家裡的啦，那也太荒謬了。她幹嘛不乾脆開口邀人就好？

話說回來，陶德自己也因為沒有舞伴而困擾。他說自己不想邀阿妮塔，這下換理查對他的煩惱嗤之以鼻：

陶德：她昨晚來找我聊天，我覺得超過意不去的。
理查：為什麼？
陶德：我不知道。我想我就是覺得尷尬吧。
理查：**我真是搞不懂啊**。〔大笑〕

理查完全沒有想要讓對方知道自己懂，還直接說他不懂，如粗體字所示。

理查接著告訴陶德他擔心自己是不是有酗酒的問題。陶德的回應方式是把話題轉移到自己的煩惱，也就是他感受到的疏離感：

理查：昨晚我送安回家時她罵我了。

陶德：真的嗎？

……

理查：她知道上週四晚上我和山姆發生的事了，你知道嗎？

陶德：嗯嗯。

理查：她都知道了。她只是說——反正她就開始講到酗酒的事。你知道嗎？……接著她說，「你，你喝酒時身邊大家都遭殃。你一喝酒就很暴躁」。她就說：「我不喜歡。你傷害了山姆。你傷害了陶德。你傷害了瑪莉。你傷害了露易絲。」

……

我是說，她跟我講的時候，你曉得吧，我大概有點嚇到了。〔頓了一下〕我真的沒喝那麼多。

陶德：**你還跟瑪莉聊天嗎，我是說，你們還是很常聊天？**

理查：你問我是不是還會跟瑪莉聊天？

陶德：對，因為那就是——就是我禮拜五生氣的原因。
理查：為什麼？
陶德：反正就是那樣。
理查：怎樣？
陶德：我不知道你們大家怎麼就……我是說，我只是上樓拿東西，結果你們就都沒有回來了。我當時心想：「好啊。我不在乎。」我跟自己說：「他又來這套了。」

我們可以從粗體部分看出來，理查表示自己很困擾，因為安說他的行為只要喝酒就會變得很糟，這時，陶德的回應是提及自己的困擾：他覺得自己被丟包了，因為理查和他的朋友瑪莉離開派對時，他很受傷。

在對話裡，陶德始終都說自己被孤立，遭到丟包，覺得很煩。理查則想辦法勸陶德別那樣想。陶德提起自己在當晚的派對上覺得格格不入時，理查駁斥道：

理查：**你怎麼可能覺得格格不入？你認識露易絲，你也認識山姆啊**。
陶德：我不知道。我就是覺得很格格不入，昨晚在派對上，我是說，山姆就四處吃得開，姐妹會的人他全都認識。現場大概有五個。
理查：**噢，才沒有，他沒有全都認識**。

陶德：他認識很多人啊。他就——我也不會說。

理查：**只認識露易絲而已。他不是每個人都認識。**

……

陶德：反正我那天真的就覺得格格不入，不管在哪裡都一樣。我以前的感覺是，我是說——

理查：為什麼？

陶德：我不知道。連在學校我也覺得不對勁。

理查：我不曉得耶，昨晚，我是說——

陶德：我想我現在知道隆恩・卡麥隆還有那一票人的感受了。〔大笑〕

理查：〔大笑〕**沒那回事，我不認為你的感覺有比卡麥隆還糟。**

陶德：我開玩笑的啦。

理查：嗯嗯。你**沒道理跟他們一樣吧？你認識的人比較多**——

陶德：我沒辦法跟任何人講話了。

理查：**你認識的人比我還多。**

理查說陶德的感受不合情理還讓人無法理解，不是在暗示自己不在乎陶德的感受，他顯然想要安慰他的朋友，讓對方好過一點。他的言下之意是：「你不應該覺得難過，因為你的問題沒那麼糟糕。」

呼應對方的煩惱

愛麗絲．馬蒂森（Alice Mattison）在短篇故事〈紐哈芬〉（*New Haven*）裡，就誇張處理過女人面對披露困擾時的這種不同回應方式。愛倫諾告訴珮西自己愛上了一個已婚男人。珮西先是表達理解，隨後同樣洩漏自己有過類似經驗：

「嗯，我知道妳的感受如何。」珮西說。

「妳知道？」

「某種程度上我真的懂。唔，我應該要告訴妳。過去兩年來我都一直跟一個已婚男人上床。」

珮西接下來跟愛倫諾聊了自己的出軌情事，以及自己的感受。不過，兩人聊完珮西的事後，珮西說：

「不過，妳要跟我說這個男人的事，我卻打斷妳。很抱歉。妳看吧？我只想到自己。」

「沒關係。」儘管如此，她心情又開心起來了。

接著，對話又回到愛倫諾一開始聊的外遇上。因此，珮西的反應是先認可愛倫諾的感受，提出同於她的經驗，強化兩人的相似處，接著鼓勵愛倫諾再多說一點。在珮西類似困境的框構之下，兩人得而避免披露個人問題時可能會產生的那種不對等性，而友誼達到平衡狀態。

愛倫諾之所以滿意和珮西的對話，原因就在於彼此討論困擾的方式一樣，這會鞏固兩人的友誼。儘管愛倫諾提起了外遇的事，卻等到珮西要她詳細說明時才娓娓道來。在馬蒂森的另一篇〈編織〉（*The Knitting*）裡，有個叫貝絲的女人為了要探望姐姐住在精神病院的女兒史蒂芬妮，所以暫時和姐姐住。這段期間，男友艾立克打來的電話讓她心煩。這讓她想起了自己的困擾，她很想聊聊，卻因為姐姐沒有開口問，所以忍住沒說。她反倒覺得一定要把重點放在姐姐的問題上，也就是此行來訪的理由：

> 她想聊聊自己這幾個禮拜以來跟艾立克吵架、但她故作低調的事，只不過，她的姐姐對艾立克的來電隻字未提。貝絲心想，應該聊史蒂芬妮才對。

這些故事中的女人都在平衡一個微妙的系統。在這個系統中，表達困擾是她們用來確認自己的感受、創造社群感的方式。

女人面對男人的說話方式時，會用女人的對話標準來評斷。有人表達困擾時，女人會透過訊問對方的方式，試著多了解那個困擾，以表達關心。男人如果改變話題，女人會認為對方缺少同情心——即缺乏親密性。但不問深入的問題，也可能只是尊重彼此對獨立性的需求而已。愛倫諾說自己愛上彼得時，珮西問：「妳跟他上床了嗎？」很多男人（還有一些女人）可能會認為這種深入探究的方式，是某種侵犯，不過，愛倫諾卻認為這是對方感興趣。這樣一來，就能滋養友誼。

女人往往會對另一個女人的感受表達理解。當男人說她們的情況沒那麼慘，希望能予以安慰時，女人聽到的是對方輕視自己的感受、認為那不重要。她們希望強化親密度，又再次挫敗；她們想誘發對等的溝通，到頭來卻陷入不對等的溝通。

不同的對等

從理查和陶德的對話可以得知，儘管男孩的回應分開來看是不對等的（雙方都不理會對方的困擾），但如果放在一起看，這些回應就是對等的。陶德面對理查在喝酒上的困擾，以及理查面對陶德在人際上的困擾，雙方都採取了同樣的回應方式，也就是否定那是個問題：

理查：嘿，兄弟，我就不想——我是說，昨晚安說了那些話後，我就不想那樣喝了。

陶德：**我不覺得事情是那樣。你自己知道那沒多嚴重。**

理查：噢，安——山姆告訴安我摔下了防洪堤。

陶德：**他亂講。**

理查：我沒摔下去。我踩空了一步，滑倒了。但及時穩住。

陶德：**別想太多。**

理查：但我還是會想，多多少少吧。我在山姆面前搞笑，我不想在你面前也這樣。

陶德：**沒差啊，因為你這個人本來有時候就很搞笑啊。**

陶德否認理查醉到走不穩（「他亂講」），接著說理查就算失控也不糟糕，而是搞笑。

解讀這兩名十年級男生的對話時，我一開始以「連結」和「相同」的概念，認為他們是在互相吐露困擾、無視彼此問題，以及相互慰藉。但或許還有另一種視角。他們對話的動人之處，在於這個對話的基礎是地位的不對等性——或者，更精確地說，是使不對等性轉向。陶德分享困擾時，將自己放在可能低人一等的位置上，邀請理查以不對等的方式提供建議或釋出同情。理查卻透過分享自己困擾，來拒絕採取高人一等的姿態，重新建立兩人的對等地位，傳達的後設訊息是：「我們不過是兩個哥兒們，想辦法要在彼此都覺得艱難的世界中生存，而且，我們能力相當，應付得來。」

透過這個視角，女人的回應方式（例如「我懂你；你一定覺得糟透了；要是發生在我身上，我也會很難受」）對男孩來說可能有完全不同的意義，因為，他們習慣透過地位去分析事物。這種回應送出的後設訊息可能是：「沒錯，我知道，你這無能的蠢蛋，我知道你一定感覺很糟。如果我跟你一樣無能，我也會有同感。不過，算你運氣好，我跟你不同，我可以幫你，因為我天生太強，不會被那種問題所擾。」換句話說，只要表達同情可能等於高人一等，那麼忍住不表現同情，就是寬宏大量。

女人聊起困擾時，往往會對男人的反應不滿意；男人想幫忙卻被女人指責，也往往因此不快樂。不過，理查與陶德卻似乎很滿意彼此回應自己困擾的方式，而且這種方式有其道理。男人和女人聊天時，問題出在雙方期待著不同的回應。男人會透過打擊某些感受的緣由，設法平緩那些感受，但女人希望有人支持自己的感受，那麼，男人的處理方式就會讓她們覺得自己被打擊了。

「我不想問人」

聊困擾，只是男女持不同觀點、並經常造成溝通問題的許多對話課題之一。另一個這樣的對話課題，是詢問資訊的行為。這種行為上的男女差異，也關乎地位與連結的不對等性。

有對男女站在華盛頓民俗藝術節（Folklife Festival）的詢問處旁邊，那裡集結了許多展示資訊的攤位。男人對女人說：「妳問吧。我不問問題的。」

哈洛德一旁副駕駛座上的西碧兒已經氣得火冒三丈。哈洛德知道某條街就在附近，但他們已經繞了半小時。西碧兒氣的不是哈洛德不知道路，而是他堅持要自己找，而不停下來問人。她用自己的視角看待哈洛德，所以生氣了：如果是她開車，只要發現找不到路，她就會問路了，然後現在早就舒舒服服坐在朋友家的客廳，而不是眼看天色漸晚，卻還在開車兜圈圈。問路不會讓西碧兒不自在，那麼，拒絕問路對她來說就一點道理也沒有。但在哈洛德的世界裡，開車繞來繞去直到找到路是合理的行為，因為尋求協助會讓他不自在。他要避免那種不自在，所以想辦法維持一種自我感——我，就是自給自足的人。

許多男人為什麼會拒絕問路或詢問資訊呢？另一方面，同樣值得問的是，為什麼許多女人不會這樣？就獨立性與親密度彼此矛盾的邏輯來看，詢問或給予資訊這件事暗藏了兩個同時存在、卻互不相同的後設訊息。很多男人習慣性地只專注其中一個，而許多女人則專注於另一個。

我們提供資訊時，資訊本身就是訊息。但某人握有資訊而對話對象沒有資訊，也會傳遞出地位較高的後設訊息。如果本來的關係並非階層式的，那麼掌握較多資訊的人，因為更有見識也更有能力，就會被框構為地位較高的一方。用這種角度來看，自己找路就是獨立性不可或缺的一部分，在男人的認知裡，這是自我尊重的先決條件之一。得到自我尊重的代價是多花一點交通時間，那真是物超所值。

後設訊息是隱諱的，所以很難討論。西碧兒請哈洛德解釋不直接問路的理由，哈洛德根據訊息（也就是資訊本身）回答——他說沒必要問人，因為隨便找人問，對方也可能不知道，會指錯路。這基本上很合理。在很多國家，路人不太會拒絕提供別人詢問的資訊，亂編一通很常見，例如墨西哥。哈洛德的解釋讓西碧兒很無奈，因為她覺得這沒道理。她知道可能有人會指錯路，卻還是相信這不太可能，何況不可能每次都指錯路。即便真的碰上了，也不會比現在還糟。

兩人處理方式不同的部分原因在於，西碧兒認為「我不知道」很容易說出口，所以路人不知道答案的話也會這樣說。然而，哈洛德認為「我不知道」很丟臉，所以認定對方可能隨便回答。由於不同的假設以及無形的框構，哈洛德與西碧兒永遠都搞不懂這些差異的根本，只會對彼此更灰心。對話很可能繼續發生在訊息層面上，因為這是我們最能清楚意識到的層面。但如果真正的動機不存在於此，這樣就無法化解迷惑了。

在對他者有用的前提下，給予資訊、指引方向或是提供協助的行為，會強化人與人的緊密關係。不過，在這種行為並不對等的前提下，便會造就出階層制度：給予資訊的行為只要將其中一人框構為專家、知識更豐富，那麼，另一人就是無知的、知識較貧乏，這是地位協商過程的其中一步棋。

我們可以輕易看出在很多情況下，給予資訊的人地位比較高。舉例來說，爸媽會解釋事情給孩子聽、回答孩子的問題，一如老師提供學生資訊那樣。人類學家別府春海指出，在日式晚宴上的待客之道之一，就是要知曉這種動態關係。為了協助晚宴上地位最高的成員主導對話，筵席間的其他人都要提出他有權威能回答的問題。

由於接受資訊可能產生不對等，有些男人會抗拒，尤其是從女人那裡獲得資訊；也有的女人在陳述自己知道的訊息時會小心翼翼，對象為男性時更是如此。例如，有位男士跟我討論這種動態關係，他說我的觀點解釋了他老婆說過的一句話。他們當時坐進車裡，準備前往妻子很熟但他一無所悉的目的地。他有意識地克制直接自己開車找路的衝動，開口問妻子走哪一條路最好。妻子告訴他怎麼走，然後補了一句：「我也不是百分百肯定。那是我會走的路，也許有更好的也說不定。」妻子這番話是補救的行為，為的是調整知道與不知道所造成的不平衡。這同時也是先挽救面子，以免丈夫不聽建議。此外，妻子這麼做，也把指出的路線框構為「建議而已」，不是「下指導棋」。

「這讓我很煩，我就解決掉」

掌握或提供資訊所隱含的不對等性，也可以從修東西的掌握跟展現中看出——我們已經在男人聊到困擾時的處理方式上，知道了這種傾向。為了深入探討關於修理東西的框構，我要提出自己碰過的一件小事。

有一回，我打不開相機測光計上的小電池蓋，所以帶著相機到相館。店員先用硬幣試著轉開電池蓋，後來改用某種特殊工具，但都打不開。他說蓋子卡住，沒救了。他解釋打不開的理由（螺絲歪掉，被硬鎖進去），接著又詳細說明，如果用他給我的表格，依據光線條件來設定相符的快門，就算沒有測光計也可以拍照。我知道自己絕對不會用這套辦法，卻還是禮貌地聆聽著、假裝很有興趣，而且認真記下他說感光度一〇〇時該怎麼做——其實他本來想說明感光度六四時該怎麼做，但他自己都糊塗了。他還進一步解釋，這套方法其實比測光計更好。這樣一來，他把「沒辦法幫忙打開電池蓋」的意義降到了最低。他將自己框構為：雖然修不好相機，但他在處理有用的知識，而且解決了我的問題。這個男人想幫我（我由衷感謝），但他也想展現自己掌握了提供協助必要的資訊與技能，就算沒幫到忙也一樣。

在此，有一種社會契約居中運作。許多女人不僅能自在舒服地尋求協助，還覺得尋求協助、接受協助同時報以感謝，是道義上該做的事。在她們看來，很多男人認為不管方便與否，滿足別人的要求是理所當然。有個男人跟我說，有一次他的女鄰居因為車子一直熄火，問他能不能幫忙。他花了很多時間檢查，最後斷定自己沒有修車所需的設備。沒能成功解決對方的問題，他覺得糟透了。對方好像察覺到他的感受，接連兩天都跟他說，現在車子好多了，但他知道自己根本沒有任何幫助。男人和女人似乎都同樣受到這種安排所約束：女人必須要表達感謝，即便男人沒幫到忙；而男人必須花大筆的時間與精力，想辦法幫忙。

我還可以舉另一個例子，說明這種尋求協助與表現感謝的社會契約。事情發生在紐約市的某個街角。有個女人從23街和公園大道南的地鐵站走出來，一時搞不清楚麥迪遜大道怎麼走。她知道麥迪遜大道在公園大道的西邊，所以，只要稍微想一下就可以搞清楚方向。但她想都沒想，就問了眼前碰到的第一個人。那位男士說麥迪遜大道沒有通到這麼南邊。她知道這不對，何況她這時已經搞清楚方向了。但她沒有說「有，有通到這麼南邊」，或是「算了，我不需要你的幫忙」，而是想辦法去搬演對方有幫到忙的戲碼。她問：「哪個方向是西邊？」然後，就在對方告訴她的同時，她答道：「謝謝。那我就往西邊走好了。」

如果從問路的觀點看，這件事從始至終都荒唐至極。女人並非真的需要幫忙，而男人也沒有資格幫忙。但問路不是重點。她採取跟陌生人問路的那套日常儀式，目的不只是（也不主要是）為了搞清楚出站之後的方向，而是要透過與城市大眾的一員匆匆接觸，強化自己和這些人的連結。為此，尋求協助只是一種自然而然的方法。

「這讓你很煩，所以我幫你」

瑪莎買了一台電腦，她得學習怎麼使用。她認真看完使用手冊之後有進步，但還是有一堆問題，於是她找上賣這台電腦的店家，尋求協助。派來幫她的男人，讓她覺得自己是世界上最笨的人。對方用術語解釋東西，她每次不得不問某個字的意思時，就感覺自己更加無能，而且對方的語氣讓她更有所感，其中的後設訊息是「這還要解釋嗎？大家都知道！」，對方解釋得飛快，她根本不可能記住。回到家時，她發現自己想不起來對方教過什麼，就連當時聽懂的部分，也想不起來了。

過了一個禮拜，還是摸不著頭緒但又害怕跟店員互動的瑪莎再次回到店裡，她下定決心，這次一定要取得所需資訊。這次來幫她的是女性，而且，這次求助的經驗截然不同。這位女士大多避免使用術語，就算用了，也會問瑪莎懂不懂，不懂的話就用簡單又清楚的方式說明。回答問題時，她的語氣絕對沒有「人人都該知道答案」的感覺。還有，示範操作時，她會讓瑪莎做，而不是自己示範。這位「老師」的不同風格，讓瑪莎覺得自己是不同的「學生」：不會因為無知而羞怯、既有能力也不愚蠢的一個學生。

當然，不是所有男人提供資訊時都會混淆、羞辱他們的學生，很多有能力的老師都是男性；也不是所有女人都會簡而易懂地提供資訊。不過，許多女性都表示有和瑪莎類似的經驗，尤其是碰到電腦、汽車以及其他機械時，更是如此。她們表示，聽女人解釋會比較自在。提供協助本身蘊含的不同意義，或許可以解釋背後原因。如果女人重視的是連結，那她們就會積極將專業知識上的差異降到最低，盡可能地讓別人理解自己說的。由於女人以維持相似性與平等地位的表象為目標，分享知識便有助於大家扯平。她們說話的語氣傳達出的是支持而非鄙視的後設訊息，不過，「支持」本身也可能讓人覺得態度高高在上就是了。

如果男人重視的是地位的協商，而且認為一定要有人占上風，那麼，占了上風的男人可能會比較自在。握有更多資訊、知識或是技能，會讓男人位居高位，從說話方式就能看出他是否感覺自己勝人一籌。如果男人解釋東西時刻意用很難懂的方式，那可能是因為學生不懂，這會強化他覺得自己懂比較多的快感。隨著學生一點一滴取得知識，這種自適的優越感差值，就越來越小。或者，也可能是因為他們比較在意展現優越知識與技能，而沒那麼在乎知識的共享。

熟知我這些概念的同事說，他在一場學術會議上就見識過這種差異。有位女性在發表論文時，不斷停下來詢問聽眾：「你們到目前為止都有聽懂嗎？」我同事推測，那位女士的主要顧慮，似乎是要讓聽眾理解。當我同事發表論文時，他的主要顧慮則是別被台下聽眾羞辱——而且據他觀察，其他發表論文的男性，也八成有一樣的想法。從這個角度來看，為了避免被攻擊而掩蓋足跡，只好把話說得不清不楚——他們認為這是值得的。這並不代表女性完全不想感覺自己有學識，或具備強大的影響力。的確，我們可以把「詢問別人是否理解」視為一種框構自己比較優越的行為。但對大部分女性而言，握有資訊、專業知識或操控物品的技能，似乎不是衡量權力的主要方法。她們反而會覺得，如果幫得上忙，自己的權力就提高了。甚至，如果她們聚焦在連結而非獨立性與自立，那麼當社群強大時，她們就會覺得自己更強大。

「相信我」

有位女性告訴過我，她不敢相信老公竟翻出多年前的舊帳，重提讓他覺得受辱的事。她當時沒辦法用錄放影機錄下HBO的電影，老公查看之後，說是因為那台沒有錄影功能。她沒有接納老公的判斷，反倒找鄰居哈利幫忙看一下，因為對方之前有幫她修理過。哈利的判斷跟老公一樣。老公因為她不信任自己的專業知識而生氣，多年後，老公又提起這件事，她不可置信地驚呼：「你還記得？哈利都死了！」雖然這件事對老婆來說微不足道，卻深深刺傷了丈夫的自尊，因為此舉質疑了他應付機械領域的知識和技能。

另一對伴侶費莉西亞與史丹，同樣也在爭論信任男人技能的事。史丹開車時，費莉西亞會恐懼地喘氣，所以他就生氣了。他說：「我從來沒出過車禍！妳為什麼就不能信任我的開車技術？」費莉西亞無法讓老公理解自己的觀點——她不是特別不相信**老公的**開車技術，而是她害怕任何人開車這件事。最重要的是，費莉西亞無法理解，為什麼不自覺倒抽一口氣這種小事，居然會引發如此強烈的反應。

「親切一點」

擁有專業知識與技能，可以同時強化男人和女人的自我感。只不過，相較於女性特質的概念，男性特質的概念更看重專家的姿態。[3]根據慣例，女性傾向當個給予讚美而不是給予資訊的人。有一張海報張貼在全美所有郵局裡，我們可以從中看出女人理當讚美他人的社會期待。這張海報是要廣邀顧客提出批評、建議、疑問、還有讚美。前三種行為都是用男性主角的速寫圖作為示意，只有讚美是女性。圖上的女人笑容燦爛地比出認可的手勢，頭上還有一道光圈。那道光圈尤其有意思，這表示讚美將說話者框構為「和善的」。

提出讚美和提供資訊一樣，本質上也是不對等的。這個行為，會將說話者框構為勝人一籌，所以有資格評斷他人表現。女性做為母親、社工、護士、諮商師和心理學家等這些具代表性的協助角色，也可能被框構得較為優越。不過，女性在許多這類角色裡（尤其是母親與護士），也可能被當作聽命行事的人。

動機不只一種

幫助他人時，女人和男人的工作任務往往不同。即便是相同的任務，也可能有不同目的，而這種差異可能會使他們誤判他人的意圖。前文的修相機故事，結尾就跟這很有關係。某次家族聚會上，我把相機拿給我妹夫看，他對機械的嫻熟，在家族裡是出了名的。他拿相機進到自己的工作室，一個半小時就修好了。我既開心又感激，跟他女兒說：「我就知道他會喜歡這個挑戰。」他女兒特別說了一句「對啊，尤其是別人的事。」當時我以為他真正關心的，是電池蓋卡住的問題，因為看來是如此。但修相機其實是他展現在乎我的方法，是花心力幫助我的一種方式。如果說女人會直接提供協助，那麼，我的妹夫則是用相機當媒介，間接提供協助。

我的同事聽完我分析這個經歷，認為我忽略了其中一環。他指出，很多男人之所以從修東

---

3 譯注：femininity 通常在性別研究領域上譯為「陰柔特質」，但作者一開始就提及本書無意深究性別研究打破男女二分的範疇，只是想透過男女對話風格上的差異討論溝通問題。因此 femininity 選譯為「女性特質」，並將 masculinity 選譯為「男性特質」而非「陽剛特質」。

西中得到快感，是因為這強化了他具掌控力、可自給自足又能主導物質世界的感覺。（這就是艾芙琳．凱勒（Evelyn Fox Keller）的理論精髓，她認為，把科學看成在主導並控制自然，在精神上就是男性特質的概念。）我的同事跟我分享了一件事。他訂了旋轉木馬塑膠玩具給小兒子，卻在運送過程中解體了，送來時散成一片一片的。他妻子拿給了家族裡最會修東西，也樂於助人的舅舅。儘管玩具大概值不了多少錢，但舅舅還是花了幾個小時修理好。舅舅之後見到他們又提起這件事，他說寧願熬夜修理，也不願承認修不好。我同事相信，舅舅想宰制玩具的動機，強過想幫助妹妹和侄子的動機，但這兩種動機同時存在。

我同事還進一步指出，連同他自己在內，許多男人樂於展現對物質世界的主導能力，是為了吸引女人，因為感謝、欽慕是男人另外一種快感與滿足感的來源。我修正了分析，他的解讀如下：我和外甥女都是女性，所以傾向將某一行為中幫人的成分，視為「真正」或主要的動機。但他還是認為，展現技能、成功辦到連專業店家都辦不到的事，並把卡住的電池蓋硬是扳正，這些帶來的快感，才是主要的動機。

協商地位，是許多男人想展現自己知識淵博又技術高超的欲望中，都可以發現的一環，但這並不表示他們的協助行為目的不包括連結。這兩者同時共存，還會彼此助長。然而，男女面對地位與連結時兩者之間輕重判斷的不同傾向，就會導致不對等的角色。許多女人對連結的後設訊息敏感，能自在地接納與提供協助——但當然也有很多女人只對提供協助與支持的角色感到自在。許多男人對地位的動態關係，幫忙女人的必要性以及自立的需求等等很敏感，他們可以自在地當個提供資訊與協助的人，但不願意當接受者。

從另一座山上看到的風景

在作家愛麗絲．馬蒂森（Alice Mattison）的故事〈多彩的字母〉（*The Colorful Alphabet*）裡，有個名叫約瑟夫的男人，邀請另一個男人戈登到他鄉下的家裡作客，因為戈登與老婆剛剛分道揚鑣。作客期間，他們全部人一起去爬山。下山途中，他們停下來休息，戈登這時才發現自己把鍾愛的背包遺留在山頂。戈登不習慣登山，腳也瘸了，約瑟夫於是自告奮勇要回頭去拿。約瑟夫的妻子雖然也一起去，但她累到沒辦法一路爬回山頂，所以約瑟夫就把她留在半途，自己完成任務。他下山與妻子碰面時，卻兩手空空：原來背包不在山頂。他說他早就知道山頂沒有包包，因為大家停下來休息時，他看到有個男人拿著那個背包從旁經過。至於他為什麼沒直接說他看到了，他是這樣跟妻子解釋的：「我不能告訴他，我看到了背包但反應不夠快，沒幫他要回來。」他接著說：「我得**做**點什麼才行。」

他的妻子又累又無奈，與其說是生氣，不如說她完全不敢相信自己的耳朵。她無法理解老公怎麼會寧可再爬一次山（而且還讓她一起），而不願承認自己看到有人拿了戈登的包包。她說「我絕對不會那樣」，但她的語氣比較像困惑，而不是生氣。她解釋：「如果是我，我想都不用想就會直接講。我犯錯會懊惱——但別人**知道**我犯了錯不會讓我懊惱，這對我來說沒什麼大不了。」她的丈夫說：「噢，但這對我來說是天大的事。」

這個故事證實了我一再提及的男人風格。約瑟夫想幫戈登，而他不想讓人知道他做了一件自己覺得愚蠢的事。他想設法解決問題的衝動超越了不要爬兩次山的衝動。但故事讓我印象最深刻的，是他妻子對那次經歷的反思。她認為：

> 就是那樣偶然的時刻，我很確定自己還沒想像過他是怎樣的人：我不會做像他那樣的事，作夢也想不到、想破頭也想不到——總之，約瑟夫**不是我**。

這段節錄，反映出男人和女人不同的世界觀所衍生出的無奈與不解從何而來，而且這個來源，可能最微妙卻又最深層。我們覺得自己了解這個世界，也會借鏡他人，強化這種信念。所以當我們看到他人的行為似乎完全不同於我們所處的世界，我們會非常震驚。

我們指望自己最親密的關係會是認可與慰藉的來源。當最親近的人用跟我們不同的方式回應事件、當他們與我們眼中的同一個場景似乎來自不同劇本、當他們說出我們在相同處境下無法想像的言語，我們的正當性似乎會被撼動，立足點也會突然不穩。面對這種情況，能夠理解背後原因是關鍵——知道我們和伴侶與朋友在很多方面相似，但**為什麼**他們**不是**我們，而且在其他方面跟我們**有何**不同。這是邁向堅定的立場至關重要的一步。

第三章

「報紙放下，跟我說話！」：投契式談話和報告式談話

我曾在某座郊區房子的客廳裡，跟一群女性團體談男女溝通。因為主題相關，她們也邀請男性加入。討論席間，有名男性特別多話，一開口都是冗長的評論和說明。當我說女性時常抱怨老公跟自己聊得太少時，那名男性主動說他完全認同。他指了指始終安靜坐在一旁的老婆說：「她是我家的話匣子。」

當場的每個人都笑出來。他一臉不解，看起來很受傷。他解釋：「是真的，我下班回家通常無話可說，她卻能滔滔不絕地一直講。要不是她，我們可能一整晚都沒說半句。」另一名女性表示，她丈夫的狀況也如此矛盾：「我們出去時，他都是聚會的靈魂人物。如果我人在另外一間房間，一定都聽得到他說話。但一回到家，他就沒話講。大部分都是我在講。」

男人和女人，誰的話比較多？照刻板印象來看，女人的話太多了。語言學家珍妮佛·柯茨（Jennifer Coates）就點出了幾句俗諺：

女人的舌頭就像綿羊的尾巴。（A woman's tongue wags like a lamb's tail.）

狐狸炫耀的是尾巴，女人炫耀的是舌頭。（Foxes are all tail and women are all tongue.）

北海的水會流乾，女人的話卻說不完（The North Sea will sooner be found wanting in water than a woman be at a loss for a word.）

歷史上時時都有女人因為話太多或說錯話而被懲罰的例子。語言學家康妮・艾伯（Connie Eble）列出了美國殖民時期的各種刑罰：女人會被綁在刑凳上浸入水中直到快溺死為止，還會被釘上標示、套上口枷、舌頭被夾起來不能講話，然後跟牲畜關在一起。

雖然這種體罰的慣例，已經被非正式、而且往往是心理上的責罰取代，但現代的刻板印象，跟古老諺語的意思，依然沒有太大差別。人們都深信女人話太多。然而，不斷有研究發現男人的話其實比較多——不管是在會議上，男女皆有的小組討論，男孩女孩相處時，或年輕男女比鄰而坐的教室裡，都是如此。舉例來說，溝通研究員芭芭拉・易金斯（Barbara Eakins）與金・易金斯（Gene Eakins）錄下了七所大學教員會議，然後進行分析研究。他們發現，除了其中一所大學外，會議上男人發言的頻率較高；此外，所有大學的會議中，男人的發言都比較長。男人輪著發言的間隔時間為一〇・六六到一七・〇七秒，而女人則為三到十秒。換句話說，女人最長的發言，也長不過男人最短的發言。

公開演說如果有提問時間，或是脫口秀主持人開放call-in時，第一個問題幾乎都是男人問的。而且，男人提出問題或表達意見時，往往話也比較多。語言學家瑪喬莉・史威克（Marjorie Swacker）錄下了學術會議的問答時間。她所研究的會議中，也有許多女性在場——有四〇・七%的會議論文由女性提出，而且，女性觀眾占了四二%。不過在提問上，不管主動或被動，只有二七・四%是女性提出，而且提問平均耗費的時間還不及男性的一半。（女性提問平均耗費二三・一秒，男性為五二・七秒。）史威克的研究顯示，這是因為男性（而不是女性）習慣在提問前，先提出陳述做為開場，而且會問不只一個問題，同時再順著講者的回答，提出另一個問題或看法。

我在演講與女性直接相關之議題的場合上，也觀察到了這種模式。無論觀眾的男女比例為何，第一個提問、問題比較多又長的人，幾乎總是男性。在這些場合，女性往往覺得男人的話太多。我記得有一場在書店的演講，有會後座談時間。聽眾群雖然大多是女性，但討論卻是由現場的男性主導。有位男子，甚至話多到前排多位女性都坐立難安、對我使眼色。諷刺的是，他當時滔滔不絕說的主題，就是他覺得很無奈，因為自己必須聽女人沒完沒了地聊他覺得無聊又不重要的話題。

投契式談話與報告式談話

那麼，到底男人還是女人的話比較多？被我稱為**公開發言**和**私下發言**的差異，可以解釋這些看似矛盾的例證。男性對公開發言比較自在，許多女性則覺得私下發言比較輕鬆。另一種精確描述這些差異的辦法，就是採用**投契式談話**與**報告式談話**這樣的詞彙。

對多數女性而言，對話的語言主要是投契的語言：一種建立連結、協商關係的方式。她們強調的是展現相似性與同樣的經歷。從小，女孩子就會批評想與眾不同或看起來高人一等的同儕。人們在家裡或自己**覺得**自在的地方（有一個或多個相處起來沒有壓力的人陪伴）時會感覺到最親密的連結，換句話說，這種狀況就是私下發言時。但就連在最公開的場合，女性也可以用私下發言去應對。

對多數男性而言，說話主要是一種工具，目的是維護獨立性、在階層制的社會秩序中協商並維持地位。想要達到這樣的目的，就得展現知識與技能，同時透過口語表現（說故事、開玩笑、給予資訊等）成為眾人焦點。從小，男人就在學習如何用說話博取注意、成為焦點。對著一群陌生人發言，他們可能更自在——這在廣義上就是「公開發言」。但就連在最私下的場合，男人也可以用公開發言去應對。這就比較像報告，而非建立投契關係。

私下發言：囉唆的女人跟沉默的男人

女人話很多的刻板印象來自什麼？學者戴爾．史班德（Dale Spender）認為，多數人都覺得（就算不是有意識地）女人就跟小孩一樣，應該有耳無口，所以不管說多少都嫌多。研究也顯示，團體裡的女人如果跟男人說得一樣多，大家還是認為女人說比較多。因此，史班德的看法是有根據的。但還有一種解釋——男人之所以認為女人話多，是因為他們聽到女人在男人不會說話的情況下說話，例如：講電話，而且她們在朋友聚會等社交場合的話題，也不讓男人覺得有趣，或者，像本章開始那對夫妻在家的狀況一樣——總之，男人不會在這種私下發言的情況下說話。

話多的女人與沉默的男人作為一種美國人的印象，它的背景就是家庭。這個印象源自我目前說明的不同目的與習慣，也解釋了為什麼女人對枕邊人最常抱怨的就是「他不跟我講話」——第二名則是「他不聽我講話」。

有位寫信給專欄作家安．蘭德斯（Ann Landers）的女性就是典型例子：

> 我丈夫保羅下班回家之後從來不跟我說話。我如果問他：「今天一切如何？」他會說「累死了……」或「公司裡處處險惡」。（我們住在紐澤西，他在紐約上班）
>
> 但家裡有客人或我們去別人家作客，那情況就不同了。保羅成了一群人裡最受歡迎的傢伙——說話最迷人的人。他會想出最有趣的故事，大家對他的一字一句都聽得入迷。我心

想：「為什麼他從來不告訴我這些呢？」

這情況已經持續了三十八年。我們結婚十年後，保羅就開始對我沉默。我永遠都搞不懂原因。妳能解決這個謎嗎？

——某個隱形的女人

安·蘭德斯認為，丈夫不想說話可能是因為他回家就累了。不過，下班回到家的女人也累，卻還是急切地想跟伴侶或朋友講自己一整天發生了什麼，分享對這些短暫的日常事件的感受與想法。

高深如心理學家的研究，務實如寫專欄作家收到的信，還有微妙如電影和舞台劇等等的資訊來源，都提出一致的見解：男人在家裡的沉默，對女人而言是一種失落。女性一而再再而三地抱怨：「他好像跟其他人都有說不完的話，對我卻無話可說。」

在《美式離婚》（*Divorce American Style*）這部電影的開場，演員黛比·雷諾（Debbie Reynolds）說自己跟迪克·凡戴克（Dick Van Dyke）都不溝通，男方卻反駁，說自己心裡有什麼事都會告訴她。這時門鈴響起，打斷了爭吵，這對夫妻稍作冷靜、情緒恢復後才開門，笑臉迎接客人。

許多夫妻關起門來的對話就像這樣。一如黛比·雷諾扮演的角色，女人覺得男人都不溝通。如同迪克·凡戴克扮演的角色，男人覺得自己遭到冤枉。怎麼可能女方深信男方什麼都不告訴她，而男方也同樣深信自己已經把心裡的所有大小事都讓對方知道了？面對同一個對話，男人和女人怎麼會有如此不同的看法？

事情出錯時，我們會四處尋找可怪罪的理由：不是我們溝通的對象有錯（「妳／你要求太高、固執、自我中心」），就是對方的族群有錯（「所有女人都要求太高」、「所有男人都自我中心」），有些寬宏大度的人則怪罪關係本身（「我們就是無法溝通」）。但在這些向外的指責背後，大多數人都深信自己一定有問題。

假如有錯的是個人或特定關係，那就不會有那麼多不同的人碰到相同的問題。真正的問題在於對話風格。男女的說話方式不同。假如說話方式才是始作俑者，那就算出發點再良善，男男女女想透過說話解決問題，可能只會讓事態更糟。

你最好的朋友是誰？

如前文所述，男女風格大不同，因為他們在成長過程學習了不同的語言使用方式。在我們的文化中，多數人會把自己最親密的關係，視為惡劣環境下的避風港，女人尤其如此。最好的朋友，就是女孩們社交生活的中心，她們藉由分享祕密來建立並維繫友誼。成年女性也一樣，她們友誼的本質就是說話，交換彼此的想法與感受還有一天的經過：在公車站看到誰、誰打來電話、說了什麼，她們又有何感受。問及她們最好的朋友是誰時，大部分女性舉的是自己時常聊天的女性。男人被問到同一個問題時，大多都回答是老婆。講完之後，許多男人才會提到其他經常一起活動的男性，例如打網球或棒球（絕對不只有坐著聊天）；不然的話，就是已經一年沒聊天的高中死黨。

當黛比．雷諾抱怨迪克．凡戴克什麼都不跟她說、而男方卻反駁自己明明都有說的時候，雙方都是對的。女方因為男方沒有分享一整天下來經歷的那些轉瞬即逝的想法與感受，所以覺得對方什麼都不跟她說——也就是自己跟摯友間的那種談話。男方因為不覺得這些事情對自己來說有什麼好講，所以才沒告訴對方。他覺得重要的事，都告訴對方了——也就是自己會跟朋友講的那些事。

男女對於何為重要，常常概念有別，而且，對於「重要的」話題何時該提，想法也常有出入。曾經有一位女士餘悸未消地跟我分享了她和男友的對話。得知男友與他的朋友奧利佛見了面，這位女士問道：「奧利佛最近如何？」男友回答：「老樣子。」但後來在對話裡，她得知了奧利佛與女友決定要結婚一事。「那叫老樣子？」這位女士既無奈又不敢置信地驚呼。

對男人而言，「老樣子」可能是開啟對話的慣常回應。有一位女大學生雖然很想念自己的弟弟，卻幾乎不打電話給對方，原因是她覺得跟弟弟好難聊天。他們之間標準的對話就是她開頭問弟弟：「近來如何啊？」，弟弟回答：「老樣子。」在她耳裡聽來，弟弟的「老樣子」就意味著「我沒有什麼要聊的私事」，於是就換她自己說，讓弟弟知道近來發生的事，最後無奈地掛上電話。但回想之時，她記得聊到後來弟弟咕噥著說：「我跟克莉絲蒂又吵架了。」因為聊到很後面才出現這句話，而且弟弟又壓低聲量地說，所以她就沒有特別回應。搞不好弟弟對於她沒有接話一事，也一樣無奈。

許多男性真的不知道女人要的是什麼，很多女人也真的不曉得為什麼男人認為女人想要的如此難以理解，而且還給不了。

「快跟我說話啊！」

有一則漫畫精準描繪了女人對男人在家沉默不語的不滿。漫畫場景是一對夫妻坐在餐桌上吃早餐：丈夫在讀報紙，妻子則直愣愣的盯著報紙的背面。在漫畫《白朗黛》（*Blondie*）裡，白朗黛抱怨道：「他每天早上只看報紙！我敢保證沒人知道我在這兒！」男主角大悟安慰她，回答：「我當然知道妳人在這兒啊。妳是我最棒的老婆，我很愛妳。」他一邊說著，一邊拍了拍椅子上狗狗的腳（狗狗是妻子離開時放在座位上的），連頭也沒抬一下。我們看到，白朗黛跟那位寫信給安．蘭德斯的女人有一樣的感受：都覺得自己是隱形的。

另一則漫畫中，翻開報紙的丈夫問妻子：「我讀報之前，妳有沒有什麼想跟我說的？」丈夫知道答案是沒有——但他才剛開始讀，妻子就想到了要講的事。這一則強調了男女有不同的說話目的：對男方來說，說話是為了傳達資訊。當他的妻子打斷他讀報時，一定是為了告訴他一些他需要知道的事。所以，妻子大可在他讀報前說說她覺得重要的事。但對妻子來說，說話是為了互動。述說是一種表達參與感的方式，聆聽則是感興趣與在乎的表達方式之一。她不是每次都故意在丈夫讀報時才想到要說什麼。每當丈夫（她自己也不知何故）埋首報紙而不跟她說話時，她對於言語交流的需求最為強烈。

還有一則漫畫，裡面有個結婚蛋糕，蛋糕最頂層不是身穿燕尾服和婚紗的塑膠玩偶，而是一雙對坐吃早餐的夫妻，老公鬍子沒刮、讀著報紙，另一頭的妻子一臉不悅。這則漫畫反映出巨大的落差：一邊是身著傳統婚禮服飾的塑膠娃娃，代表我們對婚姻的浪漫期待；一邊是吃早餐時報紙隔開的雙方，代表令人失望的現實——丈夫讀著報紙的正面，妻子瞪著報紙的背面。

這些漫畫和許多相同主題的漫畫都很逗趣，人們在這些漫畫中也看見自己的經驗。不幸的是，許多女人會因為男人在家不跟自己說話，而深感受傷。許多男人在進退兩難的狀況下，覺得自己讓伴侶失望，也深感挫敗。

有些男人挫敗感更重，就曾有位男士說：「那我到底該什麼時候讀早報才對？」假如男性不跟朋友分享個人資訊，讓許多女人感到不可思議，那麼，許多女性懶得讀早報，也讓那些不知該何時讀早報的男人同樣難以置信。對他來說，讀報是晨間儀式中最重要的一部分，沒能讀報，他的一整天就不對勁。那位男士表示，他認識的許多女性覺得早上化妝很重要，而早上讀報對他來說也一樣。但他觀察發現，很多女性不是沒訂報紙，就是晚上回家後才讀報。他說：「我覺得這很匪夷所思。我超級常在晚上，幫某個女人撿起她門口的早報，按電鈴交給她。」

對這個男人而言（我相信有許多男人也一樣），反對他讀早報的女人，就是企圖不讓他做一件既重要又無害的事。這有違他的獨立性——即行動自由。不過，期待伴侶跟自己說話的女人，因伴侶不這樣做而失落時，在她的感知上，伴侶的行為就是沒有親密性。要不是男方有祕密，就是對她失去興趣，或者在保持距離。瑞貝卡的婚姻大致算幸福，她跟我說她對丈夫史都華嚴重不滿的一點，就是他的沉默寡言，她描述為**精神的吝嗇**。她問先生在想什麼，先生想了好久才說：「我不知道。」她無奈地接著問：「你心裡是空的嗎？」

瑞貝卡一向習慣有什麼想法和意見就表達出來，對她來說，什麼都沒**說**等於什麼都沒**想**。但史都華不認為想到什麼都值得說，他沒有這種習慣，既然如此，就像瑞貝卡「自然而然」說出自己的想法，他也「自然而然」在腦中刪除忽然現蹤的想法。他覺得這些想法不重要，說出來會賦予太多的份量與重要性。瑞貝卡這輩子到目前為止，都在跟親近的人進行私人對話時說出自己的想法與感受；史都華這輩子到目前為止，都在腦海裡去除自己的想法與感受，拒絕分享。

迴避或聊聊？面對疑慮的不同態度

前述的例子裡，瑞貝卡問的並不是特定的想法或感受，而是史都華心裡所想的任何一切。在攸關關係的負面感受或懷疑的情況下，把想法與感受說出來，就變得特別重要。我發現，有個案例中清楚表現出這種差別。有位五十歲的離婚男子跟我聊到他跟女方建立新關係的經驗，他對表達想法的立場明確：「我不重視自己的短暫想法，也不重視別人的短暫想法。」他覺得女方一想到什麼就丟出來的行為，讓他們目前的關係變得岌岌可危，甚至不斷變淡，當他還在追求女方時，女方有很多想法都是對兩人關係的恐懼。由於當時他們還沒那麼熟悉彼此，女方不確定能否相信他，兩人的關係是否會破壞自己的獨立性，又是否真的適合自己——這都不讓人意外。男方則認為，女方當初不應該告訴他這些恐懼與懷疑，靜待結果就好。

果然，結果很順利。女方判定這段關係適合自己，也能相信男方，而且不需要放棄獨立性。然而男方告訴我，他光是應付女方初期的懷疑就遍體麟傷，在還走不出來時就已經跟女方分手。他說自己像溜溜球，被綁在女方意識流的繩子上，一直彈來彈去，頭還在暈。

對比之下，這個男人承認自己是另一種極端：他絕對不會表達自己對這段關係的恐懼與疑慮。他不滿，卻又什麼都不說，這種不滿就會以一種保持距離的冷漠展現出來。這恰恰是女人最怕的反應，所以她們會選擇表達不滿與疑慮——這麼做就像解藥，可以消除原本閉口不談會造成的孤立與疏離。

對於不滿與疑慮的表達或隱藏，兩方的不同觀點，可能反映出另一種差異，就是男女對於自己的話對他人的影響力的不同認知。女人不斷重複告訴男人自己對兩人關係有何恐懼，這似乎是假設男方刀槍不入，不會被她說的話傷到，或許她低估了自己的話對男方的影響力。至於這個男人，似乎高估了自己的話對女方的殺傷力，但諷刺的是，女方更有可能被他的沉默所傷，而不是他說的話。

這些男女都用從小學習的方式說話，到了青壯年時期與成年期，同性友人的互動還強化了這種方式。對女孩子而言，說話是關係緊密的黏著劑；男孩子之間，主要的黏著劑則是活動：一起做事或聊運動類的話題，或者，長大後聊政治。男人最願意發言的聚會就是他們覺得需要讓人另眼相看的場合，也就是關乎自身地位的情況。

調整與信任

面對如此僵局，或許永遠找不到讓兩方完全滿意的解決之道，但去理解不同的看法，可能有助於消除負面印象，同時雙方都可以自我調整。男女對於「談話」在關係中的地位，各有預設立場——如果了解這點，女人就可以不把男人吃早餐時讀報紙這件事，解讀為拒絕自己或關係失敗，從而順了男人的意。而男人就可以明白女人想說話的欲望，無須將其解讀為不合理的要求或意圖操控，不讓自己做想做的事。

有一位女性聽了我解讀這種男女差異，分享這些見解對她的幫助。某位男性和她認真交往初期，在她的公寓睡了一晚。那是平日晚上，兩人隔天都要上班。當男方匆促卻浪漫地提議「隔天晚點進公司、一起吃早餐」時，她開心極了。她快快樂樂地準備早餐，期待著心目中浮現的畫面：兩人面對面坐在她的小餐桌旁，凝視彼此的雙眼、說自己有多麼喜歡彼此，對這段日益茁壯的關係很滿意。她端上精心準備的蛋、吐司還有咖啡時，男友就在小餐桌與她對坐——此時男友翻開了一旁的報紙。如果說，提議一起吃早餐就像提出讓關係更緊密的邀約，那麼在她看來（或者害她看不到〔男友〕的是），那份輕薄的報紙，就猶如兩人間無法穿透的障礙。

假如她完全不懂我討論的這些性別差異，就會心理受傷，把這男人當成另一個爛貨丟了。她原本會認定男人享受一夜春宵後，還想再利用她當快餐廚師。但她不這樣想，她知道男人與她不同，不覺得需要用說話鞏固兩人的親密度。作為一個合適的伴侶，有她在場，就已經是男方所需的一切了，而且那並不意味著男方不珍惜她的存在。同樣道理，假如男方明白在女人定義的親密度中，說話扮演著極為重要的角色，他就會晚一點再讀報——不讓女友意興全消。

怎樣才算自在？

家是卸下面具放鬆的地方。只不過，男女對於「自在」的定義可能南轅北轍又彼此互斥。對許多男人來說，自在代表無須用言語表現或證明自己、使人欽佩。這樣一來，男人會處在一種沒必要說話的狀態。他們有保持沉默的自由。另一方面，對女人而言，家是她們得以自由說話、覺得最有必要說話、跟自己最親近的人說話的地方。女人認為，自在就是暢所欲言的自由，不必擔心別人怎麼評斷自己的談話。

語言學家愛麗絲・葛林伍德（Alice Greenwood）在研究自己三個青春期前期孩子與朋友的對話時，就得出了這樣的觀點。葛林伍德的兩個女兒和一個兒子對選擇什麼樣的人來家裡吃晚餐，給了不同的理由。史黛西說她不想邀請不熟的人，因為她得「彬彬有禮又安安靜靜」，還要舉止得宜。另一個女兒狄尼絲說她想找好友梅莉來家裡作客，因為她們在一起時可以瘋瘋癲癲，不必擔心有沒有規矩，不用像跟其他「可能會到處亂講」的朋友在一起時那樣注重形象。然而，狄尼絲的雙胞胎哥哥丹尼斯對於注意言行、別人如何評斷自己，卻隻字未提。他只說，他想邀可以一起亂開玩笑、大聲歡笑的朋友到家裡作客。從女孩們的話中可以看出，對她們而言，關係親密表示能暢所欲言。而跟相對陌生的人在一起，就表示必須注意自己的言行。這樣的見解，也是解開男女誰話多這個謎題的線索之一。

公開發言：多話的男人和沉默的女人

目前為止，我都在討論許多男人靜默不語而許多女人喋喋不休的私下場景。但也有角色反轉的其他場景。回到瑞貝卡和史都華這對夫妻，我們知道當他們獨自在家時，瑞貝卡想到什麼就會脫口而出，而史都華卻自認為想不到要說什麼，但他們在其他場合時卻完全相反。例如在社區委員會或孩子學校的家長會，會站起來發言的是史都華。在那種場合，沉默不語的人是瑞貝卡，她太擔心別人可能對她的發言有負面反應，或害怕表達看法時可能會出錯，所以不好意思發言。就算她鼓起勇氣打算說些什麼，也需要時間構思，等主持者看到她要發言，她才會說話。她沒辦法像史都華或其他男人那樣，直接站起來講話。

女性主義主流基金會（Fund for Feminist Majority）的主席伊蓮娜・史密爾（Eleanor Smeal）曾受邀

擔任某個討論墮胎的call-in廣播節目的來賓。雖然對女性來說，這是最切身相關的主題了，但一小時的節目裡，來電的聽眾除了兩名女性，其他全是男性。廣播節目的主持人黛安．瑞姆（Diane Rehm）表示不解，她說她節目的聽眾男女各半，但來電者有九〇%為男性。我堅信這不是因為女人對節目主題沒興趣。我打賭女性聽眾跟親友吃午餐、喝下午茶還有吃晚飯的時候都會聊到《黛安瑞姆秀》（*The Diane Rehm Show*）。但她們比較少call-in，因為這可能讓公眾評斷自己，要求大家注意自己說的話，把自己投在聚光燈下。

我自己就上過數不清的廣播節目和電視脫口秀。我可能不太尋常，被這樣品頭論足，我感到完全自在。但我也可能並不特殊，因為我雖然很自適於擔任專家來賓的角色，卻從來沒有打電話去我聽的廣播節目，就算我常常有想法也一樣。擔任來賓時，我還沒開口前，就已經被賦予了權威地位；換成call-in的話，就要靠自己獲取那種權利。我必須解釋自己是誰，藉以建立可信度，可能感覺會像是自我吹捧；不然就是不要解釋自己是誰，冒著讓自己的言論被漠視或輕忽的風險。基於同樣的理由，我可以輕鬆自在地面對上千位的群眾演說，但在其他演講的會後座談上，除非我對主題和團體都非常熟，否則我幾乎不會發問。

男女面對說話態度大不相同這一點，似乎可以從我自己和脫口秀主持人的經驗看出端倪：比起大多數女人，許多男人更自在於利用說話索求注意力。而這個差異，就是報告式談話與投契式談話有別的核心所在。

私下場合的報告式談話

報告式談話，或所謂的公開發言，不一定只發生在針對聽眾正式發言這種字面上的公開場合。對話的人越多，你對他們的熟識度就越低，同時他們之間就存在更多的地位差異，此時更**接近於**公開發言或報告式談話。對話中的人越少，你對他們就越熟，彼此之間的地位就越相當，此時更像私下發言或投契式談話。此外，除非在場的男人是家庭成員，否則，女性會覺得有男性的場合比較「公開」——這表示她們必須言行得宜。

但即使在家裡，媽媽與孩子可能會覺得爸爸不在時，家裡是「卸下面具放鬆的後台」，而有爸爸在時，家裡則是「展演給人看的前台」：很多小孩都被要求爸爸在家時要舉止良好。這可能是因為爸爸不常在家，或是媽媽（或爸爸）不希望爸爸在家時被孩子打擾。

公開發言和私下發言的不同，也說明了女人不講笑話的這種刻板印象。雖然有些女人說起話來活靈活現，有辦法透過笑話和有趣故事，讓一群人聽得如癡如醉，但這類人比較常是男性，女性相對較少。許多真的會在一大群人面前講笑話的女性，都出身於高度重視口語展演的族裔。舉例來說，許多傑出的女性單口喜劇演員都具猶太背景，好比芬妮．布萊絲（Fanny Brice）和瓊．瑞佛斯（Joan Rivers）皆是。

女人不說笑話這件事並非事實，但話說回來，許多女人真的比較不會像男人那樣在一大群人面前講笑話，特別是當有男性在場。這麼說來，男人以為女人從不說笑話也不足為奇了。民俗專家卡羅·蜜雪兒（Carol Mitchell）研究大學校園中講笑話的行為，她發現，男性講笑話的對象大多是其他男性，但也常會跟男女皆有的群眾或女性講笑話。而女性講笑話的對象大多是其他女性，男性較少，幾乎不在男女皆有的群眾面前講笑話。男性講笑話喜歡有觀眾，比較可能的狀況是：至少要有兩個人聽，通常是四個人以上。女性喜歡一、兩個人聽她講笑話就好，幾乎不超過三個人。跟男性不同的是，女性不願意在不熟的人面前講笑話。得知在場的人超過四個，許多女性會斷然拒絕講笑話，並承諾私下再講。但只要有人叫男人講笑話，他們從來不會拒絕。

蜜雪兒的研究結果，全都符合我到目前為止描繪的公開發言與私下發言的情況。在人比較多、男性比較多或是陌生人比較多的情況下，講笑話就如同其他一切的口語展演形式般，講者一定要宣告舞台中央的位置是他的，證明自己的能力。這是許多女性不願意發言的情況。在比較私人的情況下，由於聽眾較少、較熟、感覺起來是社群成員（例如同為女性的其他人），女性就比較可能發言了。

講笑話是一種自我表現，這並不表示這種行為是自私或以自我為中心。講笑話的情況，說明了地位與連結的交集。娛樂他人是一種與對方建立連結的方式，而講笑話可以是一種送禮的行為，笑話就是給聽者帶來歡樂的禮物。關鍵的問題在於不對等性：其中一人是講者，其他人是聽眾。假如這些角色隨後互調（像是大家輪流講笑話，輪著當講者），那麼，就算單一行為裡沒有對等性，廣義上卻有對等性的存在。假如女人習慣性地擔任觀眾的角色，從來不當講者，那麼，這個單一行為的不對等性，會透過更大的互動擴散，這對女性而言是一種危險。至於男人，不斷說笑話可能會讓距離疏遠，這也是一種危險。有位男性就感受過這種效應，他抱怨每次跟父親講電話時，父親就只是講笑話給他聽。類似現象的另一個極端例子——據老師們表示，班上的活寶幾乎清一色是男生。

公開場合的投契式談話

既然在家裡和朋友間的對話，可能會像公開發言，那就算是公開發表的演說，也可能會像私下發言。充滿個人經驗和故事的演說內容就屬於這類。

在某個剛成立的專業組織的管理委員會上，法蘭這位外向的主席，希望組織能採納他的建言，要求以後的主席們都要發表主席談話。法蘭為了解釋提案的來由，分享了個人的一則小故事：在她擔任主席的同時，表妹也擔任另一個更成功的專業組織的主席。法蘭的母親跟表妹的媽媽常講電話，表妹的媽媽在電話上說，女兒正在準備主席演說的內容，還問到法蘭的主席演說訂於何時。法蘭不好意思跟母親說，自己沒有要發表主席演說。這件事讓她好奇，要是模仿較成功的組織，是否就能加強自身的專業認同。

委員會上的許多男士，對於法蘭拿個人經驗做比較而覺得尷尬，也沒有被她的主張說服。對這些男性而言，這則私事不僅不重要，而且，在管理委員會上聊她母親講電話的內容還很不得體。法蘭把會議（即相對公開的背景脈絡）視為私下會議的延伸。許多女性傾向於用個人經驗和例子，而非抽象論證，這可以從她們將語言看待為私下發言的角度來理解。

西利雅・羅伯茲（Celia Roberts）和湯姆・甲普（Tom Jupp）研究了某所英國中學的教員會議後發現，男性同事不在意女性同事的論點，是因為女性習慣以個人經驗佐證，或是就個別學生來討論校規的影響。教員會議上的男性則從完全不同的觀點論辯，針對是非對錯，提出明確陳述。

這種區別，也可以從居家討論當中見到。曾經有一位男士告訴我，他認為妻子缺乏邏輯，而他很不以為然。例如有一次聊天，他提到一篇自己在《紐約時報》讀到的文章，內容聲稱如今的大學生不如一九六〇年代的大學生那樣懷抱理想主義。他傾向接受這種說法。妻子則質疑，並舉出自己對外甥女及其朋友的觀察，以此支持自己的論點，說她們真的都把事情想得太美好。這個男人對妻子這種有問題的論述感到不解又不屑，對他而言，個人案例顯然不算佐證也不是論辯——只不過是個人趣聞罷了。他沒想到的是，他要應付的是一套不同的邏輯系統，而不是缺乏邏輯。

這位妻子採用的邏輯，是把理解世界視為比較個人的事——觀察並整合她個人的經驗，同時建立自己與他人經驗的關係。丈夫視為理所當然的邏輯，則是比較公眾的——類似於收集資訊、進行調查，或借助我們做研究時可能會利用的形式邏輯規則，來構思論點。

另一位男士也對女人討論問題的手法頗有微詞，他和朋友把這稱作「流沙式」手法。這些男人覺得，自己企圖用邏輯的方式辯證，一步一步，直到問題解決，但女人卻不斷在中途改變路線。他說前文引用過的《美式離婚》橋段，就是很好的例子。他覺得，當黛比．雷諾說「我現在沒辦法爭辯。我得把法國麵包從烤箱裡拿出來」，這就像是在迴避爭論，因為是她先提出了一個自己無法證實的指控，「你只會批評而已」。

這位男士也提出了一個自身經歷。他的女友跟他說過一件事：老闆要她做的，跟她想做的不一樣。為了論辯，他站在老闆的視角指出了女友循自己意志會造成的負面後果。女友反駁道，要是做了老闆要她做的，也一樣會造成負面後果。他抱怨說，都還沒在第一個論辯戰場上（如果她從了自己的意願會怎樣）有所進展，女友就轉移到另一個論辯戰場上了（如果聽從老闆的意願行事會怎樣）。

誰代表團隊去發言？

本章一開始我敘述的事件，有助於聯想出公開發言與私下發言這個問題的最後一塊拼圖。某個女性團體邀請男士一同參與我的演講，會中有一名喋喋不休的男士說他一旁靜默的妻子是「我們家的話匣子」。一陣哄堂大笑後，團體中的其他女性表示，那名妻子通常不會安靜不說話，如果聚會上只有女性，她也會發言。既然如此，她為什麼在這個場合保持沉默？

其中一種可能，是我的存在將私下發言的團體變成了公開發言的活動。另一個大變化，是當天有男士在場。某種程度上，大多數女人覺得沒有男人在的時候，她們處於「卸下面具的後台」，輕鬆自在。有男人在，女人就處於「展演給人看的前台」，感覺自己非得更注意舉止。還有一種可能：不是男人在場影響了她的行為，**而是因為她丈夫**在場。有一種解讀是，丈夫在場讓她多少變得畏縮或沉默。還有另一種解讀，是她覺得自己與丈夫是一個團隊。丈夫已經說了很多，如果她也發言，那麼他們的團隊就會占據太多時間。她也可能覺得丈夫代表團隊，那她就不必出頭了，就像很多女人會讓同坐的丈夫開車，但如果丈夫不在，她們就自己開車。

當然，不是每個女人碰到丈夫加入時就變得沉默不語，說到底，當天團體裡有很多女性也講了很多話，許多人都帶丈夫一起來。不過，有不少夫妻都跟我分享了類似經驗。例如，有一對夫妻一起修晚上的課，丈夫總是積極參與課堂討論，而妻子則說自己的參與度極低。但另一個學期他們決定修不同的課，妻子卻發現在獨自修的那門課上，自己其實是愛發言的學生。

我們可以用兩種不同的方式看待這樣的發展。假如在團體裡發言是件好事（既是特權也是讓人快樂的事）那麼，沉默的女人就會被視為發言權遭到剝奪，聲音也是。只是，報告式談話帶來的快樂並非眾所推崇，不希望在團體裡發言的人大有人在。從這種觀點來看，覺得丈夫替自己發言、所以不需要發言的女人，可能覺得自己享有特權，就像不喜歡開車的女人，或許會覺得丈夫在的時候不必自己開車，真幸運——而不喜歡開車的男人也可能覺得無論如何都得開車，實屬不幸。

避免相互指責

我們可以透過地位與連結的概念，理解公開發言和私下發言，或報告式談話與投契式談話的不同。女人在跟朋友與地位相當的人相處，感覺安全又親密的時候，最能舒服輕鬆地說話；另一方面，男人在有需要建立並維持自己在團體中的地位時，最能自自在在地說話。這些都不讓人意外。但由於換得地位與連結都要付出相同的東西，所以情況很複雜。看似求取地位的行為，可能是為了表現親密；而看似保持距離的行為，可能是為了避免以上欺下。理解另一個性別的對話風格，可以避免傷人與不合情理的誤解。

當男人在會議上搶占發言時，女人（連同研究員在內）會把他們視為是在「主導」會議，認為他們刻意不讓女生參與，展現自己有較高的地位。話雖如此，男人發言占大多數的**結果**，不一定表示男人**有意**不讓女人發言。那些樂意表達意見的人，也認為其他人跟自己一樣，都有發言的自由。在這個意義上，男人的暢所欲言，就可作為他們認定女人與他們地位相同的證據。他們行為的後設訊息可能是：「我們都是地位一樣、爭取發言權的人。」假如這真的是男人的意圖（雖然不一定如此，但我相信通常是這樣沒錯），那麼，女人就可以不指責男人有意不讓女人加入，並認清女性在會議上缺乏參與度這件事，而後設法矯正這種不平衡。

這麼說來，罪魁禍首不只是男人，甚至也不是男性的風格，而是男女風格的大不同。這樣一來，雙方都可以調整。女人可以試著在沒被點名的情況下公開發言，或不必禮貌性地等大家暫停就直接開口。但調整不該是單方面。男人也可以試著理解，女人不習慣在團體裡公開發言，因為她們跟他不一樣。先等大家暫停一段時間後才會提問的人，並不會覺得舞台是為自己而設。就像不等大家暫停的人，也不會覺得其他發言者停止之後（或之前）的時刻就專屬於自己。而期待被點名發言的人（「米莉，妳都還沒說到什麼。妳有什麼看法？」），不會習慣為自己爭得發言權。在很多方面都一樣，如果不習慣遊戲規則，就算大家認為你是平等的一員，也不保證你會有平等的機會。受邀參加舞會，但我們無法保證會跳不同舞蹈的人不會出現啊。

第四章
八卦：友誼的籌碼或義務？

用一個詞總結女人私底下話太多又口無遮攔的印象，那就是：**八卦**。八卦可能有殺傷力，但不一定都如此，在建立親密度上，它可以發揮重要的功能——尤其是這個八卦並非「針對性的批評」，而只不過是「閒聊討論」。

「八卦」的標籤讓我們能好好理解女性對討論人們生活細節的興致。以下節錄自瑪芝．皮爾西（Marge Piercy）的小說《尋找歸途》（*Fly Away Home*），我們可以看出八卦這個詞的負面意涵，反映了男性對女性說話方式的解讀。達莉亞之所以愛上湯姆，有部分是因為湯姆跟她的前任丈夫羅斯有個不同：

> 她驚訝於他對自己身邊的人的了解程度。如果是羅斯的話，絕對不會曉得格瑞塔不喜歡她兒子的老師，或是菲兒前不久才叫她男友滾蛋，因為那男的太常在她兒子面前喝酒。對一個男人來說，湯姆對人們生活的細節，有異於尋常的興味。羅斯會說這是八卦，但她認

為這不過是對人有興趣罷了。

不只男人會瞧不起對人們生活細節的興致，視其為「八卦」。美國南方的大作家尤朵拉・韋爾蒂（Eudora Welty）憶及在密西西比的童年時光時，寫到她的母親想辦法不讓多話的女裁縫在她的小女兒面前講當地人的逸事。「『我不想讓她接觸到八卦』」，韋爾蒂記得她媽媽這麼說，「彷彿八卦是痲疹，我可能會感染似的」。不過，韋爾蒂愛聽的這些人物相關的八卦故事，遠遠沒有造成不良影響，反倒啟發她日後成為作家。人們討論日常生活的細節時，就是八卦；人們寫下這些細節時，就是文學：也就是短篇故事與小說。

人類學家瑪麗・貝特森（Mary Catherine Bateson）則做了另一個比較——她點出八卦與人類學的相似處。人類學是將人類生活細節的紀錄當成職業的學術專業。她記得同為人類學家的母親瑪格莉特・米德（Margaret Mead）曾跟她說，她不可能成為人類學家，因為她對八卦的興趣不夠。

友誼從八卦開始

在某種程度上，訴說別人生活的細節，是女人跟朋友訴說自己生活細節所造成的結果。當女人的訴說對象跟別人（八成是另一個朋友）重複這些細節時，細節就變成八卦了。訴說妳生活上發生的事和妳聊天對象的生活，就是訴說祕密的成人版，即女孩們和女人們之間的友誼中最重要的一部分。

我在第二章引用了愛麗絲．馬蒂森的短篇故事〈紐哈芬〉，其中愛倫諾告訴珮西，自己愛上了有妻之夫。話才一出口，愛倫諾就覺得「突然釋放自己的祕密有點羞愧」，但「她也覺得心情舒暢，就這麼一次她無須保守這個祕密。而且，討論彼得真是讓人開心」。瑪蒂森的用詞讓我印象深刻，「釋放自己的祕密」，精準描述了**持有**祕密會讓人感到強大，而說出祕密就是放掉某種東西——在「擁有」與「揭露」的慣用意義上都是如此。瑪蒂森同時也精準描述出，那種無須再隱藏、得以討論真實心事的舒暢感。

說出祕密不僅是友誼的證明，如果聽者的反應符合預期，還能同時**創造**友誼。愛倫諾跟珮西並不熟，但她想多了解對方。她倆之間有一種互有的好感與萌芽的友誼，她們已經開始習慣在樂團團練後，一起去喝咖啡或吃冰淇淋。愛倫諾藉著告訴珮西自己生活發生的事，跟對方訴說自己的祕密，將珮西從點頭之交升格為朋友。

讓朋友知道自己生活中的最新事件不僅是一種特權，對許多女性而言，這還是一種義務。有一位女性說自己並不喜歡一再重述跟男友分手的事，但她必須做，因為她如果不跟每一個密友說這個重要進展，她們發現的話會很受傷。她們會把她的保密行為，看作她要砍斷或限制友誼的徵兆。另外，當這位女性得知前男友完全沒跟任何人說分手的事，她簡直不敢相信。這段期間男方照樣上班、上健身房、跟朋友打壁球，彷彿沒有發生什麼改變人生的大事。

由於訴說祕密對大多數女人而言是友誼的重要一環，所以，如果沒有祕密可說，女性可能會覺得自己麻煩大了。舉個例子吧。有位女性我姑且稱為卡羅，她有好幾個每隔幾天就會聊天的女性朋友，彼此交換跟男人約會的經歷。跟新對象約會前，她們會分享興奮之情，約會過後，她們也會鉅細靡遺地回報過程中說了什麼、又做些什麼。結果，卡羅愛上某個對象，且兩人建立起持久關係之後，她就沒有跟朋友聊天的題材了。

她也比較沒時間跟大家講電話，因為她有空的時候大多和男友在一起。她們的友誼因而有了嫌隙：好像她厭惡原本建立友誼的聊天，並反悔加入，要打包走人了。

因為別人建立了長久關係，而讓女人感覺被拋棄，這種情況不僅限於女性朋友。在安・派克（Ann Packer）的故事《門迪奇諾》（*Mendocino*）中，布莉絲覺得去探望跟女人同居的哥哥，讓她很難過，因為哥哥和那個女人比和她親密。布莉絲回想起從前和哥哥的親密：

> 他們會分享工作上發生的事，聊到開了第二瓶酒之後，還會吐露最近感情上的不順。直到此刻，布莉絲才驚訝地發覺，兩人就是因為情場失敗，所以才會聊這些不順的經驗。傑洛德現在有了成功的感情，彷彿兄妹倆一直以來都像現在這樣客客氣氣，沒別的了。

由於兩人沒有一對一聊天交換關係方面的祕密，現在布莉絲覺得在一組三人的狀況下，她和傑洛德的談話，就是客客氣氣的——某種程度上，比較像公開發言了。

在找到了穩定關係的前提下，許多事情會潛移默化地，讓人跟單身友人漸行漸遠。我有個男性友人單身多年，他和許多女性朋友發展出穩固的網絡，大家經常聊天。等他和某個女人建立起穩定關係、一起同居之後，他的朋友就抱怨他再也不跟大家分享事情了。他跟我說：「不是我有什麼話不跟他們說，而是娜歐蜜跟我相處得不錯，沒什麼好講的啊。」他這麼說，卻是告訴我他的關係真的有問題——不是他跟伴侶的關係，而是跟朋友的關係。

一起訴苦：輓歌型的投契式談話

民俗學家安娜．卡拉維里（Anna Caraveli）研究希臘村莊裡女村民的輓歌。輓歌，是部分希臘女性吟唱的即興式且儀式化的一種口述詩歌，用以表達對親人遠離或死亡的哀傷。根據卡拉維里的說法，女性通常會跟其他女人吟誦輓歌。更具特殊意義的是，女性覺得**需要**有其他女人一起參與，才能讓輓歌順利成功。卡拉維里錄了一名輓歌的表演者，她表示如果在場有其他女人的協助，她會唱得更好。

希臘女性聚集起來互訴輓歌時，每個人對悲傷的表現，都會讓其他人想到自己的痛苦，大家會強化彼此的感受。一點也沒錯，卡拉維里和研究類似的巴里島輓歌的傳統人類學家喬爾．庫帕斯（Joel Kuipers）都提到：女性會以感動他人、讓他人參與此一痛苦經驗的能力，評斷彼此在這項民俗藝術上的技巧。表達自己失去親人的痛苦，將這些女性彼此緊密連結起來，而這樣的緊密連結是一種膏藥，治療失去親人的傷口。人類學家喬爾．舍爾澤（Joel Sherzer）表示，為死去親人展現「悅耳動聽的泣訴」，在世界各地大不相同的社會中，都是女性的專屬領域。

輓歌的民俗儀式就好比另一種儀式，後者雖然較不正式但也同樣普遍：即女人會一起討論困擾的行為。她們也在痛苦中緊密連結。這或許能夠解釋，為何困擾會成就那麼棒的對話。透過困擾而緊密連結，不但在女人之間相當普遍，在男女之間也常看到。但似乎在男人之間就少見很多。

我訪談的部份男性表示，他們不會跟任何人討論自己的問題，而說會的男人，大多傾向和女性友人討論。有些男人說自己會跟一位男性友人一起討論——但這還是有差異，能看出他們的親密度遠遠不及大多數女人間的緊密連結。首先，他們只有一個這種朋友，最多兩個，不像我訪談的許多女性那樣有好幾個或很多。其次，他們往往會說自己雖然跟那位朋友有一陣子沒說上話了（可能好幾天、好幾個禮拜、好幾個月，甚至更久），但他們知道如果自己需要對方時，對方都在。大部分女性跟最親密的朋友都會固定連絡，就連小決定和生活過得如何，都會經常討論。有一位男性告訴我，他確實有個可以訴苦的朋友，但如果他沒有嚴重的問題，就不會打電話過去，這就是他們可以那麼久不聊天的原因。

有一位名叫雪莉的女士告訴我，她接到來電，是以前讓她傷透心的男子打來的。這讓她很意外：對方說想過來找她聊。原來對方想聊的，是他剛剛被另一個女人傷透心的事。雪莉問他為什麼找上她，他說自己沒有其他可以談感受的人。那他的朋友呢？他就是無法自在地跟朋友聊這種事。

大多數男人跟朋友講電話時，可能會討論最近的工作狀況、股市、足球賽或政治。就聊聊自己和他人這點來說，他們也會八卦（但他們可能不會用這個字眼形容）。只不過，他們傾向討論政治的關係而不是個人的關係：公司內的權力、進步和衰退、不確定能否在會議上通過的提案、賺錢的計畫等等。就算男人提及妻子和家庭，也可能只是簡短帶過，而不做過多過細過深的敘述。如果他們提到個人的難題，可能會輕描淡寫又模糊其詞（「最近不好過。」）

有一位男士告訴我他的感恩節是怎麼過的。老婆家三代人都來了：老婆的兄弟姐妹及其各自的小孩，還有老婆的爸媽。女人們在室內聚會聊天時，這位男士出去外面踢足球。年長的女性成員最後跟年紀最小的孫女說，她還太小，不能結婚。

我們已經看到，女人習慣參與訴苦的對話，但男人難以理解，誤將儀式性的輓歌當成是在索討建議。現在，我們可以明白，討論困擾只不過是持續親密對話中的一環（可稱之為八卦）。提供小問題的解決方法，不僅搞錯重點，還截斷了對話——而對話**才是**重點。如果一個問題解決了，那就一定要再找出另一個，讓親密對話繼續下去才可以。

輕鬆閒聊的嚴肅目的

在沒什麼特別的事可說的情況下，要維持某種友好感，閒聊就至關重要。女性朋友和親戚間，大小事都會聊，以利維持這種對話機制的條理。女人知道自己將有這種對話，會覺得自己在生活中並非孤身一人。如果沒人可以傾訴想法與感想，那麼女人**真的會**覺得孤獨無伴。娥蘇拉·勒瑰恩（Ursula Le Guin）的短篇故事〈裡與外〉（*In and Out*）就誇大了這種情況。有個女子開始對陶塑有興趣，她向當地陶匠討教，希望對方幫忙。對方比她想像得熱情，她覺得很難脫身。等她終於開車離去時，對方在她後面大聲地說：

> 如果她想試用他的轉盤來塑陶，只要晚上都歡迎。這讓她真的很希望自己人是在辦公室，這樣她就可以跟人說這件事。「他說『來找我，用我的轉盤塑陶』！」

勒瑰恩筆下的角色，就像把生活裡的小事當成題材的作家一樣，把自己的生活當成了對話內容。

我在課堂上教性別差異，學生錄下了女性朋友跟男性朋友的閒談。要錄到女性朋友的聊天內容很容易，因為大部分學生都是女性，但還有一個原因是，學生們的女性朋友和女性家族成員比較能接受被錄，「錄下跟朋友的對話」這種課堂任務，也就容易完成。有個女生的媽媽一口就答應了，但她的爸爸卻堅持自己是不跟朋友聊天的人。「難道你從來沒打電話給佛瑞德嗎？」她提了一個她知道的爸爸好友。她父親表示：「不常，但如果我打電話給他，也是因為我有事要問，問到答案，我就掛電話了。」

另一名女生的丈夫得意洋洋地把錄音帶交到老婆手上。他高聲說道：「我錄到很棒的對話，因為不只是我和他的閒聊，例如：『嗨，你好嗎？我前幾天看了一部很棒的電影』，這類東西。我錄到了解決問題的對話。每一句話都有意義。」妻子聽錄音帶時，聽到丈夫和朋友想解決某個電腦問題，他們說的都是術語，不帶任何感情。妻子不認為這是「很棒的對話」，甚至一點也不覺得這是對話。很棒的對話，在丈夫眼裡，就是內容如實、不帶個人情感，而且是以任務為中心的對話。而在她看來，很棒的對話是聊私人內容的對話。

這種差別，在親子關係裡也看得到。我的學生告訴我，他們跟「自己的爸媽」講電話時，大部分都是跟媽媽聊，而父親通常只有在他們有工作上的事要討論或報告時，才會加入對話。不只說話時如此，寫東西也是，而且顯然不僅限美國家庭。有個德國的學生拿了母親寄給她的卡片給我看，上頭滿布母親手寫的「對話」，內容在詢問女兒的生活與健康情況，同時告訴女兒家裡發生的事。卡片裡有張父親打字而成的簡短信箋，叫她去大學學籍處拿一張他報稅需要的表格。

有一位記者在評論我的一篇文章時表示，我說許多男人認定說話目的就是為了傳達訊息，因此不愛閒聊，這個說法讓他心有戚戚焉。他很不喜歡閒聊，而且認為聊天就該聊重要的內容，要有趣而且有意義。只要有討論題材很多的工作會議，這樣就沒關係。但他卻發現散會時，自己出現談話上的困難，他得跟陌生人一起走過長長的走廊。這位原則上反對閒聊、又完全不太會閒聊的人，碰到沒有「頭頭是道的談話」的情況，就不知道要說什麼了。

對大部分女性而言，聚在一起聊自己的感受和生活發生的大小事，是友誼中最重要的一環。有人可以讓你吐露自己的祕密，表示你在世界上並非孑然一身。但知道祕密的人，可以控制你：她可以把你的祕密告訴別人，讓你有麻煩。八卦的負面印象就是這樣來的。

當八卦變成謠言

八卦最糟糕的負面印象，就來自於毫無事實根據的殺傷性謠言傳開來的情況。艾德娜・歐布萊恩（Edna O'Brien）的短篇故事〈寡婦〉（*The Widow*）就寫到了極端的案例。在故事裡，有個名叫比迪的女人，心愛的丈夫淹死了，她好不容易終於在一段新的關係裡覓得幸福。鎮上的人嚴密觀察她的一舉一動，批評她的新對象，還預測她會感情觸礁，但她還是取得了自己認為的最後勝利——成功訂婚。婚禮過後一個禮拜，這對佳偶去了當地酒吧，請每個人喝酒。

> 接著，有點微醺的比迪用訂婚戒指輕敲了玻璃杯說，她要吟詩。她站起來，廢話不多說，露出招牌的俏皮微笑，習慣性地舔了舔上唇，吟誦一篇名為〈大家會閒話〉（*People Will Talk*）的詩。對那些惡意中傷、愛看熱鬧，而且見不得她感情小小成功的人來說，這真是一大回擊。或許就是這種大膽的挑釁（真的，許多人都說這就是原因），引起了接下來幾個禮拜的大騷亂。假如她當初跟幾個當地的女人傾訴心事，或許還有救，但她沒有跟人吐露心聲。她無動於衷地跟自己的男人站在那兒，眼露微光，一副我就是幸福的樣子。

比迪的幸福不但一點也不穩固，反而一場糊塗。惡意又毫無根據的八卦摧毀了她。大家謠傳她的第一任丈夫因為她，再也忍受不了生活，所以自殺。比迪竭盡全力不讓未婚夫聽到這些不實謠言，結果她為此賠上了性命。歐布萊恩的言下之意就是，散播惡意謠言是鎮民懲罰比迪的方法，因為她瞧不起大家舌頭的影響力，而且不跟其他女人聊心事，對人不友善——換句話說，他們因為比迪不對八卦表現出應有的尊重，所以用八卦毀掉她。

在許多方面，我們的社會傾向變得更私人而非公開，而公共領域則更喜歡八卦。一如電視新聞或官員記者會，多數這類大眾傳播在形式上變得越來越不正式，不事先準備就發言（也可能是刻意的）。導致的結果之一，就是發言者由於沒準備，做出常見於私下對話但公開場合不允許的那種評論，因而經常要公開道歉、甚至辭職下台。這種發展的另一面，就是大家對公眾人物的私生活越來越有興趣。我們也許都不意外，這種興趣的其中一項特徵（或許可說是副作用），就是謠言對公眾生活的影響。

《華盛頓郵報》有篇叫〈謠言的公共政治學〉（*The Public Politics of Rumor*）的文章指出，雖然謠言長久以來都是「政治學的主要部分」，但媒體會不求證真實性直接報導，卻是最近才開始的。刊登這篇文章的起因，是共和黨全國委員會（Republican National Committee）的通信處長寫了一張字條還傳出去，內容暗示（非陳述）新上任的民主黨眾議院院長是同性戀，院長隨後就請辭了。該文的作者評論，就算這則謠言之後被證實是假的，也遭到撤回，卻還是造成了預期中的結果。

謠言的存在本身就會造成傷害，因為大部分的人都認為「不會空穴來風」。美國的公領域已然更像艾德娜・歐布萊恩故事裡的愛爾蘭社群了。

八卦的實際功能

關於八卦的殺傷力，以下是個誇張的案例。諾拉・艾芙隆（Nora Ephron）在她的小說《心痛》（*Heartburn*）中，描述了把祕密告訴朋友的危險，可能讓人寸步難行。女主角瑞秋在紐約飛往華盛頓特區的飛機上巧遇朋友梅格・羅伯茲。梅格提到了兩人的朋友貝蒂的生日派對，瑞秋一聽，驚覺自己完全忘了這回事。對此她有個無懈可擊的藉口：她因為知道丈夫跟另一個女人搞婚外情，所以離開對方，飛到紐約。不過她現在正要回家，重回老公身邊，挽救婚姻。她實在不想用這個完美的藉口，因為這會是最棒的八卦：

> 要貝蒂原諒我的話，只有一個辦法，就是把原因告訴她。如果我告訴她，她會跟華盛頓的每一個人講，這樣整座城市的人就會知道我婚姻的事，但我不想讓大家知道。好比我對梅格・羅伯茲的婚姻就瞭若指掌，因為梅格會跟她的朋友安講心事，安又告訴貝蒂，然後貝蒂會告訴我。

大家都以為，真正的朋友不會把他們朋友的祕密再講出去。揭露祕密可能會讓友誼結束，但人們還是常常會把私下聽來那些「不能說的事情」再說出去，為什麼？

人類學家潘妮洛普．艾克特（Penelope Eckert）和高中女生相處，從中了解她們的社交世界。社會學家堂娜．艾德（Donna Eder）也這麼做，但對象是國中學生。兩人都發現，女孩子取得地位的方式，就是和高地位的女生當朋友：啦啦隊員、漂亮女生、受男孩歡迎的女生。如果跟高地位的人當朋友是取得地位的方法，那麼，你要如何證明那些受歡迎的女生是你的朋友呢？方法之一，就是展現妳知道她的祕密，因為祕密在友誼之下才會被揭露。

有些高中女生告訴艾克特，她們比較喜歡跟男生當朋友，因為男生不會想辦法挖出勁爆的細節，也比較不會去四處說。女生可能會以為這表示男生比較有道德感。但艾克特指出，男生比較不會去搜刮八卦並散播聽到的消息，原因是他們遠遠得不到那麼多好處。男孩取得地位的主要方式，跟他們與誰交好比較沒關係，而取決於他們在運動方面的成就與技能，以及打架能力（不過男生年紀越大，衝突主要是口語上，而非肢體上的）。

在製造八卦方面，還有另一個希望建立連結的方法可能有效。聊不在場的人，是一種跟**在場**的人建立投契關係的方式。人們透過同意對方針對他人的評價，就能強化共同的價值觀與世界觀。

八卦的社交控制作用

透過「聊別人」而強化價值觀，還有另一種效果。我們會根據被別人八卦的可能性，來衡量自己的行為，我們會在腦中聽見別人可能如何談論我們。我們下決定的時候，會自動把深思熟慮後的行為，投射在這種想像出來的對話脈絡上，而且還會被自己所認為的他人評論給影響。一旦下決定了，我們會隱藏、調整或是展現自己的行為，希望免於遭致批評，確保受到讚賞。天性叛逆或是處於叛逆期的人，可能會違背八卦對他們的期待。無論我們對八卦的立場為何，你我對於「別人會怎麼說」的認知，就在我們心中深植了一種好人的形象。我們聽到有人因為慷慨、大度又無私而受讚揚時，就會認為這些是好特質。聽到有人因為吝嗇、不忠誠或是醜陋而遭致批評時，就會產生這些是壞特質的想法。

女孩和女人認為受到同儕喜愛是極其重要的，那是一種著重於對等型連結的介入形式（form of involvement）。男孩與男人則認為受到同儕尊敬是極為重要的，那是一種著重於非對等型地位的介入形式。由於女孩和女人有其對從屬關係的需求，對她們而言，不被喜歡是更難以忍受的懲罰。瑪喬麗．古德溫研究青春期和青春期之前男孩與女孩玩耍互動的情況時發現，如果某個女孩的行為深深不被認可，會被其他女孩排擠一個半月——以此作為社會控制的終極手段。對比之下，男孩子如果覺得受到過分羞辱時會自己離開群體，但古德溫卻沒有發現男孩子受到長時間排擠的情況。

傾訴祕密的危險

「讓人喜歡與認可」與「揭露祕密」這兩種需要可能互相矛盾，因為祕密會暴露人的弱點。我先前舉了一個例子，某個女人的前男友失戀了，很想找人談一談——他的狀況很差，差到不顧自己以前也離開了她，卻還是要找她談。這個男人為何無法自在地跟自己的朋友聊聊？也許，跟社會學家瑞絲曼訪談過的很多離婚的男人不跟任何人討論的原因相同。其中有個男人跟她說：「我認為所有人都討厭讓人知道自己有問題。……你一定要想辦法隱瞞自己的問題。」這些男人跟許多男人一樣，對於說出祕密可能帶來的權力不平衡，有著深切的感受。一方面，暴露弱點的人可能會自覺處於低人一等的位置。另一方面，他們暴露的資訊可能會被人用來對付自己。

女人也明白這種危險。心理學家羅賓奈特．甘迺迪（Robinette Kennedy）研究克里特島某座村莊裡的女性友誼，他發現，女性很清楚交換祕密造成的惡意八卦會造成何種危險。她要求十二個女學生寫下她們看重朋友有何種特質，每一個人都寫道：不要洩露祕密。甘迺迪發現有的女性真的會因此避免交朋友，但她們也想念有朋友的感覺。在社會中，如果女性與男性生在不同領域，而且必須扮演定義明確的角色，那麼女性擁有一位同性朋友，就代表她至少有一段能完全做自己、被理解也同時被接納的關係。如果一個女人沒有能傾訴真實感受的對象，就會強烈感到孤立無援。

那座希臘村莊裡的女人和女孩們，和人類學家艾克特與社會學家艾德研究的美國女學生一樣，都面臨著同一種進退兩難：她們需要可以說話的朋友，但她們知道跟朋友說話有風險。比起男孩和男人，女孩和女人多半願意冒這個險，因為她們聚焦在投契式關係帶來的回報。她們不在意自己可能在他人眼中顯得脆弱且失去獨立性。男性就比較不可能冒這個險，因為對他們來說，避免脆弱、保衛獨立性會排在前面，親密度則排在後面。

許多男性厭惡妻子或女友跟朋友聊他們的關係。對這些男人而言，跟別人聊個人關係是一種不忠。對此，我訪談過的某個男士說得頭頭是道。他說他認為訴說關係的親密細節（尤其是會暴露伴侶弱點的那種）純屬背信。只要是為了創建朋友之間的投契式關係而需要墮落到這種地步的人，他都很不屑。這種強烈反彈，證實了曾撰文討論希臘文化的人類學家吉兒・杜碧許（Jill Dubisch）的說法：跟非家族成員聊家族的事，是一種禁忌，因為這會破壞內與外那一條神聖不可侵犯的界線，把家裡內部的東西，拿到家外。

杜碧許也指出了言語汙染與性汙染的象徵性連結：將家庭祕密告訴陌生人，從而讓陌生人進入家裡，就如同「非法的性侵入」。這似乎精確描述了希臘寡婦們的兩難處境——卡拉維里錄到了某一句輓歌的詞：「寡婦家中坐，八卦門口止。」寡婦被限制在家裡範圍，因為一旦跨出家門，她的一切行為都會讓她暴露於八卦的性指控。

許多男人不會為了建立親密度，而交換自己或他人的生活祕密，但這當然不表示男人不需要或無法透過談話跟其他人建立緊密連結。如果說女人的介入形式（也就是談論個人生活）會激怒男性，那麼，想要找出男人的介入形式，我們可以審視他們激怒女性的其中一個行為面向：每日讀報。

新聞：男人的八卦

有一位退休男教授，他每天都跟好幾個退休的男性友人在家裡附近的某家小餐館碰面。他們稱這樣的聚會為「解決世界問題的聚會」——光看這名稱，大概就可以知道聚會的話題。男人對於政治、新聞還有運動的細瑣資訊感興趣，正如女人對個人生活的細節感興趣。如果女人擔心不清楚這人或那人的生活，會使自己被排除在外，男人則是會擔心不知道世界上發生的事，而使自己遭致冷落。交換關於公共新聞而非個人新聞的細節，好處在於不會讓男人個人變得脆弱：他們彼此交來換去的資訊，跟自己一點關係也沒有。

米契爾．史蒂芬斯（Mitchell Stephens）在關於新聞史的著作裡指出，男人著迷於交換當前事件的細節資訊，由來已久。他沒有表明自己討論的是「男人」，而是「英國人」，不過他的描述清楚顯示出，他評論的對象就是英國**男人**。

我們或許會驚訝地發現，早在兩百七十五年以前，英國人（雖然當時沒有收音機、電視機、衛星或電腦，但他們會在咖啡館獲取大部分新聞）就認為他們時代的特點就是對新聞的入迷。一七一二年的一份報紙文章將這種情況描述為「對新鮮事的極度渴望」，還說這「證實對許多家庭有害，最糟糕的情況是，開店的人和靠勞力吃飯的人整天耗在咖啡館裡聽新聞、談政治，而他們的妻兒則在家裡期待爸爸賺錢養家……」，同樣的行徑在十七世紀中葉的劍橋也有人注意到。「學者們對新聞求知若渴……到了可以不顧一切的地步」，有位憂心忡忡的觀察人士如此抱怨。

文中的「英國人」在咖啡館聚集「聊政治」，而他們的妻兒在家裡，這樣一來，「英國人」自然就是「英國男人」。這種男人群聚交換新聞的景象，跟女人顧著用電話聊八卦、在家中廚房跟朋友喝咖啡聊是非、放著家事不顧的刻板印象，實際上非常雷同。

細節的力量

如今，隨著報紙開始報導更多新聞人物的私生活，討論新聞細節與交換私生活細節，兩者就合流起來了。《人物》（*People*）雜誌的驚人成功，只不過是最極端的例子。以下面這篇文章的開頭為例：

查爾斯．艾齊森和珍妮．艾齊森（Charles and Jeanne Atchison）這對夫妻住在牛仔市（Cowboy

City）舞廳附近一條碎石路上，他們有一座斑駁的、白金相間的活動房屋。起風的話，門前雜草就隨風擺盪。那條街道帶著時運不濟的愁緒。這是德州一個叫艾索（Azle）的小鎮，在沃斯堡（Fort Worth）邊邊的一處小地方。

幾年前的景象漂亮多了。查爾斯很成功。他賺的錢不少（週薪超過一千美元），夠他負擔舒適的家、新車、豪華旅行。但這些都不在了。他已經六個月沒繳地租，更別提其他帳單了。

「這感覺彷彿我一路高速前行，卻突然打了倒車檔。」艾齊森先生感慨萬千地笑了笑：「嗯，歡迎來到吹哨者的國度。」

查爾斯．艾齊森四十四歲，他面無表情，上唇留著稀疏的鬍子。

這些文句並非出於某個短篇故事或雜誌文章，而是摘自《紐約時報》商業版的頭版——美國最嚴肅的報紙中最正經的版面。艾齊森是揭露核電廠違反安全規定的品管檢查員，記者在報導中描述了對吹哨者的觀察：樣貌、屋子外觀等，這類引發讀者感受的細節。

專欄作家鮑伯．葛林（Bob Greene）認為，一九六三年吉米．布雷斯林（Jimmy Breslin）寫了〈第一急診室的死亡〉（*A Death in Emergency Room One*）這篇專欄，講述甘迺迪總統生命的最後時刻，而從這時開始，記者們就開始把注意力轉向這種無謂的細節。葛林說布雷斯林的專欄「真的把讀者帶進了那天帕克蘭醫院（Parkland Hospital）的走廊與手術室」，他認為：「現在的記者訓練有素、飛快地寫出那些真實情況的細節……。」據說，正是這種新聞撰寫手法，造就了專欄作家羅素・貝克（Russell Baker）的成功，他撰文報導伊莉莎白女王的加冕儀式時，側重的不是公共盛況，而是後台的細節——正如一位評論家注意到的，現場「身穿動物毛皮同時戴著金鍊子的殖民地統治者排起長長的隊伍，等著用西敏寺的廁所」。

為什麼讀者會想要身歷其境，進入甘迺迪躺的醫院裡的走廊和手術室？為什麼大家想看加冕儀式上的廁所排隊人龍？因為，這些細節讓人們有一種介入的快感，一種成為一分子的快樂，就像八卦為討論自己和別人生活細節的女人帶來的效果一樣。

參與感帶來的快樂

雖然人們越來越重視新聞報導中的細節，但訴說細節在日常對話中的作用，並沒有獲得普遍認可。有位女性告訴我，她的親戚提到她祖母時，形容祖母的對話內容就非常典型：「我吃了一點火腿，還吃了一點乳酪。」這種親切卻又貶抑的方式，表示他們覺得祖母交代午餐吃什麼，這實在很無聊。他們希望祖母少說一些細節，或者根本不用跟大家報告午餐內容。

我的姑婆守寡多年，她七十幾歲時談了一場戀愛。她嚴重肥胖、頭髮漸疏、手腳都因為關節炎變形，不符合我們對戀愛中的女人的刻板印象。不過她真的是戀愛中的女人——對象也是一個七十幾歲的男人，住在護理之家，偶而會到我姑婆的公寓跟她共度週末。姑婆為了讓我知道這段關係對她的意義，跟我說了他們的一段對話。某天晚上她跟朋友去外面吃飯，回家後這位男性打電話給她，她提到了自己出去吃晚餐的事。這位男性朋友津津有味地聽著，然後問她：「妳穿什麼衣服去吃飯？」姑婆跟我說這件事時，潸然淚下：「妳知道上次有人問我穿什麼衣服是多少年以前的事了嗎？」

我的姑婆這麼說的時候，其實要表達的是已經好多年沒有人深深在意她——而且是親密地在意她。交流日常生活中相對微不足道的細節，傳遞了投契關係與關愛的後設訊息。

關注跟某人有關的細節，往往是愛情的一種徵兆。在西利亞．弗雷姆林（Celia Fremlin）的小說《吃醋的人》（*The Jealous One*）裡，有位女性派丈夫傑弗瑞送晚餐邀請函給當天才剛搬來的隔壁新鄰居。傑弗瑞送完之後滿心興奮地回家，高興地說他多麼欣賞新鄰居，還滔滔不絕地描述對方的細節。他拉高聲量，熱切地說鄰居也邀請**他們**到她家具還不全的家裡共進晚餐，還問他妻子有沒有紅蝴蝶結可以給對方養的北京犬「下海」戴，更解釋這是「上海」的相反。[4]雖然這位妻子語帶諷刺地回應，但傑弗瑞反應慢半拍，沒能及時聽出老婆為什麼要嘲笑鄰居幫狗戴蝴蝶結：

> 有那麼短暫的一刻，她獨自咯咯笑了笑。傑弗瑞這才反應過來一起笑，有點慢了，也太

---

4 編注：狗名為Shang Low，是上海（Shanghai）諧音Shang High的相反。

大聲了。這個笑話就此打住，兩人後續不再有笑談。傑弗瑞一邊咕噥著「我已經答應人家了……」，一邊趕忙離開廚房走出家門，身上也沒有紅蝴蝶結。這個他們既沒有刻意去找、也沒有找到，甚至可能家裡根本就沒有的紅蝴蝶結，成了雙方相識以來，兩人之間再也不能提起的第一件東西。

傑弗瑞對新鄰居的好感，從他描述鄰居細節時（例如狗的品種和名字）不加批評又熱切的態度，就顯露出來了。

如果重述細節或名字是關愛的象徵，那麼無法記得名字就象徵著不關愛。我們常聽到有人抱怨父母不認可自己的伴侶或是朋友，因為父母習慣性地叫錯名字，甚至根本記不得，用這種細節去表現不認可的態度。同樣的現象，也可以達成正面的目的。有一位女性和她前夫某個朋友的妻子仍是朋友。她的這個朋友，每次提到她前夫的現任妻子時都用「那個叫什麼來著」稱之。而這位離婚的婦女接收到的後設訊息是「我只是偶爾會見到她，但我不太在乎她。我覺得重要的人還是妳」。不記得那個新妻子的名字，作為不在意的證明——也因此證實了對朋友的忠誠。

注意外表細節，可以是調情的工具手段。有一位女性跟之前只有一面之緣的男性有約。兩人都已婚，見面目的是公事。但這位男性一開口就說女方比他印象中年輕，還提到女方的髮型變了。他說：「妳之前有戴個帽子，不是嗎？而且妳那次也穿白色。」第一次見面時就注意到女方的外表，就有調情的作用。這對女方來說並無不快，只不過，當她跟丈夫講這件事情時，丈夫自然很不開心。

注意細節會展現關愛，同時也造就介入。然而，男人往往認為女人對細節的介入很令人反感。在愛麗絲．馬蒂森的故事〈沉睡的巨人〉（*Sleeping Giant*）中，女主角蘿拉就對此很受挫。蘿拉和丈夫丹都因為女婿打算買一棟破爛的屋子而煩心。以前蘿拉如果試著跟女兒談這件事，女兒就會為自己的丈夫辯護。但現在丹卻要蘿拉安心，說女兒懂她的意思，因為女兒跟他說過了。他說：「相信我，女兒也很不滿意。」蘿拉想更了解丈夫和女兒的對話細節，可是丹卻不說。蘿拉問道：

「唔，那她為什麼不跟老公這麼說？」

他沒有答腔。

「她究竟說了什麼嘛？」蘿拉翻著帆布包找她的車鑰匙。她還是覺得有點冷，而且後車廂裡有件法蘭絨襯衫。她手裡拿著車鑰匙和包包，等著丹回話，不過丹還是沒答腔。接著她把包包丟在長椅上。「她說了什麼？」

「噢，我不記得了。就那樣。」

「那你說了什麼？」

「噢，蘿拉，我不知道。」蘿拉突然別過頭，打開後車廂，直直地盯著裡頭看了一會兒，她很氣丹沒有多對她說些什麼。

蘿拉就像我聊過的千千萬萬個有血有肉的女人。有一位女性這樣說：「男人不會交代整件事，也就是誰說了什麼。」另一位則抱怨丈夫：「要讓他開口告訴我就好像拔牙一樣：『她**說了**什麼？他又**說了**什麼？』」

還有一位女性，她想起某次她摯友的老公想參與她們的對話，但沒成功。他打破傳統，想要講述自己的一段經歷，因為他認為那類似於她們當時在聊的經驗。兩個女人不斷問他答不出來的問題，例如當時說了什麼、怎麼說的、為什麼會那樣說。他放棄繼續說下去，之後也沒有意願再聊。他心裡想的或許是，女人為何會對那些不重要的細節感興趣？

「細節就免了」

許多女性認為跟親密友人對話時重述支微細節很重要，但在某些情況下，大家聽到或被問到太過龐雜的細節，也會覺得備受壓力。想知道細節是一種表達親密的象徵，女人若是不想太親密，便會抗拒對方的這種興致。而且，我們都有過聽到不想知道的細節的經驗——細瑣到幾乎沒有意義，或超過我們為了表達親密而專注聆聽的容忍度。在我收集的例子當中，許多在對話中堆疊細節的情況都發生在老人身上。或許，老人往往比較希望跟年輕人打成一片，反過來卻非如此；又或者老人多半聽力不太好，因此他們會說得鉅細靡遺以維持對話間的互動。老人也更傾向於追憶過去，時常會說包含細節的故事。

美國當代心理學的其中一個原則是，想要心理健康，就得在心理上脫離自己的父母。至少對某些人來說，拒絕「過度介入」就是拒絕訴說細節。例如，有位女性告訴過我，她母親企圖過度介入她的生活，而且也成功把這招用在她妹妹珍身上。為了證明自己所言不假，她說：「我媽媽對珍的生活了解之詳細，簡直不可思議。」隨後，她向我說明她如何抗拒母親，不讓母親過度介入她的生活。她舉例說明媽媽會如何打探：「她渴望我提供細節。如果我跟她說我去了某個地方，她就會問：『妳穿什麼衣服去？』」

同樣的問題，惹惱了這位女性，卻為我姑婆帶來幸福感。不同之處在於，我姑婆尋求的正是那個問她「穿了什麼衣服」的男人的介入，而這位女性在抗拒母親讓她感受到的過度介入。可想而知，她的妹妹珍和母親聊天時，並不會覺得「妳穿什麼衣服去？」不恰當。也許，珍跟我的姑婆一樣，比較看重關愛的表達以及隨之而生的聯繫。

公私不分

許多女性會把相對重要的事（例如公事）和比較不重要的事（例如衣服）一起談論。週一上午，瑪裘瑞走進碧翠絲的辦公室問她對某份合約的看法。聊完公事後，或者還沒聊完，她們就交代了彼此私生活的近況：瑪裘瑞成天忙著照顧生病的婆婆，碧翠絲期待新戀情水到渠成。

有一位經營諮商中心的女性發現，跟女性員工開會時，大家滿常花七五%時間聊私事，然後再用剩餘二五%時間有效率地處理公事。對於男性員工來說，這好像在浪費時間。這位老闆認為，創造溫馨親切的工作環境很重要，而這種個人閒聊會帶來一種投契感，讓女性員工能快樂工作，以此為基礎打造出的工作關係，能讓她們有效率地處理公事。

個人閒聊所衍伸出的相互了解與信任，可能先於業務上的關係，也可能透過業務關係而產生。有一篇雜誌文章講述了某家建設公司兩位女老闆的夥伴關係。她們工作關係的種子，早在公司創立之前多年就種下，當時她們經常碰面喝咖啡聊天。其中一人決定創業時，兩人的工作關係就這樣成立了。

對於經常固定和朋友社交閒聊的女性來說，需要做出重大決定時，其實一切早已就緒。心理學家伊莉莎白·洛夫塔斯（Elizabeth Loftus）專精於目擊者證詞，她曾經被要求代表作證而陷入道德兩難。被告是一個被指控為「恐怖伊凡」[5]的男子，是出了名的納粹虐待狂戰爭犯。洛夫塔斯認為，既然自己能為許多案子作證，出於一致性原則，自己也應該為此案作證。但她的親友們持反對意見。一想到自己可能會破壞少數存活者對於伊凡惡行的目擊證詞，她也有所畏縮。畢竟受害者估計有一百萬人，存活的卻只有五十人。洛夫塔斯回憶道：「我的朋友引用了愛默生（Emerson）的話提醒我，『愚蠢的一致性，乃無知之人的心魔』。」有了朋友的安慰，洛夫塔斯最後決定不作證。如果男人和女人社交閒聊的習慣有別，他們也會把閒聊用作不同用途。

將社交閒聊用於不同地方發生在人生的早期。我訪談過的其中一對夫妻，對兒子和他最好朋友的關係，便看法不同。媽媽覺得他們雖然相處時間很多，像是一起踢足球，但奇怪的是，兒子卻從畢業紀念冊上才知道好友要讀哪一所大學。某天有個女生打電話給兒子，問他那位好友有沒有舞會的舞伴。那個女生是幫自己的朋友問的，而不是問兒子有沒有舞伴。結果，兒子不但不知道最好的朋友有無舞伴，還因為對方認為他應該知道而不高興。他把好友的電話給了對方，建議她直接打電話問。事後，兒子還說，如果他早知道好友要參加舞會，那他也會想去。沒跟上這種最新的個人消息，讓他少了一次參加舞會的機會。

對他的母親來說，這一切都很奇怪，她無法想像如果連彼此生活基本進展都不知道，那好朋友意義到底為何。不過，男孩的父親卻覺得這沒什麼。

談論與批評

談論私人細節（無論是自己或別人的生活）的相對正面或負面價值，會反映在對八卦的正面和負面看法上。有個男性告訴我，他對八卦的定義不一樣。他說：「對妳來說，那好像是討論對話者認識的人的私人細節瑣事。對我而言，那是討論第三人的弱點、缺點還有失敗，好讓

5 編注：Ivan the Terrible，原為俄國史上第一位沙皇的外號。

參與對話者可以覺得自己比那些人高一等。這好像不值得關注吧，所以八卦是不好的。」

這位男士的觀點，跟另一位女性類似，那位女性告訴我，托兒中心裡有個愛八卦的女人讓她很困擾。搞了半天，其實是因為那個女人講的都是負面八卦：都在奚落、批評托兒中心的其他成員。讓人不舒服的不是**聊天**，而是**批評**。這會疏遠說話者跟說話對象，而不會讓他們更緊密。此外，我們可以合理假設，對別人只有負面評論的人，在你不在場時，也可能會批評你。

八卦作為一種批評，跟克莉絲汀．齊本（Christine Cheepen）稱為「代罪羔羊」的一種口語遊戲有關。齊本在她分析的對話中發現，說話者批評不在場的人，是為了矯正已然發生的權力不平衡。「代罪羔羊」是說話者運用結盟來對付別人、達到平等的一種方式。

但在齊本的案例中，說話者結盟對付的第三方並不是路人——而是他們的老闆。這又提醒了我們，那個跟我說八卦不好的男士的觀點。談論不在場的人會將缺席者帶入對話場所，單就這一點來看，效果會是建立連結。但如果帶入第三方只是為了讓大家**奚落**，那麼效果就是地位協商了。一如既往，連結和地位會同時運作，因此兩種觀點都成立。這是見仁見智的問題。

男人女人各行其道

既然如此，男人和女人討論八卦和其他事情時各說各話，有什麼解決之道？要如何開啟溝通管道？答案是，男女都要試著根據情況理解彼此，而不是把其中一邊的標準套用在另一邊。

這並非「自然而然」的行為，因為我們習慣尋找單一「正確」的做事方法。可想而知，專家跟所有人一樣都很容易落入這種邏輯。

有個全美播放的互動型脫口秀節目，主打由心理學家回答男女的感情問題。觀眾席上某位女性抱怨：「我先生會跟他媽媽說話，卻不跟我說話。我如果想知道他的一天過得如何，會去聽他跟他媽媽的對話。」心理學家告訴她：「比起妳，他可能更信任他的母親。」

這句話強化了這位女性的懷疑以及最深的恐懼。心理學家說的完全合乎情理——女性友誼下的聊天架構就是這樣：妳每天聊天的朋友（即交代一切不太重要的經歷的對象），就是妳最好的朋友。但話說回來，從男人的觀點來看，這樣的解讀合理嗎？我敢打賭，她丈夫並不認為需要特別做什麼來跟她建立親密感，因為他每天都跟妻子在一起。但他母親孤身一人，所以他會把母親似乎想聽的瑣事，都講給母親聽。身為兒子，他可以理解母親聽這些細節的需求，因為母親獨自生活，需要小細節作為真實的替代品，就像觀看她窗外的風景。身為丈夫，他不會理解妻子為什麼想要又需要聽這種內容。確實，這個男人可能比較信任母親而非老婆，但只憑有限的資訊，沒辦法這樣推論。

這位心理學家用女性的標準判斷男人談話的方式。在某種程度上，心理治療的價值，通常指的是與女性說話方式比較相關的價值，而非男性。或許因為如此，才會有一份研究發現，在沒有經驗的心理治療師當中，女性的表現優於男性。但隨著時間過去，有了經驗的累積，這種性別差異就消失了。或許男性的心理治療師（還有接受心理治療的男性）慢慢學會了像女人那樣談話。這都有好處。另一方面，自我肯定訓練（assertiveness training）則教導女人用更像男人的方式說話，而這也會有好處。男人和女人學習彼此普遍使用的策略，都會帶來好結果——這不是要完全轉換，而是擁有更多能主導的策略。

談話方式的習慣很難改變。學著尊重他人的談話方式，或許還容易一點。男人應當接受許多女性視交流個人的生活細節為親密感的基本要素之一，而女人也應當接受許多男人不這樣想。接受彼此觀點，至少可以避免誤解產生的痛苦，也就是當你用自己的方式做事卻被指責的那種痛苦。

第五章

「聽我跟你說」：說教與聆聽

在我其中一本書的出版餐會上，我看到某個女公關人員正專注聽著某熱門廣播節目的男性製作人說話。製作人告訴公關人員，錄音室為什麼會蓋在現在的地址，還有他本來希望錄音室蓋在另一處的原因。我注意的是男方說話、女方聆聽的時間長度。他滔滔不絕，除了說教，再無合適的描述了：他細細交代了兩個地址的無線電收訊狀況，還有廣播電台的建築結構等等。後來，我問了那個公關人員是否對製作人的話語有興趣。她回答：「噢，當然。」但她又想了一會兒，表示：「嗯，也許他真的說得太多了一點。」隔天她告訴我：「我一直在想妳的問題。我對他當時說的實在一點興趣也沒有。只不過我太習慣聽男人沒完沒了地說著我根本不在意的東西，直到妳讓我思考這件事，我才發現這實在好無聊。」

我曾在某個聚會上，跟一位初次見面的男性聊天。談話之中，他講到自己曾是英國皇家空軍的一員，於一九四四到五五年間派駐在希臘。由於我在希臘住過好幾年，所以，我就問了他的經驗：當時的希臘是什麼樣子？希臘的村民們怎麼對待英國士兵？身為一名在戰時派駐希臘的英國士兵，感受是什麼**樣子**？我也提出希臘的改變，講述如今希臘的樣貌。他對我談當代希臘的內容，完全沒有反應，而且很快就從回應我的問題，轉變為講述他的經驗。雖然這確實很吸引人，但他又講到希臘的史實。我理應對此感興趣，但是實際出自他口中卻讓我窮極厭煩。他的談話內容越脫離個人，我就越焦慮不適，像是不由自主地被牽制在聆聽者的位置。

在茱蒂・芝加哥（Judy Chicago）共同創作的藝術作品《晚宴》（*The Dinner Party*）的展覽會上，有一對站在作品前的男女讓我印象十分深刻：男人認真地邊說邊指，跟女伴解釋眼前那張壁幔上的符號意義。我原本可能不會注意到這種不起眼的畫面，但《晚宴》表達的是激進派女性主義的一種概念，目的是為了反映女人的經驗與感受力啊。

某個初夏向晚，在家裡附近散步的我，停下腳步和遛狗的鄰居聊天。我們站著聊時，我注意到螢火蟲忽明忽滅的閃光，讓眼前一大片院落閃耀著。我示意對方看看，讚嘆那景象是多麼奇幻。「就好像國慶日哪」，我說。他也這麼覺得，然後說他讀過螢火蟲的光是交配的訊號，隨後向我詳細解釋這些訊號怎麼運作——例如，不同群的螢火蟲會在不同高度飛行，聚集在院落裡的不同處。

在以上案例中，男性都有要傳授的東西，也都加以傳授。表面上，這種行為不奇怪也不令人意外。但奇怪的是，男人具備事實資訊、必須靠冗長說明才能傳授給女人的情況，實在很多；而女人具備類似資訊要傳授給男人的情況卻相當少。

男女關係的許多方面，都因為時代而有改變。現在不太可能聽到男人說「我是男人而妳是女人，所以我比妳優秀」，至少在很多圈子裡都不會。但女人就算沒有碰到男人說這種話，卻依然常因為跟這種男人說話而感覺挫折。讓許多女性挫敗的情況之一，就是對話莫名其妙變成說教——男人對著女人說教，而女人成為合意的聽眾。

男人和女人又再次發現，他們所處的調校位置是不對等的。說教者被框構成地位與專業知識都高人一等，扮演老師的角色，而聆聽者則扮演學生。如果男人和女人輪流說教與聆聽，那就不會令人厭煩。討人厭的是不平衡。男人和女人因為互動上的習慣，太常會落入這種不平等的模式。女性希望建立投契關係，所以傾向淡化自己的專業能力而不是大方展現；而既然男人看重舞台中央的位置，認為「知道比較多」的感覺很重要，所以會找機會收集並傳播資訊。

如果男人常常長篇大論的原因，是因為他們擁有專業知識，那麼女人就常常會既驚訝又挫敗地發現，就算具備專業知識，她們卻不一定有發言權。

我先來，然後我繼續

有一次我跟我們大學其他科系的教師吃晚餐。坐在我右手邊的是一位女性。晚餐一開始，我們就跟大家介紹自己。跟大家說完自己的科系和任教的科目後，那位女性問我研究什麼，我們聊了一下我的研究內容。接著我問她研究些什麼，然後她就跟我說她的研究內容。最後，我們討論彼此研究重疊的地方。隨後，正如一般餐會的進展，我們開始跟同桌的人聊天。我問我對面的男士他所屬的科系、做些什麼。接下來的半小時，我得知了許多跟他的工作、研究還有背景相關的資訊。趁著晚餐結束前的一小個空檔，他問我做些什麼。我一說我是語言學家，他就興致勃勃地跟我談起他做過的一個跟神經語言學相關的研究計畫。大家都起身離桌時，他還在跟我講他的研究。

這位男士和女士都是我在學術界的同事。那麼，如果我在聚會或社交場合上跟不是學術界的人聊天，情況又是如何呢？根據我的經驗，如果我跟女性提到自己的工作，她們通常就會問內容；我如果聊起對話風格或性別差異，她們會提出自身經驗，為我的那些模式佐證。對我來說，這很令人愉快。我不需要搶下聚光燈，就能坐上舞台中間的位置，我也經常收集她們個人的小故事，供我將來之用。不過，如果我跟男性宣布自己做哪一行，許多男人會滔滔不絕地給我上語言課——例如，他們會說現在的人如何誤用語言，尤其是青少年。有的男人會給我出難題，像是質疑我的研究方法。還有很多男人會把話題轉成他們比較懂的領域。

當然，不是所有的男人的回應方式都是如此，這只是我多年來的經驗：這麼做的男人很多，女人則很少。倒不是說這種說話方式**必然是**男性的行事方式，但這確實是男性的行事方式之一。雖然也有女性採用這種風格，但她們會被視為「說話像男人」。

該炫耀還是隱瞞？

我觀察這一類互動中的行為已經有十多年。不過，直到最近發展出地位與連結的這個架構之後，我才懂得**為什麼**。有一份研究對我的思路影響很大，它揭示了為何女人跟男人對話時，專業知識無法保證她們能占有焦點地位。

心理學家李特佩勒葛里尼（H. M. Leet-Pellegrini）想要知道她所謂的「主導」的溝通方式（例如較多發言、打斷別人，還有掌控主題），究竟是取決於性別還是專業知識。她安排了兩人一組的女性、男性還有一男一女的組合，要求他們討論電視暴力對孩童的影響。在某些時候，她會提供相關資訊並讓受試者閱讀與吸收，所以在錄下討論之前，其中一人已變成專家。我們可能會以為，專家在對話中較常發言、也較常打斷對方，而且較不會支持不熟悉該領域的對話夥伴。但可沒那麼簡單。平均而言，具備專業知識的人話比較多，但男性專家比女性專家的話還多。

在支持行為方面，專業知識對男性和女性的影響也不一樣。李特佩勒葛里尼原本預期，不具備專業知識的人會更常認同或支持具備專業知識的人。結果，這一點是成立的——但女性為專家、而她的非專家夥伴是男性時則**除外**。這種情況下，女性專家會展現支持（例如表示「對啊」或「沒錯」這類的話），而且程度遠遠**超過**她的男性非專家夥伴。觀察員多半評估，男性非專家比女性專家更占主導地位。換句話說，實驗中的女性非但不把專業知識當成權力，還會試著淡化自己的專業知識，再藉由額外的認同行為進行補償。她們表現得彷彿她們的專業知識需要被隱藏起來一樣。

或許真是如此。在這些實驗對話裡，**專家**一詞都是出於男性（只有一次例外），他們會說「如此說來，你是專家」這類話語。女性具有專業知識的跡象會導致憎惡，而不是尊敬。

此外，男性專家跟缺乏知識的女性進行對話，**從頭到尾**都會扮演主導的角色。但男性專家跟缺乏知識的男性說話時，雖然對話一開始會採取主導地位，但最後卻不見得會如此。也就是說，男人如果跟女人說話，那麼具備專業知識，就足以讓他們保持在主導位置；但跟男人說話就不是這樣了。顯然，女人如果覺得對話的男性比自己具備更多關於對話主題的資訊，她就會接受回應的角色。可是，換作是一個同樣缺乏資訊的男人，他還是會盡可能給對方造成威脅，搞不好最後還會占上風。

讀了這些結果，我才恍然大悟自己跟男性和女性談語言時，碰到的是怎麼一回事。我以為有公認的專業知識，就表示我會在對話中自然得到權威性，而且跟女性談話時確實大致上如此。但跟男性談話，我透露自己具備公認的專業知識，卻往往招來挑戰。如果我成功反擊挑戰者，**或許有可能**維護我的地位，但如果沒能成功，我就會失去優勢。

李特佩勒葛里尼這個研究的其中一種解讀，就是女性遭受不平等對待——她們沒有得到應有的認可。在某種程度上，這千真萬確。但原因不在於男人全都是想否定女性權威的混蛋（對許多女人來說似乎如此）。這項研究讓我們明白，許多男人習慣競逐地位、挑戰權威，而且也是這樣跟其他男人談話。按此道理，正如男人會挑戰其他男性的權威，「男人挑戰女人權威」

的行為可能是一種尊重與平等的象徵，而非不尊重與歧視。在這種情況下，對待方式的不平等不只肇因於男性的行為，同時也是男女風格差異所致：大多數女性都沒有為自己反擊挑戰的經驗，而那些挑戰行為，會被誤讀成針對她們可信度的人身攻擊。

就算對話的男性樂於見到女性擁有地位，女性也可能礙於男女互動目的不同，而難以得到應有的對待。正如高中男生不太會把受歡迎女生的祕密說出去，因為他們不會因此得到想要的。同理，女性不太會展現自己的知識，因為這麼做也不會讓她們得到想要的。李特佩勒葛里尼認為，實驗中的男性玩著「我贏了沒？」的遊戲，而女性則玩著「我提供足夠的幫助了沒？」的遊戲。我比較喜歡這樣形容：女人玩的遊戲叫「你喜歡我嗎？」，而男人玩的則叫「你尊重我嗎？」。男人在追求尊重時，如果因此不受女人喜歡，那也是預料外的副作用，就好比女人追求別人喜歡自己時，可能會失去對方的尊敬。當一個女人與男人說話，她為了凸顯彼此的相似性、避免炫耀而付出的努力，容易被重視地位高度的男性解讀為，她將自己降為低人一等的位置。這使女性看來能力不足，或不可靠。

微妙的順從

阿默斯特學院（Amherst College）的心理學教授伊莉莎白．埃利斯（Elizabeth Aries）想要證明：智商和教育程度都高的年輕女性，跟男性同儕對話時已不再處於順從的位置。她確實發現，在她安排的小組對談中，大專女性說的話比大專男性還多。但內容卻男女有別。男性往往以提出觀點、建議以及資訊的方式，定調討論內容；女性則習慣於做反應，表達同意或不同意。此外，她還發現男女的肢體語言依舊不同：男性伸開雙腿坐，女性則雙腿併攏。埃利斯提到，有研究發現採取開放式坐姿的說話者，更可能說服聽眾。於是她指出，話說得多不代表女性說的會被接受。

埃利斯在另一份研究裡發現，在全男性的討論小組裡，男人一開始會花很多時間搞清楚「誰對電影、書籍、當前事件、政治還有旅行等議題最具知識」，以此作為「衡量競爭」、協商「自己與他人相對位置」的方式之一。全男性風格的說話方式，我們可以大致體會到，為何男性似乎比女性重視展現知識和專業能力。在埃利斯的研究中，那些女性會花時間做的，是「透過更私人的自我揭露（self-revelation），以獲得親密感」。

我們斷不可忘記，這些研究裡的男男女女都是在建立情誼，也都在意自己與他人的關係。但他們主要在意的，卻是不同的關係面向：男性主要在意自己在階級順序中的位置，女性則主要在意自己在親密連結網絡中的位置。焦點有別，於是造成了說話方式的大不同。

湯瑪斯・福克斯（Thomas Fox）是一位英文教授，他對大一寫作課堂上男女學生的差異很有興趣。他的觀察結果，與埃利斯和李特佩勒葛里尼的研究結果不謀而合。福克斯的教學方式之一，是要求所有學生透過小組討論，在課堂上將自己的文章讀給彼此聽，並進行討論。他也要學生寫出分析文章與小組討論的報告。只有授課教師（也就是他）會讀這些分析報告。

福克斯說明他在女性和男性身上發現的典型風格，選了M小姐和H先生當例子。M小姐在說話和寫作時，因為擔心得罪同學，所以隱瞞自己懂的東西，表現得無知又不感興趣。H先生亟欲說服自己的同儕，所以寫作與說話時都語帶權威，表現得很自信。女生不在意能否說服人；男生則不介意是否得罪人。

在H先生這個年輕男性的分析報告中，他描述自己在男女混合的小組討論裡的行為表現，彷彿就是在描述埃利斯和李特佩勒葛里尼研究中的年輕男性：

> 在我的小組裡，我是領導者。我會把自己的觀點當成事實陳述，以此開啟每一次的討論。小組的另外兩個成員往往就舒服地坐在那兒，對我說的點頭稱是。……我需要組員對我表示認同。

福克斯認為H先生展現了「一種自我感，作用在於改變自己與他人，這和M小姐依賴他人並尋求與他人聯繫的自我感，似乎截然不同」。

把M小姐的自我感稱為「依賴型」，似乎是在暗示用負面角度來看她在這個世界的存在方式——而且，我覺得這是比較典型的男人觀點。這種觀點，反映了「不是獨立便是依賴」的假定。如果這確實是一種男性視角，那麼，或許能解釋為何有如此多的男人對於「與別人過從甚密」相當謹慎：透過堅持獨立，迴避讓人難堪的依賴，合情合理。然而還有另一種選項：**相互**

依賴。

這些選項的主要差別，在於對等性。依賴是不對等的介入：其中一人需要另一人，反過來則並非如此，所以需要關懷的人就低人一等了。相互依賴則是對等的：雙方都仰賴彼此，所以沒有位置高低的問題。何況，H先生的自我感也要依賴別人才存在——他得靠別人傾聽、同意、而且允許他用先陳述自己觀點的方式帶頭。

在這樣的角度下，這個小組的男女都依賴著彼此。雖然他們不理解對方的行為動機，但他們的目標是互補的。這種細緻的安排看似不錯，但各自有別的目標，卻會導致男人權威增強、女人權威弱化的調校。

不同的解讀與誤解

福克斯也提到他的男女學生對同一個故事的不同解讀方式。這些差異，同樣反映出關於個體的相互依賴或獨立的假定。福克斯的學生寫下了他們對納撒尼爾．霍桑（Nathaniel Hawthorne）的短篇故事〈胎記〉（*The Birthmark*）的思考。在故事裡，女主角臉上有胎記，老公對此耿耿於懷，她承受著丈夫看到自己時的嫌惡，也很介意這枚胎記。於是她改變了原本意氣用事的拒絕態度，同意接受丈夫建議，去做治療移除臉上的胎記——結果她成功移除胎記，卻在過程中喪命。

M小姐將妻子的共謀，解讀為回應愛人要求的自然反應：這個女人參與她丈夫的危險謀劃，移除胎記，是因為她想要取悅、吸引丈夫。H先生則怪罪這個女人因為自信不足又愛慕虛榮所以有此命運，同時也怪她自願順服於丈夫的權威。福克斯指出，H先生認為那個妻子要為自己的行為負責，正如他認為他個人也要為自己的行為負責一樣。對H先生來說，癥結點在於獨立性：怯懦的妻子自願扮演順從的角色。對M小姐而言，癥結點在於相互依賴：妻子跟丈夫的緊密無法切割，以至於她的行為和丈夫的行為也不能分開。

福克斯認為，H先生覺得課堂上的女生的寫作是直覺式的——想到什麼就寫什麼。這跟M小姐的經驗天差地遠，因為她這麼說：當她知道同學們會讀到她的文章，她就一一審查自己的想法。對比之下，她在寫只有教授會讀到的東西時，會表達堅定而清楚明確的意見。

倘若我們把M小姐和H先生的風格放在一起看，就會出現驚人但矛盾的互補性。男人需要會聆聽與同意的對象，而女人會聆聽與表示同意。不過在另一種意義上，這種互相吻合的目的，卻無法達到一致的結果。男人將女人本意出於連結的同意，誤讀為地位與權力的反映：男方以為女方「優柔寡斷」又「自信心不足」。女人之所以避免表現得像男人那樣（堅定地把自己的觀點當成事實陳述），背後理由跟女人對自己知識的態度沒有關係（是男人以為有關），而跟她們對自己與同儕關係的態度有關。

埃利斯和李特佩勒葛里尼所做的這些實驗研究，連同福克斯的觀察心得，在在顯示了一般而言，男人比女人更自在於給予資訊、提供看法，以及面對一群人權威式地說話；另一方面，女人則比男人更自適於支持別人。

有人在聽嗎？

朱爾斯・菲佛（Jules Feiffer）的舞台劇《成年人》（*Grown Ups*）裡，有個女人名叫瑪麗蓮，她想告訴爸媽（傑克和海倫）自己發生的事，卻怎樣都無法讓他們聽她說話。她想講自己故事的明確意圖，以下用粗體字強調。

瑪麗蓮：**你們一定要聽這件事！我禮拜三搭公車要從費城回家的途中——**

傑　克：你不要跟我講跟費城有關的事。

海　倫：瑪麗蓮，要我幫妳看看雞肉煮好了嗎？

瑪麗蓮：媽媽，妳別管了。

海　倫：我這老太婆只是想幫個忙。

瑪麗蓮：我跟妳一樣，如果有人開始幫我，我就會忘記自己在做什麼。**妳坐下，這件事妳一定會愛聽：我從費城回來的路上——**

傑　克：〔對海倫說〕妳知道她出城去了嗎？

瑪麗蓮：我出門兩天了耶！

傑　克：誰照顧我的孫子？

瑪麗蓮：我怎麼會知道？看不到就不會想了啦。我開玩笑的，魯迪有來。他早上會叫小孩起床，晚上叫他們回床上睡覺。至於中間發生的事情我一點都不想知道。**我到底能不能告訴你們這件事情啊？**

海　倫：〔走回桌子〕瑪麗蓮，妳要出城？

瑪麗蓮沒辦法讓爸媽注意聽她要說的。他們一直扯到她的廚藝、她的家務打理、她的家庭、她的安全、還有她的哥哥杰格，打斷她要說的話。

海　倫：杰格呢？

瑪麗蓮：他在來的路上。**就是說呢，我趕上最後一班回城的公車——**

傑　克：我不喜歡妳搭最後一班公車，很危險。

瑪麗蓮：**再怎樣，都比不上想在這裡跟你們說一件事那樣危險。**

瑪麗蓮就跟寫信給安．蘭德斯說「丈夫不跟我說話」的那個女人一樣，覺得自己是隱形人。她認為爸媽沒興趣聽她說話，象徵他們不把她當作一個人來看待與重視，她向杰格解釋：

瑪麗蓮：至少他們曉得你活著。但不管我怎麼做，你知道我感覺怎樣嗎？這麼說吧：如果你開車載他們出門，你是可以買得起車子、了不起的成功人物；如果我開車載他們出門，我就只是司機。你知道最讓我受不了的是什麼嗎？我最喜歡你跟媽媽在廚房裡聊自己的事。她會說她的故事，然後你說你的，接著她再說她的，你再說你的。我以為，有一天自己夠大了，就會有真正的經歷，我就會有故事！可是到現在為止，他們還是不讓我說。我竟然還會因此不舒服，很有毛病，可不是嗎？

杰　格：我說我的故事，是為了不要聽他們的故事。

杰格解釋他作為一個小孩為什麼要說故事，顯示出他有避免落入聆聽者位置的強烈渴望。瑪麗蓮很愛聽媽媽說故事，但杰格卻說，他學會一直說自己的故事，只是為了不要聽媽媽的。

我跟瑪麗蓮一樣，她深信長大了就會有能說的故事，我也記得小時候以為所有大人都有兩種我沒有的能力：吹口哨、彈指頭。我以為隨著年紀增長，我就會有這些能力了，於是期待著這些能力出現。但我長大了，卻還是不會吹口哨，也沒辦法用指頭彈出清脆的響聲。我小時候根本沒想過，這些技能不會像青春期那樣神奇地出現，改變你的身體。我太晚才明白，如果想學會吹口哨和彈指頭，就得練習才行。《成年人》裡的這個成年女兒無法用一種引起注意的方式說故事，多少是因為她小時候根本沒有練習。她在孩童時期，只是專注而欣羨地聽著媽媽和哥哥說故事。杰格練習透過口語表現引起注意的同時，瑪麗蓮在練習聆聽。

瑪麗蓮和杰格小時候磨練的技能，提供了成年職業的基礎。杰格當上《紐約時報》的記者：

他以撰寫數百萬人會讀到的新聞報導為職業，這是另一種面對觀眾的口語展演形式。瑪麗蓮則成為一名社工：她以坐著聆聽其他人說話為職業。

在菲佛的舞台劇中，瑪麗蓮真的不是像杰格那般優秀的說書人——她會卡在不重要的細節，計較事情說得準不準確，沒發現這對故事毫無影響，結果打斷自己要說的。那場戲的最後，杰格得意地對著全神貫注的聽眾，侃侃而談地把瑪麗蓮沒說好的故事重說了一遍。這暗示了瑪麗蓮欠缺說故事的能力，因此沒能引起他人注意。不過，或許瑪麗蓮有能力說好故事，她家人也不會專心聽，因為他們一直以來都預設杰格會說故事，而瑪麗蓮不會。同樣道理，既然男性比女性更能對著一群人滔滔不絕，那麼，女人不管多麼口齒伶俐都很難拿下發言位置，因為我們已經建立了一套規範：大多數人預期男人要吸引注意力，而女人不會。

像隱形人一樣長大

人類學家弗瑞德里克・艾利克森（Frederick Erickson）與蘇珊・佛羅里歐（Susan Florio）曾經錄下一段現實生活的對話，堪稱朱爾斯・菲佛舞台劇《成年人》中那個家庭的原型。艾利克森研究的這段影像，是他們錄下波士頓某個義大利裔家庭吃晚餐時的桌邊對話。家裡年紀最小的男孩摔下腳踏車，身上還有瘀青。為了安慰他，爸爸和哥哥們都跟他分享（也跟在場所有人說）自己摔下腳踏車的經驗。在他們的故事裡，不只是摔下來而已，而是「嚴重慘摔」，為他們的意外增添一股迷人又無畏的調調。最長、也最令人印象深刻的故事出自於爸爸口中，他的兩輪車是最大的：摩托車。藉由這種方式，哥哥們和家裡的男人給弟弟上了一課，主題關乎勇敢，也關乎說故事。要當個男人，不只要做危險的事、要撞車，而且還要在其他男人和崇拜的女人面前拿這件事說嘴。

這一部分的對話始終都是男孩與男人說故事，而女人（母親、姐姐、蘇珊·弗羅里歐以及作客的研究員）都扮演聽眾。弗羅里歐是聽眾中特別重要的一員，因為年輕男性展現他們騎腳踏車、挺過意外以及說故事的高超技巧，多少是為了這位漂亮的年輕女性。這個小男孩的姐姐，也就是家族的女兒想說自己摔下腳踏車的故事時，沒有人注意她，而且她連第一句話都說不完。她的話在以下節錄中以粗體強調。

父　親：〔講到最小的弟弟吉米的瘀青〕那瘀青真嚴重，對吧？

母　親：是啊。

吉　米：是啊，還有一道刮傷靠近——

父　親：你應該貼個OK繃。

哥哥2：去拿——

哥哥3：補胎工具。首先刮除——〔拿補胎工具跟OK繃相比，藉此逗吉米〕

姐　姐：**我也有在山坡上騎腳踏車慘摔過。**

哥哥1：我上次摔車的時候，真是摔得超嚴重。

哥哥？：我上回摔車是／？？／[6]時候的事。

父　親：我也得拿一頂安全帽給你。

哥哥1：〔對著哥哥2說〕我摔得最最嚴重的一次，大概是我以時速二十撞上你那次吧。

小弟的慘摔（從腳踏車上摔下）是很多人注意的事。但小女兒企圖訴說自己的慘摔經驗，卻完全被忽略，正如菲佛的舞台劇中，瑪麗蓮發現家人無視她訴說個人經驗的意圖那樣。

原因可能有很多。或許小女孩爭取輪流機會的方式不一樣。她跟大家說自己在山坡上騎腳踏車慘摔之後，可能等著別人鼓勵她繼續講，而男孩們則是一直講到他們可以說自己的故事、強迫大家聽為止。女孩子或許說話太小聲也太遲疑。又或者，可能純粹是這家人對女孩的故事大致不感興趣，或不想聽女孩子摔車的事。

艾利克森在論文中表示，我們可以從摔車的故事了解男性行為。藉由吸引大家注意自己的故事，男孩們在學習幾件事：冒險騎腳踏車是好事、受傷在所難免、勇敢承受傷勢值得讚揚、技術知識和技能可能有用（他們談了很多關於煞車的機械原理，還有道路的鋪設），還有，訴說冒險行為、承受傷勢以及展現與運用技術專業知識，是吸引注意力、讓人刮目相看的好辦法。

6　編注：表示這部分沒有被聽到。

男孩們這麼做的同時，也是示範給最小的弟弟看。或許在大家眼中，男孩們學的這些事，對女孩都不重要。無論如何，這所造成的實際影響，就是家裡的男孩學著用說話來占據發言位置，女孩學的則是聆聽。

地位較低的聆聽者

顯然，男人不一定都是發言者，女人也不一定都是聆聽者。我問過男性是否曾處於聆聽者的位置聽其他男人侃侃而談，又對此有何感受。他們告訴我，當然有這種情況。可能在交談時，對方不斷地提出資訊要他們接受，直到他們屈服、好好聆聽為止。但據他們表示，如果對方提供的資訊很有意思，他們其實不會太過介意。這些資訊可以留待日後使用，就像是記下一個笑話可以之後再說給別人聽。事實資訊對女人來說比較沒有意思，因為這對她們比較無用。女性可能比較不會傳遞這種資訊，而會當個好聽眾。

男人與女人偶爾都會碰到要聽人家長篇大論、巴不得快快結束的情況。不過，男人們告訴我，對方是地位較高的男性時，這種情況最有可能發生。他們知道自己得乖乖聽父親或老闆說教。

男人可能會碰到一些情況，結果必須當個不情願的聆聽者。作家格尼（A. R. Gurney）在一篇簡短的觀點文章寫出了這一點，他說自己經常「被自詡為專家的人，用深思完包山包海的議題後得到的看法，逼得走投無路」。他主張這種傾向表明了美國人獨有的「對話」無能（對話應是有說有聽的平衡參與），而且他還引用研究美國習俗的法國觀察家亞歷西斯．托克維爾（Alexis de Tocqueville）的話：「美國人……跟人說話的方式，彷彿他在會議上發言一樣。」格尼把他的體悟歸功於父親，說父親「是善於誘導與回應別人看法的大師，只不過，他這種能力並不見得用在孩子身上。真的，如今我回想起來，他好多次跟我們說話都好像在會議上發言」。

格尼的父親會對孩子說教，這不令人意外。就定義而言，給予資訊會將人框構在較高的地位上，而聆聽則會將人框構在較低的地位。小孩本能地會察覺到這一點——大部分的男人亦然。話說回來，女人聆聽男人說話時，並不以地位思考。可惜的是，若以地位的視角解讀，就可能把女人希望強化連結與建立投契關係的意圖，誤讀為她們自願降為從屬位置——而且，很多男人真的可能這樣認為。

男性與女性的幽默感

用笑話換笑聲的行為模式，也有一種類似的機制。在研究大學學生的討論小組時，埃利斯發現，全男性小組的學生，會花很多時間講述自己跟別人開過的玩笑，並再次被逗樂。她引用了芭芭拉．紐曼（Barbara Miller Newman）的研究，其中發現「反應不快也不聰明」的高中男生會成為被笑話的對象。捉弄人（在別人**身上**開玩笑）顯然能讓位階高人一等：處於全知與掌控的位置。不過，說笑話也可以是協商地位的方法之一，這雖然比較難察覺，卻一點都不假。

許多女性（當然不是全部）聽了笑話會笑，但事後不會記得這些笑話。女性較沒有追求與掌握小組發言地位的動力，所以不需要為了這種目的記下笑話、再拿出來講。有個女人名叫伯尼絲，她對自己的幽默感很有自信。她在一場雞尾酒會上結識了某位男士，對方似乎跟她一樣有幽默感，所以她深受吸引。這名男士說了很多好笑的話，她都發自內心地跟著笑。不過，要是她說好笑的話，男方卻好像沒聽到似的。這男人的幽默感到哪兒去了？說笑話跟聽笑話會笑，兩者雖然都是幽默感的反應，卻是相當不同的社交活動。逗別人笑，會給你短暫壓制他人的權力：語言學家華勒斯．擎夫（Wallace Chafe）提過，人在笑的那一剎那會暫時失能。伯尼絲遇到的男人，只有逗她笑的時候才自在，反過來就不成立了。伯尼絲聽完對方的笑話會笑，因為她覺得自己參與了一個對等性的活動。然而，對方介入的卻是一個非對等性的活動。

有一位男性跟我說，他大概在十年級時，意識到自己比較喜歡跟女生相處而不是男生。他發現女性友人比較會給予支持，也比較不好強，另一方面，他的男性朋友似乎成天都在開玩笑。把開玩笑視為非對等性的活動，我們就會理解，開玩笑為什麼會符合他認知中的好強了。

「你以為你在跟誰說話？」

聆聽與說話方面這些細微的不對等性，或許也能解釋男人在家不跟女人說話的那種常見抱怨。人類學家傑瑞・菲力普森（Gerry Philipsen）耗費兩年半，在一個義大利裔勞工階級的都會社區和一堆青少年一起工作。這些男孩們在街角或附近酒吧和同伴瞎混的時候，會有說不完的話，而且聲音又大。但他們不會跟地位較高或較低的人說話。假如他們想從某個具權威位置的人那兒得到什麼，就會借助中間人——就像是他們不會直接跟上帝禱告，而是跟聖人禱告，由其代為祈求。他們面對從屬地位的人（像是孩童、女人，或地位較低的男孩），會藉由展現某種實質權力來得到自己要的東西，如有必要，還可能使用暴力。跟地位較高的人說話，是厚臉皮、無恥、失序的行徑；而跟地位較低的人說話，則是軟弱、不重要、自願臣服的行徑。

這些「陽剛」青少年在文化上，和女孩與女人有兩點相似之處。他們跟女孩子一樣，藉助從屬關係取得地位：他們認識的人越有影響力，自己的地位就會越高。但對他們而言，從屬關係的重要性在於權力——他們會運用自己的關係連結把事辦好。對女孩們來說，從屬關係本身就是目的之一——她們如果和高地位的女孩當朋友，自己的地位就會變高。這些男孩只有在同儕之間、覺得自在時才會說話，這方面也跟女孩一樣。但他們為何不想跟女孩子說話呢？或許因為他們假定女孩子的地位較低，而女孩們卻覺得（或者想要覺得）同伴就是同伴，不受性別影響。

階級差異對對話風格的影響，可能比你我想像的更大。社會學家米拉・科瑪洛夫斯基（Mirra Komarovsky）在她的經典研究《藍領婚姻》（*Blue Collar Marriage*）中就發現，夫妻越接近中產階級，就越傾向於把彼此當朋友。擁有高中學歷的夫妻之間普遍有種期望，認為丈夫應該和妻子交談。

而沒念完高中的夫妻則認為，妻子不該要求丈夫跟她們說話，這種行為是苛求——他們預期妻子應該和自己的女性親戚說話，不要煩老公。

不同的聆聽習慣

如果考量這些動態關係，就能推想，為何會有許多女性抱怨伴侶不聽自己說話了。不過，男性對女性也會有同樣的抱怨，只是較少聽到而已。這種「你沒有在聽」的指控，真正的意涵往往是「你不理解我所說的意思」或「我沒有得到我想要的回應」。而「有人聆聽我」，則可能是暗示「有人理解我而且我受到重視」。

我在之前的著作中強調，就算男人真的有在聽，女人也可能以為男人沒在聽她們說話。原因在於，男人表現聆聽的習慣不同。人類學家莫爾茲和伯爾克就解釋道，女人比較習慣提問，也會在某人講話的過程中，不時給予許多聆聽的回應（像「嗯」、「嗯哼」、「是啊」這類的簡單字眼），以提供有效的回饋迴圈。同時，她們回應的方式也比較積極正面又踴躍，像是認同或大笑。

這一切的行為，都在做傾聽的工作。而且，透過強調連結、鼓勵對方多說一些，還能創造出投契式談話。男人的相應策略（較少的聆聽者回應、提出主張而非提問、提出挑戰而非同意）則可以被理解為競賽用的招式，出招的不是聽眾，而是正打算要發話的人。

根據莫爾茲和伯爾克的說法，女性不僅會給予比較多的聆聽信號，當中的意義對於男人和女人來說還大有不同——這點跟說話者／聽眾的調校一致。女性使用「是啊」一詞表示「我支持你，你說的我都在聽」，另一方面，男性卻往往只在認同時說「是啊」。顯然，誤解就有機可乘了。男人如果碰到一直說「是啊」、「是啊」、「是啊」的女人，結果對方最後卻不同意，可能會認為對方不誠懇，或沒有認真聽就隨便認同。女人如果碰到一個**不**說「是啊」（或什麼都不說）的男人，可能就會認定**他**都沒聽自己說話。男性的風格實際上比較著重於談話內容的訊息層面，而女性則著重於關係或後設訊息的層面。

對於一個希望聆聽者安靜又認真地聽自己說話的男人來說，不斷給予回饋和支持的女人，感覺就像是話太多的聆聽者；而對於一個希望聆聽者要主動並積極表現興趣、注意力與支持的女人來說，安靜聆聽的男人像是完全沒在聽，感覺早已放空、心思不在了。

這些模式，可能使女人以為男人沒有在聽她們說話，但實則有。不過我一直到近年才終於明白，其實「男人較少聆聽女人說話、女人較常聆聽男人說話」的說法也成立，因為對雙方而言，聆聽的意義有別。有些男人真的**不**想聽長篇大論，因為這會讓他們被框構為低地位者。許多女人真的想聽男人說話，可是她們希望這是你來我往的——我這次聽你說，你下次聽我說。假如每次都是我認真聽，但你永遠不會好好聆聽，女人就會很氣惱了。

不同的交流習慣

老是在聆聽者的位置上，如果會讓女人覺得很不滿，那麼，這種不滿可能是互相的。女人覺得自己被分配到靜靜當個聽眾的角色，並不表示男人會覺得自己是幫兇——也不表示男人就一定喜歡這種刻板的調校安排。

撰寫本書的期間，我參加了某個簽書會，與會者我幾乎不認識。我跟一個很有魅力的年輕男士攀談，沒想到對方是畫家。我先問他是做什麼的，接著對他的答案做回應，問他具象畫是否已經在當代藝術中捲土重來。他為了回答我，告訴我很多藝術史——內容多到他說完還補充，「這回答還真是冗長啊」，而且我已經忘記有問他問題，甚至連問題本身都忘了。雖然我不介意他的長篇大論（我對他說的有興趣），但我這才恍然大悟，剛剛經歷了自己寫的那種動態關係。

為了了解他的觀點，我決定，就算惹毛這位說話投機的新朋友也要一試。畢竟是在簽書會，如果我為了寫書而打破禮儀規範，他還可能網開一面。我問他是不是常常碰到自己滔滔不絕、別人專心聆聽的情況。他想了想之後說，是啊，的確如此，因為他喜歡詳細說明各種想法。我又問他，是否面對男人和女人時都一樣。他又想了想，說：「不。碰到男人，會比較麻煩。」我問他為何，他回答：「男人會打斷我說話。**他們**會想要解釋給**我**聽。」

我發現這個年輕男士比較沒有防備之心，願意聊聊我們的對話還有他自己的對話風格。所以最後，我問他比較喜歡安靜聆聽並表現支持的女人，還是提出自己意見與想法的女人。他說他比較喜歡女方主動提出資訊，如此一來，交流就會更有意思。

男人對其他男性說教時，一開始聆聽者會很有經驗地想辦法轉移主題、提出另一套說教，或是加以阻撓。在這種系統下，發表權威性聲明，可能是一種展開訊息**交流**的方式。但女人不習慣用那種方式回應。她們會覺得自己別無選擇，只能專心聆聽，等著輪到自己時再發言，而不是為自己搶占發言位置。如果是這樣，男人想開啟訊息交流的意圖，到頭來卻變成自己發表長篇大論——這也可能讓他們覺得無趣又苦惱，就跟女人一樣。從男人的觀點來看，既然女方對資訊被動地照單全收，那一定是她沒什麼可講的話。男人和女人談話經常變成長篇大論的原因之一，是女人會專心聽而不會挑戰他、轉移主題，或提出另一套資訊打斷他的話。

我在本章開頭提到跟男女同事的對話，而上述的差異可能有關鍵的作用。跟女性談話時，我們會鼓勵對方多說一點，所以雙方會各自聊聊自己的研究。跟男性聊的時候，我會鼓勵他談談他的工作，他也樂得配合，但他不會鼓勵我聊聊我的工作。這可能表示他不想聽這些事——但也可能不是。埃利斯研究大學生的小組討論，她發現，那些說很多話的女性會開始覺得不自在。她們會退縮，並頻繁地邀請比較安靜的小組成員發言。這完全反映了女性想要維持一切平衡、大家從而平起平坐的希望。女性希望對話夥伴會鼓勵她們大肆發表；而男性通常不會鼓勵比較安靜的成員大膽說話，他們認為如果誰有話想說，就會主動發言。男性可能會對一個表現得無話可說的談話對象同樣感到失望。

同理，女人的話題可能會讓男人覺得無聊，男人的話題也可能讓女人覺得沒意思。雖然我希望那位前英國皇家空軍成員可以跟我說他在希臘的個人經歷，但他可能也搞不懂我為什麼要講自己無聊的經歷，還可能覺得我對自己住過的國家的歷史竟然如此無知。或許，如果我挑戰他對希臘歷史的詮釋，或者提出更好的一套說明，而不是呆呆地聽他說，他會覺得我們的對話很成功。當男人得知我做的工作，質疑我的研究方法時，他們是在鼓勵我提供他們資訊，讓他們見識我的專業知識——雖然這是我在教室或講堂外不喜歡做的事，但這卻是他們可能樂於被激發去做的事啊。

那位專注聽著廣播電台相關資訊的公關人員向我解釋，她希望對那名經理客客氣氣的，藉此幫自己的客戶鋪路，順利得到上電台的機會。話說回來，想討好女性的男人倒比較有可能提出有趣的資訊，吸引女方，而不是專心聆聽女方要傳遞的訊息。我記得自己在某場大學校友會上發表演講前的一個午餐餐會。演講之前，親切的主持人為了盡主人之誼，跟我閒聊了電腦相關的資訊。我禮貌地表現出對這話題的興趣，但內心卻厭煩到尖叫，有種被自己知道自己絕對不會記得的不重要資訊壓垮的感覺。然而，我很肯定他覺得自己談笑風生，而且很有可能，起碼部分男性座上賓會覺得他的確如此。我沒有暗指每位女性主持人都用最棒的方式接待我的意思。我記得另外有一場演講前，我被帶去跟一群女性吃午飯。她們認真傾聽我的專業知識，不斷地問我問題，我都還沒開始發表正式演說，就不得不邊吃午餐邊聊我的演講，搞得精疲力竭。相較之下，搞不好跟我高談闊論電腦的那位男士想讓我休息一下也說不定。

男人時常碰到自己要擔當說教者的角色，女人往往碰上自己處於聽眾的角色，這樣的不平衡，不是互動中的其中一方所造成的結果。這並非男人對女人做的事，也不是女人活該「允許」或「自找」的事。造成這種不平衡的，是男人與女人習慣風格之間的差異。

風格帶來的溝通限制

在美國小說家佛瑞德里克．巴塞姆（Frederick Barthelme）的作品〈對日戰爭〉（*War with Japan*）中，一個男人靠著對兒子說教躲避一切。他這樣並不是想說教，而是因為這是他熟悉而且安全的事。故事一開始，敘事者說他不要住在家裡了，要搬進車庫上的公寓，因為他和妻子「最近有點問題」。他考慮要叫他們十二歲的兒子幫他搬家：

> 我想我會利用這個機會跟他解釋我為什麼要搬到車庫，隨後我又覺得自己可能不會解釋，因為講也講不清楚。我不知道為什麼想跟他解釋一些事——我猜，我想讓他站在我這邊……

這位男性敘事者找上兒子，說想談一談時，是這麼說的：

「我想告訴你，現在有一堆事都出問題了，以前不是這樣的。我想你會發現有問題，接著開始想為什麼會這樣，所以我覺得我就先說吧，你懂吧？盡盡我的責任。」

他一臉疑惑，於是我說：「我給你舉個例子。我坐在這裡想著跟日本人打仗的事。聽好了，查爾斯，我們沒有要跟日本人打仗，這你知道，對吧？」

結果這位父親跟兒子長篇大論地聊日本人、俄國人、美國政府還有整個社會的事。他也開了玩笑。他完全沒聊到自己、自己的感受、自己搬離家裡，或是自己跟這個男孩和男孩母親的關係。這則故事既諷刺又可悲，因為顯然這名父親不會藉此「贏得」兒子的心。他大肆談論與日本打仗的事，不只男孩毫無興趣，而且那也不是他真正想說的。他不自覺地開始解釋世界上發生的事，因為他覺得講這個比較熟悉，比起解釋家裡的狀況，談這些也比較容易。

這位父親似乎屈服在自己的恐懼下，深怕他如果試著說明自己為何要搬去車庫，也「說不清楚」。他覺得應該要有明確的答案和解釋，就像他對政治有確切的意見那樣。並非要搞清楚所有事才能開口談——如果他這樣相信，那他或許能比較自在地說出心裡話。兒子如果聽到父親個人的想法和感受，就算那些話不全然清楚明確，應該也會受益更多。這則故事中的男人，被他習慣的風格妨礙了。

另一方面，女人則受到自己老是扮演回應者而非發起者這件事所限。這樣的習性對性關係會造成重大的影響。菲利浦・布倫斯坦（Philip Blumstein）和佩珀・舒瓦茨（Pepper Schwartz）在他們的研究《美國伴侶》(*American Couples*)中發現，女同性戀伴侶的性愛次數，往往比男同性戀伴侶和異性戀伴侶還少。這兩位社會學家根據研究結果，指出異性戀伴侶幾乎都是男人主動邀約性事，女方不是依從就是拒絕。在男同性戀之間，伴侶中至少會有一人扮演發起者。但他們卻發現，在女同志之間，往往伴侶雙方都覺得當發起者很尷尬，因為她們不想被視為在提出要求。

化解未來的壓力

未來的展望是什麼呢？我們非得扮演被指定的角色，直到最後一幕嗎？我們雖然很容易又落入自己習慣的說話方式，老調重唱，老詞重講，但習慣是可以打破的。不管是男人還是女人，只要理解另一性別的風格並學習偶爾加以運用，都可以從中獲益。

覺得自己不情願地被當成聆聽者的女性，應該練習驅策自己離開那樣的位置，而不是耐著性子等待長篇大論告一段落。她們或許不該再相信「一定要等人家把發言權給自己」的觀念。如果對某個主題有話想說，也許要逼自己主動開口；而如果厭倦某個主題，也可以發揮一點影響力，不妨變換主題，改聊自己想討論的。

倘若女人知道自己不一定得聆聽而鬆了一口氣，那麼，男人如果知道自己要討女人歡心，其實並不一定需要隨時掌握有趣的資訊，那他們多少也會感到安心。有個女記者為了寫一篇如何與人攀談的文章而訪問我。她說另一位她訪談的男性專家建議，最好要想出一則有趣的資訊才行。我覺得這真令人玩味，因為這似乎是男性對於健談的人的典型看法，但女人卻不這麼認為。如果男人知道自己只需要聆聽就好，那可能會覺得聊天這件事容易多了吧。《今日心理學》（*Psychology Today*）的編輯就收過一名女性來信，內容寫道：「要是我碰到一個會問我『妳今天過得如何？』而且真的想知道答案的男人，我就會覺得自己置身天堂了。」

第六章

社群意識和競爭：不同風格的衝突

兩人相遇，肯定會有利益衝突：我們不可能都站在同一個點上卻沒有踩到彼此的腳。要是無人讓步，就一定有人被踩。你我不是同一人，我們要的自然不一樣，衝突在所難免。我們不可能都按自己所願，所以有身陷權力之爭的可能。

乍看之下，衝突好像跟投契和從屬關係相反。目前討論男女風格的文章，大都宣稱男性好強好爭，容易發生衝突；而女性樂於合作，習慣從屬關係。但話說回來，衝突也表示彼此有牽連。確實，許多女性會自在地使用語言表達投契關係，男性則是自我展現，但情況真的比這更為複雜，因為如果自我表現是相爭的一部分，那也會是一種緊密的關係。而且，我們或許應該重視衝突，視其為創造人際關係與介入彼此的一種方式。

對大部分女性來說，衝突是對連結的一種威脅，無論如何都要避免。然而對許多男性而言，衝突是協調地位的必要方式，因此男人要接受衝突，甚或尋求衝突、歡迎衝突、享受衝突。

文化語言學學者華特．翁恩（Walter Ong）在他的著作《為生而戰》（*Fighting for Life*）裡指出「衝突性」（將自己的需求、願望或技能與人較量）是生而為人最基本的元素之一，不過，「相較於女性，明顯或明確的衝突性在男性生活中的占比較高」。他論證了男性的行為通常涉及競賽，包含打鬥、互爭、衝突、較勁，還有爭奪。儀式性的打鬥（粗暴的比賽和運動是典型）充斥於男性行為中。另一方面，女性比較可能選擇調解或真的打架，而不是為了什麼儀式化的目的。男人之間的友誼常常有很大一部分是友善的挑釁，女人可能會誤以為這是真的挑釁。

翁恩說明了口語展演跟「競爭」之間密不可分的關係。口語爭論（從正式辯論到形式邏輯的研究）本質上就有衝突性。我們可以藉此明白，許多男人預期日常對話中的討論和爭辯都要遵守邏輯原則的習慣，就是殘存的慣例。此外，自我表現中的口語展演（也就是我說的報告式談話）屬於一個更大的框構，在其中許多男人將生活視為一場競賽。

女性無法理解儀式化的打鬥，所以她們會傾向誤讀，並對許多男人說話方式的衝突性感到困惑，沒能察覺友善的挑釁其中的**儀式**本質。同時，將社群的展演儀式化，就跟儀式化打鬥的展演一樣容易。女性之間的社群表象，有可能掩蓋權力之爭，而且表面的相同性質可能會掩藏了觀點間的巨大差異。男性和女性都可能被對方的口語儀式弄糊塗。伴侶間的生活隨處可見這種困惑。

「別指使我」

黛安娜常常用「我們來」開啟話頭。她會說：「今天我們來出門吃早午餐吧」，或者「我們現在先來打掃，之後再吃午餐吧。」這會讓奈森很生氣。他覺得黛安娜在對他頤指氣使，告訴他該做什麼。黛安娜無法理解為什麼他會那樣想。黛安娜覺得自己顯然是提議，而不是命令。如果奈森不想做她提議的事，只要說出來就好。她如果知道那不是奈森想要的，也不會非要照自己的意思不可。

洛蘭經常稱讚西尼，感謝他做了一些像是清理廚房或洗衣服這類的事。西尼對她的稱讚不但不領情，還非常厭惡，他解釋「那讓我感覺好像你在要求我每次都要做」。有另一個男人也這麼說他的母親。他媽媽讚美他打電話去，對他說「你是一個很好的人」，他卻覺得母親是想確保他會常打電話，才暗示他如果疏於打電話，就是個壞人。

菲利浦．布倫斯坦和佩珀．舒瓦茨兩位學者研究美國伴侶的私生活，當中引述了一位年輕人的話。他討論跟女友的性關係時說道：「我們在床上，她跟我說『做這個的時候輕一點』或『弄這個的時候柔一點』，我就跟她說我在跟她做愛，她得讓我用我自己的方式……『妳不會希望自己好像被隨便使喚吧』……。」

在上述的例子裡，男人埋怨自己的獨立性和自由遭到侵犯。他們的預警系統專門用來偵測別人告訴自己該做什麼的信號——就連在做愛這種顯然和親密連結相關的活動時也一樣。這種抱怨會讓女人驚嚇又疑惑，而她們的預警系統則專門用來偵測不同的行為。時時留意獨立性是否面臨威脅，在一個競爭世界的框構底下，合情合理。在這個世界裡，生活就是一系列的競賽，旨在測試男人技能、逼著他們對抗那些要他們就範的人。假如男人把生活體驗成一場爭取自由之戰，自然會傾向抵抗想控制他們、影響他們行為的意圖了。

這樣的世界觀產生了「怕太太一族」的概念：許多男人憎惡太太想叫他們做事的任何暗示。女人的生活在歷史上向來處處受制於別人的要求（如家庭、丈夫），但雖然有些女性可能會抱怨丈夫霸道，卻沒有類似「怕老公一族」的刻板印象。為什麼沒有？女性把大家視為相互依賴的個體，所以預期自己的行為將受到他人的影響，她們也會期盼大家行動一致。她們努力的目標是為了維持關係的穩固，把每個人都留在社群裡，還有，在遷就他人需求的同時，就自己的需求與偏好，盡力做到損害控制。如果男人力爭是為了自己強大，那麼女人力爭就是為了維護社群的強大。

我們來看看小孩子們玩遊戲

黛安娜和奈森之間的誤會可以溯及男人和女人身上典型的習慣性對話風格——隨著小孩子玩耍時學會使用的最初用語逐漸形成的風格。黛安娜用「我們來」一詞提出建議的習慣，並不特殊。研究孩童玩耍行為的專家們早已發現，任何年紀的女孩都傾向用這種方式說話。

心理學家賈桂琳・薩克斯（Jacqeline Sachs）和同仁們研究兩到五歲的學齡前幼童，發現女孩習慣說「我們來」，進而提出建議；另一方面，男孩則往往給彼此下指令。舉例來說，玩醫生遊戲的時候，小男孩們會這樣說：

「躺下。」

「去拿那個聽心臟的東西。」

「手臂伸出來。」

「給我開藥。」

女孩們玩醫生遊戲時，會說「我們來坐下，用這個東西吧」這類的話。

瑪喬麗・古德溫在完全不同的族群身上也發現了一模一樣的模式——某個費城街區上的黑人小孩，年齡介於六到十四歲之間。男孩們（好鬥地）做著彈弓準備打仗，並命令彼此：

「給我鉗子！」

「欸，我人在這裡，你不要進來。」

「欸，那個給我。做完這個，你把那些切好之後拿給我。」

「不要擋路。」

女孩們會用瓶子製作玻璃戒指。她們不會發命令，而會用「我們來」一詞起頭，提出建議。

「我們來繞去Subs and Suds吧〔一家街角的酒吧／餐廳〕。」

「我們來問問她有沒有瓶子吧。」

「來嘛。我們來找一些。」

「來嘛。我們來回頭了，大家，這樣我們就可以收著這些。」

「我們先來把這些搬出去。」

女孩子還會用「我們要」（「我們要把戒指**完完整整**擺出來」）、「我們可以」（「我們**可以**利用排水管〔磨玻璃戒指的表面〕」）、「也許」（「也許我們可以像那樣切成片」）以及「我們得」（「我們得多找一些瓶子」）這類字眼，作為提議某種活動的方式。這一切的目的，都是要在不告訴對方該怎麼做的情況下，影響對方做的事。同時，這些還會強化女孩們作為社群成員的認同感。

小孩子可能會受到爸媽風格的影響，就好像成年人會受到兒時所學的東西影響。心理語言學家瓊．格利森（Jean Berko Gleason）研究父母和小孩的說話方式發現，父親比母親更常對孩子發號施令，而且命令兒子的情況比命令女兒還多。社會語言學家法蘭西斯．史密斯（Frances Smith）

發現，在公開發言時也有類似的模式。她檢視了某所浸信會神學院裡男女學生的講道練習，發現在引用章節和段落解釋經文時，男性經常對聽眾下達命令，例如「我讀路加福音第十七章時，仔細聽」；女性則極少說出祈使句，反而習慣邀請聽眾參與，用「讓我們回到第十五段和第十六段」這樣的話。

有鑑於上述模式，奈森把「我們來」聽成命令自然不令人意外——這**的確**是叫某人按照自己意願做的方式。只不過，黛安娜說奈森不該覺得被逼迫，她也沒錯。這種差異，存在於男孩和女孩以及男人與女人截然不同的社交結構。在男孩與男人自覺身處的階層順序中，確實要透過告訴別人做什麼、同時抗拒別人叫自己做什麼，才能取得地位。因此，奈森一旦將黛安娜話語的「我們來」解讀成「要他做什麼」，他的下一步就是反抗。另一方面，女孩和女人自覺身處的社群會受到衝突的威脅，所以她們會把請求表達成建議而非命令，這樣一來，有人表達其他意願時就能不引起衝突。女孩們不習慣只為了確立自己的主導位置，而叫別人想辦法屈從，她們沒有學習在原則上抗拒他人的要求，自然也不會預期他人會在原則上抗拒她們的要求了。

並不是說女人不希望事情按照自己所願，而是她們不想以衝突為代價換得自己要的。像黛安娜與奈森之間這類互動的荒謬之處，在於男女的不同風格，會使他們再怎麼努力都沒用。女人為了避免衝突的招數，恰恰就是與部分男人對話時會引起衝突的行為。只要男人察覺有人企圖在沒有明說的情況下叫自己做事，就會覺得敵方拒絕現身而顯得更加陰險，正要操控並威脅自己。

「我當醫生，你當小寶寶」

面對衝突的態度差異，還會對說話方式造成許多其他的影響。薩克斯研究學齡前孩童的玩耍情況後發現，小男孩玩醫生遊戲時，標準的立場是「我當醫生」。有七九%的情況，男孩會想扮演醫生的角色，而且在決定哪個男孩可以扮演這個高地位的角色時，他們還會陷入冗長的爭論。其他人也發現類似的模式。語言學家伊蓮・安德森（Elaine Anderson）讓學齡前孩童用手偶玩遊戲，扮演醫生與病人。她同樣發現男孩想扮演高地位的醫生角色，而且大多會拒絕當病人或小寶寶。女孩只有三分之一的時間想扮演醫生，她們往往想扮演病人、小寶寶，或母親。

在薩克斯的研究裡，男孩在絕大多數的情況下會互相指派對方扮演的角色（「好啦，你當醫生」）。另一方面，女孩通常會問對方想扮演什麼角色（「妳可以當病人一下子嗎？」），或提出一套聯合提案：（「我當護士，你當醫生」、「現在我們可以都當醫生」、「我們可以都當病人」、「好，我當我寶寶的醫生，妳當妳寶寶的醫生」）。這些提議除了能避免衝突或告訴別人該做什麼，同時也是維繫女孩們地位平等的創意方法。

小孩們在實驗室環境裡玩耍的實驗研究，是否準確反映了孩子在一般環境下玩耍的情況呢？的確如此。羅傑・卡門內茲（Rodger Kamenetz）這位父親就寫過一篇文章能佐證，開頭是這樣的：

我的六歲女兒安雅和她七歲的朋友蘿絲瑪莉在安雅的房間裡玩。房門開著，我聽到輕柔的聲響，於是窺視房裡的狀況，發現她倆各抱著一個娃娃搖啊搖的。「現在妳幫妳的小寶寶換尿布」，蘿絲瑪莉對安雅說，「然後我幫我的換」。

讀到這段文字時，女孩們玩耍時的對等性讓我印象非常深刻。蘿絲瑪莉所提議的是她倆同時都參與同一個活動。她沒有想辦法叫安雅當低地位的小寶寶角色，而是將那個角色留給了不會有異議的娃娃。

不同的社交結構

男孩與女孩企圖影響彼此行為的不同作法，反映了（同時創造了）不同的社交結構。在瑪喬麗．古德溫的研究裡，那些準備彈弓大戰的男孩們證實了一種階層制的組織：由領導人告訴其他人該做什麼。讓特定男孩能當上領導者、同時保有身分的方式，就是下達命令，叫別人遵循。就定義而言，指令會區分說話者和說話對象，並將說話者框構為更有權力的人。對比之下，女孩的群體是用平等主義的方式組織而成。根據古德溫的說法，「即便是四至五歲的女孩群體，為了完成某件任務活動，所有人在過程中都聯合參與決策，把地位協商的行為減到最少」。女孩們用「我們來」與「我們」等字眼框構提案，暗指她們的群體是一個社群，遵守規定的結果，會提高社群的力量，而不是提議者的個人力量。

除此之外，男孩除了表達自己的意願外，通常不會說明理由。舉例而言，扮演領導角色的男孩子會做出以下要求：

「鉗子。我要鉗子！」

「欸，聽著。我現在就要鋼線剪。」

不過，女孩子倒會說明提議的理由（橫線表示重疊）：

莎朗：我們得先洗淨它們。妳知道吧。

潘恩：我知道。

莎朗：——因為它們有細菌。

潘恩：——要洗它們，東西都要洗一洗，以免上頭有細菌。

男孩**不說明**要求的原因，命令故而被強化為競賽中的招數。照做表示對領導者權威的臣服，而只要臣服會使群體運作順暢，那它就是一種合作的行為。然而，女孩子為了達到目的而採取的方式就不一樣。她們不只會提供理由，而且還會為大局著想：瓶子應該洗乾淨，才不會有人被細菌傷害。潘恩附和莎朗的建議一起攜手合作時，顯然就參與了決策過程，而不是聽從命令。但這並不表示每個人的建議都會被平等採納，也不表示經常被採納的那些人不會從中得到個人滿足感，或在群體中建立威信。

男孩和女孩維繫的不同社交結構，跟他們偏好的活動種類一致。男孩特別喜歡玩公開競爭的遊戲，例如足球和籃球。即便碰到本質上不具競爭性的活動，男孩們也時常分組，促成競爭。女孩對組織類的運動或比賽興趣不大。她們偏好像跳繩或跳格子這類的全體式活動。

古德溫發現，男孩們會根據不同活動上的技能來給彼此排名，還常常吹噓、炫耀自己的能力和擁有的東西。跟薩克斯的研究中吵著扮演醫生的小男孩一樣，古德溫研究裡那些前青春期與青春期的男孩也會爭執地位——爭辯相關能力以及誰有權力叫誰做什麼。女孩子會爭辯自己的相對外貌、自己與他人的關係，還有別人怎麼說自己。男孩會吹噓自己比較厲害，但女生如果一副自己比別人更好的態度，就會遭致批評，說她「吹噓」或「炫耀」。

男孩們不僅會命令彼此，還會互相羞辱、威脅。男孩如果對另一個男孩不滿，會傾向在對方面前說出來。話說回來，女孩的不滿通常是在被指責的一方不在時說出來的。

女孩子避免直接衝突的偏好，造成傳統上我們會以負面看待的行為——在別人背後嚼舌根。有一位男士表達了這種負面觀感，他說女孩子會犧牲真誠，求取和諧。這種「不真誠」的指控，在跨文化溝通上很常見，因為文化上相異的個體不會用看似明顯合宜的方式說話。對於相信衝突會鞏固夥伴情誼的人來說，表達批評而引發直接衝突，這種行為可能感覺「很真誠」。

但在衝突會導致裂痕的另一個系統下，這種行為可一點都不「真誠」，因為直接表達批評並引發爭鬥，也暗示了有人想弱化友誼關係的後設訊息。

「你沒有說為什麼」

兒時經驗上的不同，造就了迥異的期待、假定、態度，使得成人的對話更加難懂複雜。例如，以下爭吵的起因是，女性希望不習慣說明理由的男人提出理由。莫琳和菲利浦想要決定晚餐派對的日期。

莫　琳：我們有空的週末好像只剩十月十日了。
菲利浦：那時候狩獵季節開始了。
莫　琳：唔，那我們訂在週六或週日的晚上好了。
菲利浦：好啊，那週六好了。
莫　琳：你不想在你狩獵第一天打獵到晚一點嗎？
菲利浦：〔不耐煩〕我說了週六，表示我要選那天了。
莫　琳：〔也跟著不耐煩〕我只是想體貼你而已。你又沒有說為什麼要選週六。
菲利浦：我要休週四和週五去打獵，所以我覺得週六晚上前我應該打夠了。

莫　琳：那，你幹嘛不那樣說就好？
菲利浦：我不知道為什麼要說。還有，我覺得妳的問題很煩。
莫　琳：我才覺得你的回答很讓人生氣！

菲利浦沒有說他為什麼選週六，莫琳以為他可能有其他偏好的時間，只是在遷就她，換成她也會這樣——沒錯，她就是在遷就菲利浦。她想讓菲利浦知道沒有必要遷就，而當她要展現體貼時，菲利浦的拒絕讓她很受傷。對菲利浦來說，被要求解釋理由，感覺就像必須詳細交代自己的時間安排一樣。他假定人人都會捍衛自己的利益，既然如此，莫琳刺探他的利益，這種行為就顯得很煩。莫琳想改善可能的利益衝突，卻真的引發衝突了。

親密而激烈的爭執

在日常對話中，面對衝突本身的態度差異會顯現出來。蓋兒厭惡爭吵，要是諾曼生起氣來或聲量提高，她就會非常不舒服。她說：「你大吼的話我就沒辦法跟你說話。我們為什麼不能成熟一點討論這件事？」諾曼永遠都無法理解。對他來說，跟人吵架是親密的證明。相形之下，蓋兒視為親密象徵的那種單調而無止盡的討論，真的會讓諾曼筋疲力盡。那些討論只會磨垮他，但激烈爭吵完後他卻會很滿意——但這又讓蓋兒覺得筋疲力盡。他認為這種爭吵是一種儀式性的打鬥，也是關係緊密的重要象徵，因為，唯有親密交往的人才會爭執。

世界上有許多文化把爭吵看成愉悅的親密象徵，同時也是一種遊戲。在希臘的美國人常常會碰到一種情況：他們無意中聽到朋友間的對話，聽起來比美式的朋友對話還激烈，然後他們就以為聽到了一場爭吵。語言學家黛博拉．施芙琳（Deborah Schiffrin）表明，費城的東歐猶太勞工階層人士（男女皆然）在對話時，友好的爭論是交際的手段之一。語言學家珍．法蘭克（Jane Frank）分析了一對猶太夫妻的對話，他們常常在社交場合上意見兩極，並採取你爭我辯的立場。但他們不是在吵架，而是上演一種公開比試，兩邊的鬥士都是同一國的。

希臘人常常透過「告訴別人要做什麼」來表現關愛。有個在美國讀書的希臘女生，她問了宿舍樓友一些問題，搞得人家又煩又覺得不可思議。像是「你為什麼冰箱的門要開那麼久？」與「你為什麼吃那麼少？你要多吃才行」這種問題。在希臘，這種問題在朋友間很平常，會被視為關心和親密的一種表現。但這對美國人來說很煩人又有批評意味。那些美國人樓友都叫這個希臘女生「老媽」。她用來表現親密關愛的言語，在他人眼裡卻像是媽媽跟小孩說話，展現了地位差異。

社會學家威廉．柯薩羅（Willian Corsaro）與湯瑪斯．里佐（Thomas Rizzo）研究了美國與義大利托兒所裡二到四歲的孩童。他們發現，義大利孩童最喜歡的一項活動是義大利人稱為**拌嘴**（discussione）的激烈辯論，但美國人會以為那是吵架。研究員敘述了一個每週都會發生的典型案例。孩童們在活動中要安靜地用麥克筆畫畫，有個小男孩羅貝托動作誇張地找著紅色的麥克筆。為了要吸引同桌每個人的注意，他試了桌上的每一支筆，但試過了又不要，然後起身去另一張桌子拿紅色麥克筆。另一張桌子的孩童不是沒注意，就是假裝沒注意——假裝的可能性應該較高。但沒過多久，坐在另一張桌子的小女孩安東妮雅就大聲問了：「紅筆在哪？」**她**說完也大動作地找著紅筆，一副對整桌紅筆都不滿意的樣子。

接著戲劇化的情節就開始了。柯薩羅和里佐描述：

安東妮雅用掌心打了自己前額一下，大聲嚷著：「他們把我們的筆搶走了！」這聲驚呼，讓好幾件事情同時展開。羅貝托畫到一半抬起頭來，對著同桌的其他孩子們笑了笑。他們都和羅貝托對上眼，也報以微笑，表示他們知道接下來要發生什麼事。同時，第三桌的好幾個孩子望向安東妮雅那一桌，然後目光又很快往羅貝托那一桌看去。最後，安東妮雅那一桌的瑪麗亞跳了起來，指著羅貝托大叫：「是羅貝托幹的！」安東妮雅、瑪麗亞，還有其他好幾個孩子立刻氣沖沖地走到羅貝托那一桌。正當他們走來時，羅貝托那桌的小女孩露易莎一把抓了七、八支麥克筆（包含羅貝托拿過來的那一支）往桌下藏，把筆放在自己的大腿間。安東妮雅一走到桌旁就指控羅貝托偷了紅色麥克筆。羅貝托否認，反過來要安東妮雅和其他人找出那支被偷的麥克筆。安東妮雅和瑪麗亞一開始找紅色麥克筆，第三桌的布魯納在好幾個同桌孩童撐腰下，斷言羅貝托真的偷了麥克筆，而且露易莎把筆藏起來了。露易莎大叫：「沒有，那不是真的！」不過，安東妮雅伸手往桌下探去，把露易莎藏的麥克筆搶了過來。此時，現場充斥著吼叫、比劃、你推我擠，老師們又得再次介入，平息紛爭。

這些孩子們不是在吵紅色麥克筆——麥克筆的數量綽綽有餘。柯薩羅和里佐認為，他們只是寧願爭吵而不想畫畫。在義大利的幼兒園裡，這似乎在男童與女童身上都適用。

不打不相識

雖然「拌嘴」（為了好玩而大聲爭吵）在義大利的幼兒園裡受到男孩與女孩的歡迎，但美國的孩子們面對衝突的態度，可就不是那樣了。比起美國女孩，美國男孩透過對立表達並創造關係的可能性高得多。戲弄是男孩子採取競爭立場向女孩表示情意的方法之一。常見的經典範例，就是男孩拉自己喜歡的女孩的髮辮。我沒有認識過喜歡辮子被拉的女生，但如果女生喜歡出手的男生，就有可能寧願被挑釁也不要對方無視於自己。波蘭女孩伊娃・霍夫曼（Eva Hoffman）在她的著作《在翻譯中迷失》（*Lost in Translation*）裡，回憶起童年玩伴馬雷克時，就是這種情況：

> 我愛上他了。他有時候會對我開男孩子的那種惡意玩笑，但我離不開他：我走過他窗前

時，他會砸一本很重的書在我頭上，還有一次他想要把我塞進森林中的一個地洞裡，後來才曉得那是德國人留下來的，搞不好裡面還有地雷。

馬雷克的玩鬧有可能致命，但霍夫曼回憶，「我們有說不完的話，跟其他孩子玩遊戲時，我們都是一隊的」。事實上，「即便我們危險地鬧著玩，但我深深相信，他的力量比我大，隨時會保護我」。

對男孩和男人而言，挑釁與友誼並不互斥。挑釁反而是開啟互動同時創造介入的好方法。有一位女士告訴我，她曾跟一群男女學生在密西根大學（University of Michigan）看籃球比賽，當時發生的一件事讓她很驚訝。雖然入場票有指定位置，但如果是看這所大學學生的一般練習，那只要有位子就可以坐——也就是先到先贏。他們照這個不成文的規定，選了看台的第一排坐。沒過多久，有一群密西根大學的男生來了，說自己有權坐在賽票指定的座位。這些男生發現位子被人坐了，就命令他們離開。他們拒絕讓位，接下來就是大聲爭執，兩群人馬中的男性互相謾責、威脅，而女性則畏縮地坐在位子上。過了一會兒，後到的人同意坐到旁邊相鄰的位子。接著，剛剛才相互叫罵的男人們，開始和善地聊起球隊、學校還有即將開打的比賽。女士們在一旁目瞪口呆。雖然她們絕對不會參與這種爭吵，但她們覺得如果真的這樣吵，她們應該會變成一輩子的敵人，而不是眨個眼就變朋友。

閱讀柯薩羅和里佐的研究時，我才恍然大悟，吵架大可以開創友誼，而不是杜絕友誼。對我來說，觀察幼兒園男童們的同儕文化，就好像一窺陌生的世界。以下描述了美國幼兒園男童間發生的事件，便是一例：

學校裡，有兩個男孩（理查和丹尼）在通往樓上遊戲室的樓梯上，玩著翻轉彈簧這種玩具。他倆玩到一半，另外兩個男孩（約瑟夫和馬丁）也過來了，站在樓梯最下面。

丹　尼：走開！

〔雖然這下子馬丁跑開了，但約瑟夫站在原地，後來還慢慢地往上走，爬到樓梯一半。〕

約瑟夫：我穿的是大鞋子喔。

理　查：**我會直接往他眼睛打一拳。**

約瑟夫：**我會直接往你鼻子打一拳。**

丹　尼：**我會用我的大拳頭揍他。**

約瑟夫：**我會——我——我——**

理　查：**那他就會咚、咚、咚被揍飛滾下樓梯。**

約瑟夫：**我——我——我會——我可以用我的槍把你的眼睛挖出來。我有槍。**

丹　尼：**槍！我會——我——我——就算——**

理　查：**我也有槍。**

丹　尼：**我也有槍，而且我的槍比你的大**，而且要用便便打倒你。是便便。

〔大家聽到便便都笑了。〕

理　查：**現在給我走開**。

約瑟夫：**才不要。我要叫你把槍——把槍放在你頭髮上，便便就會噴到他臉上**。

丹　尼：這樣的話——

理　查：**翻轉彈簧也會直接打到你臉上**。

丹　尼：**我的槍會直接打在**——

這時，理查和丹尼似乎跟約瑟夫吵得不可開交，因為他們在玩翻轉彈簧，而約瑟夫想來搗蛋。丹尼說了便便，採取幽默的口氣，讓這三個男孩都笑開了。只不過，他們還是繼續威脅對方。柯薩羅與里佐描述了接下來發生的事：

就在那時，有個女孩（黛比）走進來了，自稱是蝙蝠女，然後問他們有沒有看見羅賓。約瑟夫說他就是羅賓，女孩說她要找的是另一個羅賓。接著就跑掉了。黛比離開後，丹尼和理查起身走進了遊戲室，約瑟夫跟在後面。自此開始一直到事件結束，這三個男孩都玩在一起。

這三個男孩大吵著威脅要出拳揍對方、拿槍互射，還有用翻轉彈簧打彼此的臉，然後和樂融融地玩在一塊兒。口角不但沒有妨礙他們，還促成大家一起玩。我猜，挑釁是約瑟夫和其他男孩取得連結的方法，而讓約瑟夫一起吵架，則是丹尼與理查讓約瑟夫慢慢加入玩耍行列的方式。

搞好關係

這則幼兒園事件還有另一點相當有趣，就是黛比扮演的角色。她以蝙蝠女的身分出現，才讓男孩們的口頭爭吵結束，變成大家和平地一起玩。黛比彷彿以蝙蝠女之姿驟然現身，執行和平任務。

如果男孩子在找架吵，那麼，女孩子就算真的有不同意見，也會想辦法不說出來。黛比說自己在找羅賓，而約瑟夫說他就是羅賓，這時黛比並沒有回：「不對，你不是羅賓！」她反而先接受了約瑟夫的說詞，然後說自己在找另一個羅賓。

女性在生活中時常都扮演著和事佬的角色。小說家珍·夏皮羅（Jane Shapiro）的〈狐坡尼〉（*Volpone*）就包含了女兒在父母吵架時當和事佬的橋段。吵架的導火線，是因為媽媽和兒子在表現關心的行為上，對親密度與獨立性的著重有別。

在故事裡，敘事者到大學看看她的兒子柴克。她兒子為了跟大家一起參加反對學校投資南非的抗議行動，近來都睡在學生在校園裡搭建的棚子。柴克跟來探望他的家人（包含他妹妹諾拉、爸爸威廉，還有祖父佩普）一起吃晚餐時，說自己很沮喪，因為他們的校長，不像其他大學的行政人員「**常常**會狠揍學生」──校長不但容忍抗議，甚至支持學生，卻不對董事會成員施加壓力要求撤資。

柴克的媽媽，也就是故事的敘事者說：

我頓了一下，說：「唔，很遺憾你們沒有嚇到董事會，但作為母親，我有時候很高興你不是在柏克萊那種學校，會被校方狠揍。」

柴克一臉不解地看著我，諾拉往椅背一靠，一臉被我逗樂地說：「作為母親，通常會想辦法不要說那樣的話。」

諾拉靠著椅背，提醒她的媽媽要想辦法別以「作為母親」的姿態說話，這麼做似乎是想讓母親別接著自己剛起頭的話繼續往下講。然而，敘事者還是接著說，而且結果糟糕透了：

我說：「嗯，我的意思是，我很兩難。我當然支持你，也以你為榮，而且我認為你堅持自己的信念很重要，我當然也不覺得，我是在想辦法不讓我的孩子獨立行事，做他認為對的事。但同時有一部分的我會說，我真的不希望你被狠揍一頓。」雖然這聽起來做作，但對我來說合理到無法反駁。威廉心不在焉地點著頭表達認同。「我說，那是我還沒解決的內心掙扎，而且——」

柴克說：「媽，關於想辦法不讓我們以某種方式『行動』，妳的意願都不是重點吧。我們是人。我們已經在『行動』了。妳努力用一種『開明』的方式來表達妳的說法，這樣很好。不過，媽，妳那種是否該讓我們做什麼事的想法，有點……怎麼說呢，不是很好。」

接著，威廉為了維護老婆，加入談話教訓兒子，這下子父子都生氣了。諾拉插手平息，讓大家恢復和和氣氣：

諾拉傾身把手放在佩普的前臂上。她說：「好了啦，你們。」

接著一片靜默，諾拉伸手夾起柴克盤裡的最後一支蝦子，溫柔地對他說：「你要吃這個嗎？」柴克搖了搖頭。諾拉用手指抓起蝦子，放進嘴裡大口一咬，說道：「這是佛蒙特州來的蝦子，絕對錯不了。」她咧嘴對著佩普微笑。接著說道：「這隻蝦表示遺憾。」

開玩笑不奏效，所以諾拉換了直接的訴求，表現了她和柴克之間親密的暱稱：「好了嘛，小柴柴。」

柴克的憤怒反應是他媽媽始料未及的。她認為自己基於連結與關愛來表現關心，卻被柴克解讀成地位與控制：如果媽媽允許他以自己的意志做事，那麼，他的自主性就不是真的，而是母親授予的。柴克聽出了保護背後的優越感，對母親將他框構為兒子一事做出回應。他的父親則透過權力的展現，企圖平息衝突，這又再度強調了柴克的低地位：父親叫男孩不要那樣跟母親說話。但是，女兒倒扮演了和事佬的角色，想辦法借助緊密關係的展現，向柴克撒嬌要他別氣了。

什麼都先反對的男人

和事佬的角色，反映出女性大多會尋求同意的特性。瑪姬每次跟約翰說自己的想法或其他人說了什麼，約翰通常會點出這一立場上的弱點，或提出另一種看法。這讓瑪姬多少有點不舒服。有一天，她轉述了某人的話，正好呼應了約翰前幾天的觀點。她覺得約翰一定會說：「噢，沒錯。說得對。」她想轉述那些話的主要原因，其實就是要提出支持約翰的事證，進而讓他開心。但讓瑪姬既意外又難過的是，約翰的意見又相反了。她確定自己種下的是同意的種子，收獲的卻是不同意。對約翰而言，相較於同意，提出不同觀點才是更有意思的貢獻。但瑪姬卻覺得約翰的不同意讓人厭惡，因為這可能會在對話中引發爭論。

對瑪姬來說，不同意會帶來後設訊息，象徵了親密關係遭受威脅。約翰則不認為不同意是一種威脅。恰恰相反地是，在約翰眼裡，得以表達不同意就是一種親密關係的象徵。有一位男士跟我說明，他認為每當有人表達一種看法時，點出反面意見是他的職責所在；如果有人抱怨另一人的行為，他就覺得自己應該解釋那個人可能的動機為何。有人採取某種立場時，他會覺得自己應該想辦法從中挑出錯誤與問題，扮演挑起辯論以證明該立場成立與否的角色，以便對探討有所助益。這一切在他看來，都是自己很支持對方的象徵，確實在某種程度上如此。但這種支持是透過展示對抗立場——這種立場，男性較能理解也更會有所預期，女性則不然。

挑戰者的敵意與善意

這種看待同意與挑戰的相異觀念，也出現在教育相關的情境中。我有個同事讓他語言學的學生讀我的書《我的意思才不是那樣》(*That's Not What I Meant!*)，當作一部分的課堂文本。然後，他出作業要學生寫下給我的問題，接著寄了一些問題給我回覆。學生提出的十二個問題中，有十個來自女學生，兩個來自男學生。十個女學生的問題全都是支持我論點或要我進一步理解的，她們要我釐清、解釋，或提供個人資訊。例如，她們問我：「妳能不能進一步解釋……？」、「妳可以再舉個例子嗎？」、「這些是生物差異還是社會差異？」、「妳的例子是哪裡得到的？」、「如果每個人都接受了妳的看法，社會會有什麼樣的變化？」、「妳為什麼要嫁給妳丈夫？」。男學生的兩個問題都是在挑戰我的。有一個問題本質上要問的是：「妳的書處理很多心理學的東西，既然如此，妳為什麼拒絕心理學家在妳的專題討論上盤問妳的方式？」另一個問題則問道：「妳書裡大部分的內容不是更符合詮釋學和溝通領域，而不是語言學嗎？」

女生們的問題對我來說似乎比較討喜，男生的問題則感覺有些無禮。我跟我先生評論他們的模式。他說：「嗯，這是挖洞讓妳跳吧。」我問他：「怎麼說？」他回道：「唔，教授跟他們說『這是你們的大好機會——專家在此呢』，這是設圈套要挑戰妳啊。」這麼說來，我們又再次看到：他認為挑戰專家是人之常情；我則跟女學生比較相像，認為能找上專家，是了解內幕資訊同時私下取得聯繫的機會。

那麼，挑戰的「意義」為何呢？在我眼裡，兩個男生的問題聽來都像是要削弱我的權威，彷彿在說「妳不算真正的語言學家」，其中一個甚至質疑我對自己的案例的解讀方式。我不喜歡這樣。我比較喜歡女學生們的問題：我覺得她們鞏固了我的權威。我甚至不介意問及我婚姻的問題，這讓我可以自我解嘲娛樂大家。不過，挑戰可能是某種形式的尊敬。有一位男同事跟我說，在重大的議題上，「軟式棒球」[7]的問題一點意義也沒有。我另一位男同事在為某本重要著作寫書評時，也表達了類似觀點，他說：「在某種程度上，跟人纏鬥是一種尊敬對方的方式（男女皆然）。」讓我覺得玩味的是，這兩人都選擇用衝突對立式的暗喻（從運動到搏擊），來解釋為何挑戰在學術交流上大有建設性（對他們來說）。在我眼裡，挑戰可不只是儀式性的，更是實實在在的，而且我個人會把這看成是想削弱我的權威性，而不是為了提高我的權威性才

7 譯注：原文為softball，意思是發問者為被問者鋪梗，方便對方回答。

跟我「纏鬥」。我才不認為自己是少數這樣想的女性呢。

提出質疑的男學生，或許想在知識層面上引起我的注意。但他們掉進了「跨文化」的溝壑：如果我覺得別人尊重我的權威性，那我當然會樂於參與知識性的討論，但當我覺得個人受到挑戰時，我可就一點都不喜歡「纏鬥」。如果當初他們的措辭風格不同，我就會重視他們的問題了：「妳能不能進一步解釋，在妳提出的例子裡，為何要拒絕心理學家的行為？」、「妳能不能再詳細說明妳的研究和詮釋學與溝通領域的關係？」還有一個我常常被問到的問題，是這樣措辭的：「我同意妳的觀點，只不過，有人問我為什麼我的研究屬於語言學時，我卻很難回答。妳都怎麼回答那樣的人呢？」以這種措辭提問的人，雖然釣出了相同的資訊，採取的卻是盟友的立場，而不是敵人。

為了示好而爭鬥

辨識出這些模式後，我就常常驚訝地發現，男人有多常藉助挑釁的主題，實現建立關係的目的。舉例來說，我課堂上請來的某位客座講者，他想展示的觀點是：看似奇怪的行為可能有許多解釋。他進一步說明：「我們就拿坐在第一排的這個年輕女生來看吧。假設她突然站起來，勒住坐她旁邊的另一個年輕女性的脖子。」他要舉出意想不到行為的例子時，這麼剛好，攻擊就是他想到的。

另一位男性準備在一間可容納五十人的教室開三十人的培訓。聽眾都坐在後方座位上，講者四周都是空位。講者一開始要大家往前坐但台下沒反應，於是他訴諸了逗人的威脅手法：「你要是再不往前坐，離開時，我會跟在你後面，把你幹掉。」

有位催眠師想幫忙一名女性恢復她的日文知識——她曾經很擅長日文，但她中文學得流利之後就把日文忘光了。催眠師讓這名女性進入半催眠狀態，並暗示：「想像一下有人用日文跟妳說話，對方想控制妳。用日文對他們大吼『滾開』！」這位催眠師企圖暗示某種情緒高張的情況時，碰巧想到了對大多數男人而言很關鍵的情境。

狠話也要看起來善良

如果說男孩和男人時常用反對來建立連結，那麼，也能說女孩和女人可能會利用表面上的合作與緊密聯繫，來相互較勁與批評。好比瑪喬麗．古德溫就發現女孩跳繩時，特別喜歡唱著一種邊跳邊數數兒的童謠，好讓人知道自己跳幾下。八卦也可以是有競爭性的，像是有人可能爭著當第一個知情者。

發展心理學家琳達．休斯（Linda Hughs）說明了四到五年級的小女孩，在玩四格球遊戲時，彼此如何微妙地平衡合作與競爭。在遊戲中，四個孩子各自站在地上畫好的方格內拍球給對方。沒接到球、讓球出了方格或是拍兩次球就算出局，出局者得離開，讓下一個等著上場的人進來。這個遊戲原則上是單人遊戲，但實際上這些女孩子卻像是在玩團隊遊戲：她們會想辦法讓自己的朋友留在場上，讓其他人出局。

休斯指出，這些女孩在一套複雜的制度裡玩遊戲，她們被要求保持「和善」而不「刻薄」（套用她們的用語）。讓人出局是刻薄的行為，但如果這是為了對其他人和善，那就不**真的**算刻薄，例如讓自己的朋友留在場上。女孩們必須競爭才行——因為永遠當好人、不讓任何人出局，就是對排隊卻上不了場的人刻薄。她們必須在合作的框構下實施競爭。因此，例如準備用力拍球讓某個玩伴出局的女孩子，可能就要大聲跟自己的朋友說：「莎莉，我會讓妳上場玩！」這是大聲宣布給所有人聽的，表示這不是對自己要送出局的女孩刻薄，而是對自己的朋友好。

這些女孩把這種必要的行為稱為「和善的刻薄」。她們告訴休斯，她們不喜歡跟男孩子玩，因為男孩子只會想辦法讓每個人都出局。

人類學家潘妮洛普．布朗（Penelope Brown）提出了誇張的例子，說明墨西哥特內哈帕（Tenejapa）的婦女如何借助表面上的同意提出反對。這些在馬雅印地安社群的婦女不會公然表達憤怒或吵架。她們如果生氣，會透過拒絕說話、微笑，或者碰觸以表達憤怒。這麼說來，碰到發生衝突的情況時，她們如何表示衝突呢——例如在法庭上？布朗錄下了一場法庭審案的影片，在這個不尋常的醜聞案裡，年輕的新娘遺棄了她的新丈夫、改嫁另一個男人。新郎的家人控告落跑新娘的家人，要求返還他們按照習俗送給新娘的禮物。

新郎新娘這兩家人的母親代表出庭。陳述案件時，這兩位婦人氣憤地爭吵著，但她們爭吵的方式，主要是諷刺、說反話，並同意彼此的話。例如，新郎的母親聲稱她送給新娘一條價值兩百披索的皮帶，新娘的母親卻說：「或許皮帶價值差不多一百披索吧？」這種諷刺暗指「皮帶只值一百披索」。她還用這種方式表達自己很不屑女兒收到的一條裙子：「也許啦，那是真的羊毛吧，也許吧！」像這樣諷刺裙子並非羊毛製。新郎的母親則反駁：「也許啦，跟裙子很貴沒有關係吧！」言下之意就是「裙子很貴」，另一方回道：「真的很貴，裙子本身很貴，也許吧，可不是嗎？」用說反話的方式暗指「裙子是便宜貨」！

由於直接表達憤怒與反對是不被允許的，這些農婦用一種自己可以用的方式來表達，也就是禮貌與同意的詞彙。這個異國文化案例看似極端，但這個模式，其實很類似於現代女性在想要達到負面目的時，偶爾會使用看起來正面的手段。社會期待女人要「和善」，而表現「和善」的所有口語方式，同時可以作為傷人與療癒之用。

想要在看似無心的狀況下傷人，一種常見方法就是先說「我認為你該知道」這種為你好的用語，接著把別人說的某句關鍵的話，再說一遍。舉例來說，希爾達跟安瑪莉說，安瑪莉的小姑把她跟青春期兒子之間的問題當成趣事，對著一屋子的女人大說特說。安瑪莉得知家庭問題被當作公開話題，尷尬極了。她不願意叫丈夫別跟妹妹說私事，但她也不想跟小姑吵架，所以她覺得自己只能生悶氣。如果沒有人跟安瑪莉說這件事，她就不會受傷，這麼說來，傷害她的不是她的小姑，而是她的「朋友」希爾達。

更糟的是，安瑪莉之後每次碰到希爾達，對方就會看著她，滿懷關心地問：「妳**還好**嗎？

事情**解決**了嗎？」這讓安瑪莉覺得自己不是小孩有正常問題的正常家長，而是情緒焦慮瀕臨崩潰的人。無論形式為何，支持行為也可能被用來傷害人。針對別人的感受表現過分的關愛，可能會把妳框構成生活有序、心理健全的社工，而把對方框構為妳的病人。

提供有用的建議，可能也間接表示批評。舉例而言，莎拉女士建議她的朋友菲莉絲，下次爸媽來的話，可以讓他們住飯店而不是擠在她小小的公寓，或許壓力不會那麼大。菲莉絲並不感激莎拉的建議，倒是準確地發現對方認為她太容易受父母影響。

讚美如果內藏批評，那也可能是一記痛擊。例如，「妳的新男友超讚的，不像前一個男友那樣無趣」，這種話看似在讚美新男友，不過當妳離開時，卻會感覺那打在前男友身上的一巴掌，痛在自己身上。同樣道理，「妳報告得好極了。比前一次更讓人好聽懂」，這種稱讚會讓妳想起上次報告時，台下觀眾都在狀況外的畫面。

猜測他人動機，是另一種讓批評者不用負責的好方法。舉例來說，派翠西亞不明白，她之前認識的某個男人為何到現在還沒打電話來。納汀的看法是：「也許妳那時跟他說，妳希望別人叫妳派翠西亞而不是派蒂，讓他覺得妳自命不凡吧。」派翠西亞雖然不知道那個男人的想法，但這時她卻知道納汀對自己的看法了。

爭吵的訊息和後設訊息

或許女人不太願意公開吵架，而男人常會嘻鬧式地吵架，但男女衝突的情況可多了——公開地吵、嚴重地吵、彼此互吵，都有可能。這類爭吵往往不只是意見不合，另一方爭吵的方式也會令人受挫。同樣地，訊息與後設訊息的差異又扮演了關鍵角色。

有一位男士跟我分享了以下對話，他覺得這就是跟女人爭執讓他很火的典型原因。導火線是女方在大半夜把他叫醒。

男方：怎麼了？
女方：你把床都占掉大半了。
男方：對不起。
女方：你每次都這樣。
男方：啊？
女方：欺負我啊。
男方：等等。我在睡覺耶。你怎麼可以要我對自己睡覺時的行為負責？
女方：噢，那上次你……的時候又怎麼說呢？

接下來女方開始嚴厲地指責男方過去做錯的事。

由於兩人在不同的層面上運作，這對夫妻很難找出爭執的對話基礎。男方在訊息層面上發言：他把床占掉大半了。不過，女方卻著重於後設訊息層面：他睡覺的方式，顯示他總是欺負女方，在關係中也占據了「太大的空間」。女方用男方具體得罪她的機會，討論這件事代表的行為模式。男方覺得，女方用無心之過來扣帽子，從中把過去事件一一拉出，好像魔術師扯出許多有色手帕一樣，這是不公平的。

小說家安．泰勒（Anne Tyler）的《意外的旅客》（*The Accidental Tourist*）裡有一段對話，用類似的鋪排，提出一模一樣的觀點。梅肯與妙麗兒已經同居一段時日，但梅肯在法律上還是已婚身分。梅肯不經意地提起妙麗兒的兒子亞歷山大：

某天晚上，他對妙麗兒說：「我認為亞歷山大現在所接受的教育不夠好。」

「噢，還可以吧。」

「我今天要他算我們買完牛奶後人家會找多少零錢，他完全沒概念。他甚至不知道自己得用減法。」

「嗯，他才二年級啊。」妙麗兒說。

「我覺得他應該要轉到私立學校。」

「私立學校要花錢啊。」

「那又怎樣，我來付。」

她煎培根的手停了下來，望向梅肯。「你在說什麼？」她說。

「啊？什麼意思？」

「你在說什麼，梅肯？你的意思是說你認定我們的關係了嗎？」

妙麗兒接著問梅肯是不是決定好，要跟妻子離婚然後娶她：萬一梅肯最後回到妻子身邊，她總不能讓孩子轉學之後再轉學。對話的結尾，梅肯難以置信地說：「但我只是希望他學減法啊！」

正如半夜吵架的那對男女，梅肯在意的是訊息，即亞歷山大的數學教育這件簡單的事。但妙麗兒在意的是後設訊息：梅肯開始負擔她兒子的教育，那麼，這對他倆的關係有何暗示？

同樣的模式，也可以在一對夫妻的真實生活中看到。語言學家珍．法蘭克錄下其爭執的內容，並從不同的觀點加以分析。丈夫一回家就生氣地問太太：「妳要怎麼跟我認錯？」因為他太太之前說，要找到他想要的特定尺寸和種類的畫，根本不可能。但他最後找到了，他希望太太承認錯誤。太太卻說自己當時是說「很難」而不是「不可能」。太太提出了折衷的和解：她的本意跟丈夫的解讀不同。但丈夫根本聽不進去——太太就是有說，而他證明了太太是錯的，所以太太應該承認失敗。爭吵後來非常激烈，解決不了，因為丈夫堅守著訊息層面（老婆用詞的精準度），另一方面，老婆的注意力卻很快就轉移到她認為更重要的事情上，也就是丈夫針對關係所送出的後設訊息：「你為什麼老是希望證明我錯、斤斤計較地貶抑我？」

兩種版本的冒險故事

這些不同的世界觀形塑了你我說話方式的方方面面。其中一直被語言學家與人類學家研究的就是敘事，即人們在對話時如何報告個人經驗。在對話中訴說與聽到的故事，會影響我們的觀點。藉著聽人說發生在別人身上的事，我們才會假定哪些行為舉止是合適且正確的。男人和女人談論自己生活事件的方式，同時會反映也創造出兩邊不同的世界。

我每年都會要求課堂上的學生錄下他們碰巧參與其中的一般對話，然後，把對話中談論個人經驗的部分，整理成逐字稿。有一年，有兩個學生分析了所有同學整理完的逐字稿，比較男性和女性說的內容。他們發現其中的差異，都符合我到目前為止說明的模式。

十四則班上男性的敘事全都與他們自己有關。在十二則班上女性的敘事裡，只有六則和她們自己有關；其他都是發生在別人身上的事件。有別於女性，男性的敘事都有主角和反派。男性說的故事大多都是幫自己加分的，例如，有兩位男性聊到自己曾以超凡表現幫助隊伍贏得比賽。許多女性講的則是糗事，例如有位女性說她完全沒發現自己的鼻樑斷了，過了五年看醫生才知道。另一位女性提到自己曾經開車行經人孔蓋，結果輪軸蓋掉了，她下車在一堆命運相同的輪軸蓋裡卻找不著自己的，她不想空手而歸，一氣之下隨手拿了一個根本無用的賓士輪軸蓋。

我的學生們針對男女敘事內容所做的非正式比較，得到的結果和芭芭拉・強斯通（Barbara Johnstone）的研究差不多。強斯通要求學生錄下五十八則對話敘事，分析之後發現：

女性的故事往往和社群相關，而男性的敘事多與競爭有關。男性會說跟人類競爭有關的內容——例如打架這種身體上的競爭，還有透過口語和／或知識技能捍衛自身榮譽的社會性競爭。男性也聊與自然的對抗，像是打獵和釣魚。與人或動物競爭的故事有可能以高談闊論的誇張形式呈現，這種形式本身就是說故事者與聽眾的一種較勁。男性敘事者若不是自己故事的主角，主角也會是男性；男性幾乎不會聊涉及女性的故事。

另一方面，女性的故事則圍繞著社群規範以及各方群體的聯合行動。女性會聊自己因為違反社會規範而害怕或困窘的事件；聊人們助人脫離困境的事；聊自己見到鬼，但聽人解釋後才知道不是的經驗；聊跟朋友碰面跟養了貓的事。女性會談古怪的人，誇大他們的不正常行為，暗示性地以社會規範作為對比。她們會講跟自己、其他女性還有男性有關的故事。

強斯通不只在研究中發現男性更常談論自己單槍匹馬行事的經驗，還發現男女在講到這種情節時，故事結局也往往不同。絕大多數男性報告單槍匹馬的經驗時，故事都有快樂滿意的結局；而絕大部分女性報告單槍匹馬的經驗時，結局則是自己受苦受罪。男性訴說的故事中，只有非常少部分（二十一則占四則）的主角接受他人的協助或建議；但女性訴說的故事中，主角接受他人協助或建議的比例卻大得多（二十六則占十一則）。

強斯通得出的結論是，在男性身處的世界裡，權力來自於對抗他人與自然力量的個體。對他們來說，生活就是一場競賽，為了避免失敗的風險，他們要時時接受測試，而且非得有所表現不可。強斯通主張，對女性而言，社群才是權力的來源。如果男人透過競爭、透過自身對抗自然與其他男人的方式看待生活，在女人眼裡，生活則是免於遭到自己的社群斷絕的一場拚鬥。

互相誤判

這些模式，為湯瑪斯・福克斯在寫作課上對男女學生的觀察，提供了一個新的背景脈絡。H先生企圖對小組成員發揮自己的影響力，M小姐則想要避免引人注目與得罪別人。H先生有很大一部分的自我定義，透露出他把周遭世界看成競爭與衝突的場域。福克斯表示，H先生的文章描述了「他在西點軍校那一年發生的競爭與衝突。當中包含了他跟其他軍校學生、跟籃球隊與人員、跟學校同儕，還有，最重要的是跟他哥哥之間的競爭與衝突」。

若說H先生表面看來很有自信，他的文章則透露出他身處競爭世界而體驗到的痛苦。他一直在階層制度下，所以每次碰到自覺低人一等的情況時，就會痛苦不已。例如，在他短暫的軍校經驗裡，人人都圖謀著要讓新進學生覺得自己「一文不值」；在家裡，他也認定哥哥和姐姐比較受寵。福克斯解釋：

> H先生的文章是一連串的階層制度觀，從西點軍校同班同學的等級階序，到他描述籃球賽裡球員受到評判的不公責罰，乃至他把自己的家庭說成是爸媽位階最高、接著是哥哥、姐姐、最底層才是他的特權階層制，在在都是佐證。這一切所有的階層制度都不利於H先生，而且他在陳述時拼錯了一個詞，把「infuriate——惱怒」錯拼為「inferiorate——貶低」[8]，錯得真是恰如其意。

換句話說，男性表面上的自信，可能是過去痛苦帶來的結果，也可能類似於女性表面上的自信缺乏。

男人和女人習慣以自身風格來理解彼此，因為我們以為大家都住在同一個世界。福克斯的寫作課上，有一名男學生發現女性同儕拒絕跟權威人士說話，他以為她們是擔心自己說錯。他的重點在於知識，關乎個人能力。他沒有想過女生擔心的並不是講錯，而是得罪人。女生的重點是連結，也就是自己與團體的關係。

H先生和M小姐兩人都對自己學會扮演的角色表達了不滿。M小姐把自己的行為追溯到父

---

8 譯注：正確拼法是inferior，意為較差的、地位較低的。

親身上，父親告誡她不要透露自己懂多少。H先生則怪罪這個競爭的世界給他安排的角色：

就個人來說，我曾是態度開放、相當友善又敏感的人：內心深處我還是那樣的一個人。只不過，跟家人和學校相關人等互競互爭，讓我改變了自己的個性，我「強硬了起來」，而且拒人於外。

儘管對抗可能是達到緊密關係的一種手段，但男孩們階層化又競爭的世界，也可能造成情緒痛苦，妨礙關係的建立。

不同的複雜性

人們聽完我在本章說明的男女差異後，經常會問我或是告訴我哪一種風格比較好。就連研究員有時也會做出價值判斷。珍娜．李佛（Janet Lever）比較完五年級的男孩與女孩（十到十一歲）玩耍的情況後得到的結論是，男孩子的遊戲讓他們更有能力面對職場世界，因為他們的遊戲涉及更複雜的規則和角色。話說回來，複雜性也同樣存在於女孩子的遊戲中——以口語的方式管理人際關係。研究觀察高中男學生和女學生的潘妮洛普．艾克特便指出，男孩們以簡單直接的方式定義自己的社交地位——也就是透過個人的技能和成就，尤其是運動方面的。然而，女孩子「必須用**更為複雜**的方式定義自己的社交地位，即藉助她們整體來說的性格。」

李佛敘述了五年級女孩們玩的一種遊戲。這遊戲在她看來好像很「單調」。一大群女孩子站在一個圈圈裡，一起做規定的動作，一邊唱「Doctor Knickerbocker Number Nine」的歌。[9] 圈圈中央的女孩閉著眼睛原地轉圈，停下來時雙手要伸出去。被她指到的女孩就必須加入她的行列，接著由她轉圈圈，用同樣的方式選出另一個女孩。圈圈中央一旦集滿九個女孩子，第九個女孩就變成新的第一個女孩，其他八人則回到圈圈裡，遊戲再重新開始。

這為什麼好玩呢？李佛解釋道：「女孩們選到自己的朋友加入圈圈中央時，就會開心大叫。真的，女孩子可以從這些叫聲的大小，衡量自己受歡迎的程度。」也就是說，這個遊戲之所以好玩，是因為它操控也挑撥了女孩子覺得重要的商品——自己與他人之從屬關係的強度，一如男孩的遊戲挑撥了他們看重的商品——技能。女孩們的遊戲是轉換盟友的實驗。她們的遊戲是不折不扣的競爭，只不過並非技能的競爭：她們的遊戲，是受歡迎程度的競爭。

瑪喬麗．古德溫和查爾斯．古德溫（Charles Goodwin）在他們工作與居住的黑人勞工階層社區裡，觀察到前青春期和青春期女孩們極常用的一種精心編排的口語慣例（verbal routine）。女孩們稱之為「他說她說」（He-Said-She-Said）：當A女孩告訴B女孩，C女孩在背後說自己的壞話時，就「啟動」了此一口語慣例。古德溫夫婦表示，「男性研究對象不具備複雜性相當的持續性爭

9　譯注：美國很受兒童歡迎的帶動唱歌謠。

論結構。」

這麼說來，並非男孩的行為整體上比較複雜，而是男孩和女孩在不同的領域學習應付複雜性——男孩們透過複雜的規則和活動，女孩們則藉由複雜的關係網絡以及使用語言調解那些關係的複雜方法。

誰的方式比較好？

男孩們的遊戲真的讓男人在職場世界裡更能成功嗎？如果女性需要快速做出決定，那麼相信自己不能也不該獨立行事，確實可能是阻礙。不過，如果男人堅信一**定要**獨立行事而且不能有任何協助，那這也會構成阻礙，因為他們有時候不會具備決策需要的一切資訊。何況，研究顯示在傳統上屬於男性的商業和科學領域中成功的女人**和男人**，都**不**太好強愛爭，反而是在「職能」或「工作精熟度」方面出類拔萃。他們只是在把自己的工作做到極致。

在管理上，女性尋求同意的傾向，甚至可能是優勢。許多人認為女性是比較好的管理者，因為她們比較習慣在決策前請教他人，而且會讓員工參與決策。大家都同意，如果員工對於政策的制定有參與感，那他們就比較可能有效執行。有一位男士，他太太的小公司就像開放的競技場，大家直呼太太的名字，可以不預先知會就自由進入她的辦公室，同時覺得自己是公司群體的一員而不是下屬。他說在他自己的公司裡，員工以「先生」稱呼他，也從來不會沒敲門就進辦公室。不過他覺得他的員工對工作處境比較不滿意。

捨棄階層制度、維持一種社群的氛圍，在某些環境下或許有好處，但也有許多狀況是，對方只想按照自己意願行事——這時不害怕衝突的人就有優勢了。願意大吵大鬧，可能是一種有效的權力形式。以下的例子沒什麼營養，卻能反映真實情況。

在一個大型的演奏廳裡，觀眾坐得稀稀疏疏。很多人坐在最遠的看台上，但比較靠近舞台的區域卻都空空的，所以有些坐在邊緣看台的人，便起身移往比較靠近舞台的空位。正當觀眾重新坐好、音樂會準備開始時，有個帶位工作人員來了。她看到一對換位子坐的夫妻，用手電筒照著他們的臉，要他們回到自己的座位上。妻子準備照做，但先生卻生氣地大吼。這名工作人員立刻走人，那是她唯一能結束這場大聲干擾的辦法。

再舉一例。有個男業務跟同事們誇口，說他是全體業務裡最有能力的一位。他每次在會議上發言時，幾乎都不會有人跟他作對。他對此很驕傲，認為這都歸因於他的高地位。事實上，之所以沒有人反對他，是因為大家都知道他脾氣不好而且說話粗鄙，沒人想承受他爆發時的強烈情緒。有時候，恐懼跟尊敬的結果差不多。

無法暴怒的女性，就無法透過這種方式行使權力。更慘的是，避免對立會讓她們被予取予求。簡而言之，她們不會維護自己。就算是名人，也無法倖免於這種模式。知名主持人歐普拉（Oprah Winfrey）說過：「我最大的缺點就是我沒辦法與人衝突。即便我做了那麼多節目、讀了那麼多書、跟那麼多心理學家談過，但我還是讓別人對我予取予求，到了一種**極度誇張的地步**。

我得煩惱好多天、拖過好多天，才終於鼓起勇氣說點什麼。有時候我覺得，與其要我跟占我便宜的人衝突，我寧願衝出去給卡車撞。」

這並不是歐普拉異於常人的缺點，而是無數女人會經歷的問題。與其說是缺點，不如說是優勢——只是沒在相反脈絡下發揮效果。成功女性可能特別容易有這種弱點，畢竟她們成功，可能是因為跟大家都相處得很好，而不是跟大家吵架。許多女性為了跟人相處融洽、被大家喜歡，於是學著避免衝突。然而，相較於站在對立立場看待世界的人，想避免衝突的人更容易任人宰割。

某個週日我在家接到學生的電話，電話那頭她問了很多關於她博士論文的問題。我花了很多時間回答，最後才告訴她真的該去問「指導教授」。我的一位男同事才是主要指導她研究的人（署名的教授）。那位學生卻說，她當天一定要有答案，但她不想打擾在家的指導教授。

為什麼週日時打擾在家的我就沒關係，但不能打擾她的男教授，而且要我做那位指導教授的工作？人們會覺得大部分女性比大部分男性更有親和力，背後的理由有很多。也許，女人的時間感覺不比男人的珍貴。我們多數人都有一種回憶：我們可以任意運用媽媽的時間，但爸爸的時間要留給家裡以外更重要的事，得等到爸爸有空才行。所以，我們得到爸爸留給我們的時間時，就覺得比較珍貴。不過，女人比較平易近人的另一個原因在於她們會避免衝突，也就是如果她們不高興，也比較不會嚴厲回應。

老是採取反對立場，可能會導致我們躲避自己真的喜歡的事物；另一方面，老是配合別人可能會造成我們接受自己寧可避免的處境。有一位男士跟我分享他和前妻稱為「我喜歡吃雞背」的現象。他們全家人晚餐吃雞肉時，總得有人吃雞背，而他們家一定是他前妻吃。前妻會肯定地說「我喜歡吃雞背」，但正如這位男士告訴我的，沒人真的喜歡吃。他前妻說服自己愛吃雞背（還有破掉的蛋黃和烤焦的吐司），目的是為了給大家方便。但多年下來的委屈，累積了越來越多的挫折感，他倆都認為那是最終離婚的原因之一。

就算沒有離婚，委屈配合也可能造成傷害。我們也有名人的案例。女演員珍．梅鐸（Jayne Meadows）某次受訪時表示，婚後初期，她的丈夫喜劇演員史帝夫．艾倫（Steve Allen）曾「左右」她拒接幾部大片。她隨便舉了一例：「你相信史帝夫不讓我演《成功之道》（*Will Success Spoil Rock Hunter*）的女主角嗎？」艾倫在某個脫口秀節目上被問到這件事，他說自己不過說了一句「開場那一幕有點猥褻」，梅鐸就決定拒演了。顯然珍．梅鐸推論（也許沒說錯）老公傾向她別接演。不過，她需要遵照丈夫的意願嗎？當時她覺得需要，但事後回想，她希望當初別那麼想。

對衝突的不同態度

對許多女性而言，公然反對他人的意願（或她們所認為的）是一件根本無法想像的事。諷刺的是，離開現場可能對部分女性來說還比較容易。朵拉的例子就是這樣，她不曉得，會讓家庭解體的不是反對丈夫意願，而是她無法按照自己想法行事所積累出的挫折感。但她懂這個道理的時候已經晚了。

朵拉的挫折感來源，是一輛換過一輛的二手車。開車上班的人是她，開去維修廠的人也是她，而不是選擇他們要買哪一輛車的老公漢克。漢克挑的車總是便宜、好玩，卻一直需要維修。那輛剎車修不好的老雷諾，差點讓朵拉小命不保，於是他們又準備再買另一輛二手車。

漢克看上了他認識的修車師傅要賣的愛快羅密歐，車齡十五年。朵拉想趁這個機會跟她要出國的朋友買新款的福斯。她決定要取得共識才做最後決定，於是想盡辦法說服漢克，買可靠但無趣的福斯才合理，而不是選擇氣派卻老舊的愛快羅密歐，但漢克毫不動搖。

如果以前發生這種事，朵拉會聽從老公的意願，然後每次開愛快羅密歐上班（或開去維修廠）時在心裡咒罵他。但這個事件發生在婚姻瀕臨解體之時。由於沒什麼可以損失的，她就跟朋友買了福斯，硬著頭皮面對這必然會引發的怒火。出乎意料的是，漢克一句抱怨也沒有。當她告訴漢克自己原以為會發生什麼，漢克跟她說她真傻：如果她對此的情緒那麼強烈，那她應該一開始就做自己想要的。漢克無法理解，為什麼她需要老公的允許才能做她認為對的事情。

相信委屈配合是達到家庭和諧的最佳辦法——我遇過最極端的例子是一位媽媽。她跟我說，和丈夫結婚初期，丈夫暴力到讓她擔心自己與孩子的性命安危。她跟我解釋為何忍耐丈夫的毆打時，她說她丈夫童年過得很苦、愛遭到剝奪，而她覺得提供對方無條件的愛，就可以療癒他的傷口，以及兩人關係的傷口。有一次，她被丈夫打到不省人事，她醒過來時，丈夫說：「我想一切都結束了。」她卻說：「我依然愛你。」丈夫認為兇惡到會讓她離開的一拳，在她眼中卻是一勞永逸的機會，讓她證明自己的愛真的無條件。即便她被這樣激怒，還是不認為可以違抗或挑戰。

我們就算對自己得到的結果十分不滿，卻幾乎不會質疑自己爭取結果的手段。如果所有作為都無效，我們也不會想辦法採取完全不一樣的方法。相反地，我們會加倍努力做更多乍看之下很正確的事，並持續下去。但因為風格不同，更多同樣的做法，通常也只會碰上對方更多同樣的做法。所以努力只會讓事情更糟，解決不了問題。

這一點，從茱莉和喬治這對夫妻的說法中就看得出來。茱莉受不了喬治大吼。但喬治覺得大吼很正常，因為他從小就跟爸爸、兩個哥哥常常爭執，你爭我鬥、吵個不停。茱莉偶爾會出乎喬治意料地吼回去。她不喜歡這樣，但喬治喜歡。喬治解釋：「我生氣和攻擊的時候，會希望對方反抗。如果我沒有得到反抗，就會覺得很無力，然後會真的很生氣。」

這個例子可以看出，當對方認為衝突是一種顯示緊密關係的重要手段，那麼，企圖避免衝突實際上可能引發衝突。一位認真的美國交換學生和他在西班牙塞維亞（Seville）的住宿家庭聊天時，也發現了這種情況。住宿家庭的女主人喜歡批評西班牙東北部的加泰隆族（Catalans），她知道這位美國學生不認同她。有一次，她為了要激怒學生而說出：「加泰隆族都是狗娘養的。」美國學生為了安撫，說道：「嗯，妳有妳的看法，我有我的觀點，所以我們就別多想了。」他的拒絕辯論，不但沒有避免爭吵，還惹怒了女主人，引發對方氣憤的攻擊。他們最後講了一小時才達成部分共識——但這跟對加泰隆族的態度無關，而跟面對口語衝突的態度有關。

尋求變通

我們習慣的風格發揮不了作用時，想辦法加倍努力做更多一樣的事，也不會解決問題。相反地，變通對男性與女性來說可能都有好處。女人如果為了避免衝突而不計一切，那了解一點衝突不會要了她們的命的話，或許會更好。男人如果習慣站在對抗立場，假使能打破對衝突的執迷，或許也會更好。

每個人的性別與文化背景都不相同，所以，朋友、情人以及陌生人之間面對口語反駁時的態度差異，會繼續存在。但這些態度差異，在長期的感情關係特別明顯（也特別讓人困擾），因為在本質上，會影響這些關係的，就是控制以及意願相左的議題。如果我們遵循不同的規則（或根本玩著不同的遊戲），那要一起玩這場關係遊戲，就會更加困難。衝突對男性和女性而言，其意義與正常的處理手段在基本上就有所不同，所以，這是男女風格特別可能有衝突的領域。只要了解看似不公或不理性的行為可能源自於不同風格，就有助於我們減少無力與挫敗感。衝突雖然還是會發生，但至少你辯論的會是真正的利益，而不是吵架的風格。

第七章

誰打斷了誰說話？溝通的主導與控制

我爸爸喜歡講這個笑話。

有個女人告她丈夫，希望訴請離婚。法官問她為何要離婚時，她說，丈夫已經兩年沒跟她說話了。法官問丈夫：「你為什麼兩年沒跟老婆說話呢？」丈夫回答：「我不想打斷她說話啊。」

這則笑話反映了一種普遍的刻板印象：女人話太多而且會打斷男人說話。在性別和語言相關研究中最廣為引用的發現之一，其實正好與這種刻板印象相反：男人會打斷女人說話。在這一主題的熱門文章裡，我幾乎沒看到沒有引用這篇研究的。這個結論大快人心，因為它駁斥了歧視女性的刻板印象（女人話太多），同時還解釋了多數女性的個人經驗——覺得自己常常講話被男性打斷。

雙方的說法（男人打斷女人，以及女人打斷男人）反映並且鞏固了一種假設，即「插嘴」是敵對行為、是一種對話霸凌。插嘴的人被視為惡意的挑釁者，被打斷的人則是無辜的受害人。這些假設的基礎是，打斷人家說話是一種侵擾行為，而插嘴是踐踏了別人的發言權，企圖主導。

插嘴的指控在親密關係裡尤其讓人痛苦。在親密關係裡，打斷說話的行為蘊含大量的後設訊息——伴侶對自己不在乎、不聆聽、也不感興趣。這些抱怨擊中關係的要害，畢竟大多數人在親密關係中都在尋求被重視、被聽見。然而，你覺得說話被打斷，不一定表示對方的目的就是打斷你。而且，如果你知道自己本意並不是想插嘴，卻遭到指控，那你也會像是沒有機會表達觀點一樣，感到相當挫折。

因為「你打斷我說話」的抱怨在親密關係中太常見，也帶出了性別政治裡最重要的主導和控制的議題，所以，插嘴和主導的關係值得仔細探討。為此，我們有必要更仔細檢視插嘴在對話中是如何造成與構成。

男人會打斷女人說話嗎？

發現男人會打斷女人說話的研究員，是透過錄下對話並計算插嘴情況，才得出這種結論。他們在辨識插嘴情況時，並沒有顧及對話的重點：聊的是什麼、說話者的本意、雙方對彼此的反應，以及「插嘴」之於對話所帶來的影響。這些研究員反而採用機械化的標準辨別插嘴的情況。他們需要一套可操作的標準，才能辨識什麼該納入統計。不過，研究員對這套標準的執著，就如同人種誌研究員（在外觀察人類某些他們想研究的自然行為）對於研究操作的態度。這種用來判別插嘴的標準，是造成這些觀點差異的一個因素。

語言學家亞德里安・班奈特（Adrian Bennet）解釋「重疊」就是一種機械化標準：任何人都可以聽對話的錄音，判定兩種聲音是否同時出現。但另一方面，插嘴這個議題，卻免不了個人權利與義務的解讀。要判定一方是否侵害另一方的權利，你必須相當了解雙方與整體情況。例如，他們在說什麼？每個人已經講多久了？他們過去的關係？他們遭打斷有何感受？最重要的是，相對於第一位說話者，第二位說話者的回話內容為何：是強化、反駁還是改變話題？換句話說，第二位說想**怎麼做**？表面上的支持可能是一種微妙的傷害，而表面上的轉移話題可能是間接的支持——例如，青春期的男孩子會選擇不同情男性同儕，以免對方自覺低人一等。

以上連同其他因素，都會影響任何人的說話權利是否被侵犯。此外還必須知道，該侵犯行為有多嚴重。有時候你會覺得被打斷，但你不以為意，有時候你卻可能非常在意。最後，不同的說話者有不同的對話風格，所以就算對方並**無意**插嘴，你還是可能**覺得**被打斷。

以下男人打斷女人說話的例子，來自坎蒂斯・威斯特（Candace West）與唐・茲默曼（Don Zimmerman）兩位學者。我認為在這個案例裡，就互動權利來看，打斷說話的行為是合理的。（括弧內的數字表示停頓的秒數）

女方：也就是說，呃，同一天有這麼多事我也真的不能抱怨（4.2），但我……呃……問了我的物理教授是不是可以[**改**……]……

男方：[不要]碰這個

（1.2）

女方：什麼？

（停頓）

男方：我的筆記本裡所有東西都排得好好的，妳那樣翻會亂七八糟。

威斯特和茲默曼認為這是打斷說話的行為，因為一方在另一方說到一半（**改**）時就開始講話。但如果考量說話內容，那或許第一個說話者的權利沒有受侵犯。這名男性的發言可能有些地方像是聊天惡霸，不過，為了要女方停止翻他的筆記本而打斷發言，這本身沒有侵犯女方說話的權利。許多人看到自己精心整理好的東西被人破壞，會覺得要求對方立刻停止是合情合理的，以免還沒等到句法與修辭時機適合的時候才發言，東西又被進一步破壞。

社會學家史蒂芬．莫瑞（Stephen Murray）提出了一個案例，他視為是打斷發言的原型。第一位說話者連一個重點都還沒說到，就遭打斷聊不同的話題。莫瑞的例子如下：

H：我認為

W：——你還想要多一點沙拉嗎？

這個簡單的交流讓我們看到對話的複雜性。許多人認為主人就算沒有義務，也有權利提供食物給客人，無論當下有沒有人在說話都一樣。提供食物就像要求別人遞鹽或調味料一樣，都有優先權，因為，假如主人等到沒有人說話時才提供食物，而客人等到沒人說話才請人幫忙拿盤子，那麼，對話越開心，很多客人就越有可能餓著肚子回家了。

這並不表示隨時打斷發言提供食物都恰當。如果**只要**有人一開始說話，主人就**習慣性地**打斷發言並提供食物，或者，當說話者正說到精采轉折或笑話要破梗的時候，主人就插嘴要提供食物，那這會比較像是侵犯權利的行為或有惡搞的意圖。只不過，我們無法根據像這樣的單一例子，便認為可以合理指控某人打斷發言。

對話風格的差異又讓情況更加複雜。有可能其中一人的生長家庭從來少不了對話，所有提供食物的行為都跟進行中的談話重疊，而另一人的家人們不常聊天，也只在對話間斷時才提供食物。如果這樣的兩個人同住，可能其中一方會為了提供食物去打斷發言，以為對方會繼續說話；但不喜歡有人同時發言的另一方會覺得被打斷，甚至拒絕說下去。雙方都沒有錯，因為打斷發言並不是機械化判定的。這關乎個人對權利與義務的見解，而這些見解來自於個人的預期與習慣。

沒有發言重疊，卻打斷說話

在上述例子裡，發言重疊（同時有兩個聲音在講話）不一定是插嘴，也就是說，不一定侵犯了某人的說話權利。也有些例子，發言者確實會覺得權利被侵犯，甚至可能發生在沒有發言重疊的情況下。語言學家愛麗絲・葛林伍德分析了她三個孩子（十二歲的雙胞胎狄尼絲和丹尼斯，還有十一歲的史黛西）及其朋友們吃晚飯時的對話。在以下範例中，狄尼絲和史黛西為了哥哥的客人（十四歲的馬克）搬演了一套口語慣例，葛林伍德稱之為「貝蒂慣例」，是兩姐妹時常一起說的笑話。兩人開始之前，會先引起馬克的注意力：狄尼絲說：「聽好了。馬克，聽聽看這個。」接下來狄尼絲和丹尼斯會跟大家說：「這真的超好笑的。」但馬克不以為然：

狄尼絲：（假裝貝蒂的聲音）請問一下，你是貝蒂嗎？

⋮

史黛西：噢，是啊。

狄尼絲：（假裝貝蒂的聲音）哪位貝蒂？

史黛西：（假裝貝蒂的聲音）貝蒂咬了一點有點苦的奶油——[10]

〔丹尼斯、狄尼絲、史黛西都笑開了。〕

馬　克：搞什麼？

〔丹尼斯、狄尼絲、史黛西笑得歇斯底里。〕

雖然此一慣例讓三個兄弟姐妹笑開了，而且在其他的場合也逗得朋友們哈哈大笑，但馬克沒有笑，還表示自己聽不懂。狄尼絲和史黛西試著解釋給他聽：

狄尼絲：我說「哪位貝蒂？」，感覺你會答「貝蒂・瓊斯（Betty Jones）」，但她卻說「貝蒂咬了一點有點苦的奶油」——

→丹尼斯：這有人吃了嗎？

馬　克：沒有。我正要說，我可不可以喝喝看那個湯？看起來很美味。

狄尼絲：你聽我說，聽我說，聽我說，聽我說嘛。

史黛西：貝蒂買了一點苦奶油，然後她說「這個奶油會苦。如果我把它加進我的麵糊，我的麵糊就會比較苦」，所以，貝蒂買了一點比較好的奶油要——[11]

→丹尼斯：你沒聽過那個笑話嗎？

10　譯注：此段發話者玩的是英文母音變化的同型異音繞口令，原文為Betrybitabitrabuttabut。

11　編注：原文為Betty bought a bit of bitter butter and she said, "This butter's bitter. If I put it in my batter, it will make my batter bitter." So Betty bought a bit of better butter to—。

馬　克：沒有。從來沒有。

狄尼絲：馬克，你講真的還講假的？

馬　克：我說真的。

狄尼絲：這是超有名的繞——

↓史黛西：——繞口令。

馬　克：才不是。有名的繞口令是彼得派伯挑了——[12]

↓狄尼絲：——都一樣。就像那個沒錯。就像那個繞口令。

馬　克：**妳一直打斷我說話**。

在這段文字摘錄裡，我們可以從箭頭和橫線看出，狄尼絲和史黛西不斷打斷彼此，但卻完全看不出來誰討厭誰。她們對於哥哥丹尼斯重疊發言、問到食物（「這有人吃了嗎？」）確實有點在意，因為哥哥打斷了她們的解釋（狄尼絲抗議：「你聽我說，聽我說，聽我說，聽我說嘛」）。兩個女孩幫彼此撐腰，以同一國立場發言。

馬克的抱怨最驚人了：「妳一直打斷我說話。」這非常有趣，原因是馬克說話被打斷時，他自己所說的話（「才不是。有名的繞口令是彼得派伯挑了——」）其實也打斷了女孩們的解釋——就算他跟兩個女孩的聲音並無重疊也一樣。同樣的情況，也發生在她們前一次「打斷他說話」的時候：狄尼絲說「好，聽好了」，馬克就問「這會好笑嗎，會像是——」，但因為丹尼斯笑了，而且狄尼絲按照她們說的開始表演，所以馬克沒能把話說完。有一句幽默小語是「我打斷你說話的時候，你不要插嘴」，似乎馬克的抗議就像是這句話的翻版了。

馬克還採取了反對的立場，只不過，他是以反對之名行支持之實。女孩們只是說她們的繞口令「**像**有名的繞口令一樣」。馬克只要先說「有名的繞口令」（彼得派伯挑了一包醃辣椒），那他的打斷就會是支持性的，為狄尼絲的解釋作結。他反而說「才不是」，像是兩個女生自誇她們的繞口令**才有名**。

在這個對話裡，女孩們想要把馬克納入她們的玩笑話。葛林伍德研究孩子及其朋友的對話後發現，對話被打斷的情況越多，孩子們就越輕鬆自在，也越享受。不過，馬克堅持發言權不能被打斷，拒絕加入嘻鬧，或許是因為他年長幾歲，也或許他不喜歡被指派為聽眾的角色，又或許，當狄尼絲問：「你沒聽過那個笑話嗎？……馬克，你講真的還講假的？」他就覺得自己被貶低了。無論理由為何，狄尼絲、史黛西還有丹尼斯都是投契式的發言，而馬克則傾向於報告式發言。不意外，狄尼絲後來跟媽媽說，她不喜歡馬克。

雖然狄尼絲的確「打斷」馬克的話，告訴他他想得沒錯（「一樣的意思。就像那個沒錯。」），但沒有證據顯示，狄尼絲想要主導馬克。此外，狄尼絲和史黛西雖然會打斷彼此，也沒有證據

12 譯注：該繞口令為Peter Piper picked a pack of pickled peppers。

顯示她們想主導彼此。然而，倒有些證據看得出馬克可能想主導史黛西和狄尼絲，好比他聽完笑話卻拒絕笑，而且，他雖然沒有發言重疊的行為，卻回絕了兩個女生對笑話的解釋。因此，構成主導地位的並非打斷發言的行為，而是說話者在發言時的意圖。

發言重疊，卻沒有打斷說話

描述「插嘴是主導地位的象徵」的說法，將對話假設為一次只有一位說話者的活動，與其說這種假設反映了現實情況，不如說反映了既定看法。大多數的美國人**深信**一次**應該**由一位說話者發言，無論他們實際上有沒有這樣做。我曾錄過一次有很多聲音但大家顯然都聊得很愉快的對話。事後我問這些人對這次對話有何感覺，他們都說自己聊得很愉快。當我把錄音帶放給他們聽，而他們聽到大家全都一起發言時，都覺得不好意思，說了「噢，天啊，我們真的那樣嗎？」這類的話，像是做了什麼見不得人的事被揭穿。

我在《對話風格》（*Conversational Styles*）這本書裡，分析了六個一起吃晚餐的朋友間長達二個半小時的桌邊對話。其中有些人回想起當晚的對話時，告訴我他們覺得其他人「主導」了對話——我第一次聽錄音帶時，也覺得似乎如此。不過，被指控的人辯稱自己是無辜的：他們主張自己並無意主導對話。他們其實很想知道為什麼其他人不太願意說話。我只有靠著比較對話的不同部分，才能解決這個難題。

會出現那些無意的插嘴情況（以及主導的印象），是因為大家都有著不同的對話風格，我稱之為「高度體貼」與「高度參與」。前者會優先考量體貼他人，不會表現強迫人的態勢，而後者則認為展現積極參與最重要。有些明顯的插話行為之所以發生，是因為高度體貼型的說話者預期大家輪番發言的間隔時間較長。在他們等著適當的間隔時間時，高度參與型的說話者以為他們無話可說，為了避免尷尬的沉默，便代為發言。

其他無心的插話行為，則是高度參與型的說話者為了表現支持與加入而插嘴；高度體貼型的說話者卻將這種支持，誤解為對方想要搶走發言權，於是停止說話，以避免對他們來說是兩個聲音同時出現的嘈雜。諷刺的是，這些被打斷的情況，不僅是表面上的受害人的解讀——同時也是他們創造出的產物。當高度參與型的說話者對彼此使用一樣的手法時，效果並不負面，而是正面的：插話以表示贊同的行為，沒有阻止任何人繼續說話。這麼做不但讓對話更順暢，還可以振奮大家的精神。

以下兩個範例來自我的研究，說明了這兩種不同情況，以及發言重疊帶來的不同效果。第一個範例，節錄自三名高度參與型的說話者的對話，顯示發言重疊帶來正面效果的情況。第二個範例，則顯示在兩種類型的說話者之間，擾亂對話的發言重疊情況。雖然在這些對話中，性別並不是影響重疊模式的因素之一，但要了解性別與打斷發言的關係，最根本的就是先理解重疊如何起作用（或不起作用）。

成功的合作式重疊

第一個範例的背景，是一場針對電視對孩童之影響的討論。六個朋友裡只有三個在說話，都是高度參與型的說話者：史帝夫（主人）、彼得（客人，史帝夫的弟弟）、還有黛博拉（我也是客人）。史帝夫發表意見，認為電視對孩童有害，我對此的回應，是詢問他和彼得是不是看電視長大的。身為女性，我把焦點從抽象又非個人的陳述改為個人層面的陳述，這可能並非碰巧。

→史帝夫：我認為基本上電視對孩童有害。
　　　　電視帶來的好處遠不及它所造成的傷害。

→黛博拉：——你們兩個是看電視長大的嗎？

彼　得：很少。我們的活動屋裡有一台電視機——

→黛博拉：——你們的爸媽買那台電視的時候你們幾歲？

→史帝夫：——我們雖然有電視，但我們不會一直看。我們那時年紀很小。我爸媽買電視的時候我四歲。

→黛博拉：——你四歲？

彼　得：那個我都還記得。──我記得不是很清楚／？？／

↓史帝夫：──我記得我們搬出活動屋前他們買了一台電視。是一九五四年的事。

↓彼　得：──我記得是住在活動屋時買的吧。

黛博拉：〔咯咯笑〕你們以前住在活動屋？你們幾歲的時候？

史帝夫：你知道嗎，我爸的牙醫跟他說：「什麼是活動屋？」然後他說：「我的老天啊，你的年紀一定比我的孩子小。」真的如此。比我們兩人都小。[13]

從橫線和箭頭就可看出，這個對話裡包含了許多重疊與「銜接」的例子——第二位說話者在讓人覺得沒有停頓間隔的情況下就開始說話。不過，說話者們沒有表現一絲不安或不快，全都輪流緊接著對方發言，不然就是侵擾了彼此的發言次序。在這個對話裡，互為兄弟的彼得與史帝夫你搭我唱，跟之前範例中的狄尼絲和史黛西很像。

這個案例內含一個線索，可以解答高度參與型的說話者為什麼不介意發言重疊。如果他們願意，就會順從侵入發言的行為，但如果不願意，就會暫不回應，或者完全漠視該侵入行為。例如，當彼得說「我們的活動屋裡有一台電視機」，我就插話問他：「你們的爸媽買那台電視時

13 譯注：活動屋是Quonset公司推出的半圓拱型組裝屋。

你們幾歲？」史帝夫沒有立刻回答我，反而先把彼得的話說完「我們雖然有電視，但我們不會一直看」。講完後他才回到我的問題：「我們那時年紀很小。我爸媽買電視的時候我四歲。」史帝夫在另一點上又忽略我的提問一次，那時我問：「你們以前住在活動屋？你們幾歲的時候？」史帝夫甚至無視於我提問的事實，只是說這個話題讓他想到一段關於他父親的小插曲。史蒂夫不覺得我的問題擾人，多少是因為他不認為自己非得回答——而這剛好就是我得以盡情提問的假設。這些重疊是合作式的，還有一個原因，就是它們沒有改變話題，而是加以詳盡闡述。

失敗的合作式重疊

以上那個簡短對話的成功，與說話者有無重疊或被打斷無關，它的成功，是因為說話者都有類似的重疊話語習慣，處理的態度也相仿。接下來的範例也來自同一場晚餐席間的桌邊對話，只不過，這段對話並不成功。彼得和我還是會在這段對話中出現，但我們這次不是跟史帝夫聊，而是跟高度體貼風格的大衛。

身為美國手語翻譯員的大衛當時在跟我們聊美國手語。我和彼得作為聆聽者，採用了重疊和銜接的手法提出支持性的問題，就像上一個例子裡，我向彼得和史帝夫提出支持性、重疊話語的問題那樣。在此例中，我們的問題一樣展現了對說話者說的內容有興趣，而不是要轉移焦點。但效果卻非常不一樣。

大　衛：嗯，這是柏克萊式的比法。該學院的「耶誕」是這樣比的。

↓黛博拉：——你自己搞清楚

那些，嗯，關聯的嗎？還是你——

大　衛：——／？／——

黛博拉：——你學這些手語時，有人跟

你說的？

大　衛：喔，你是說——看人家比嗎？就好像——

↓黛博拉：——因為我的想像是雖然知道那個比法，但搞不懂那個比法跟耶誕

裝飾有關係。

大　衛：不是那樣的。你……你會知道比法跟裝飾有關係。——

↓黛博拉：——因為有人跟你說？還是

你自己搞——清楚的？——

↓大　衛：——不是。——噢。你，你在說我是嗎？

黛博拉：是啊。

大　衛：還是失聰的人？——

↓黛博拉：——你。我說你。

大　衛：我嗎？呃，通常是有人跟我說。不過，很多我可以自己辨識。我是說，這些手語還滿明顯的吧。我手語比得越好，辨識能力就會越高。我手語翻譯做得越久，就會越有能力辨識他們在聊什麼。──不必──知道那個比法──嗯，──真有意思。

↓黛博拉：

大　衛：──是什麼意思。

↓彼　得：──但你怎麼學新的詞彙比法呢？

大　衛：我怎麼學新的詞彙比法？

彼　得：──是啊。我是說，假如維克多在說話，突然間他比了感恩節，但你沒看過那個比法的話。

根據箭頭顯示，彼得和我的話都跟大衛的話重疊或緊貼在後。反過來，大衛的七句話裡面，卻只有兩句和我們的重疊。此外，有一次聽不出來大衛說什麼（斜線夾問號），另一次他說「不是」──他的這兩次發言，可能都是想回答我雙重問題的第一個部分（「你自己搞清楚那些，嗯，關聯的嗎？」還有「因為有人跟你說？」）。大衛的停頓、遲疑、重複還有迂迴，都顯示出他的不安。當我把這段錄音放給他聽時，他告訴我，除了整體而言對話的快節奏外，連同他被問到的問題，都讓他猝不及防、不堪重負。

對我來說，用冷冰冰的文字思考這個對話，不是容易的事，因為這讓我看起來盛氣凌人。

我還記得當時自己對大衛一片好意（他是我最好的朋友之一），不懂他為什麼回答得模稜兩可。比較完我的「連珠炮式提問」對大衛以及史帝夫與彼得造成的效果後，我才鬆了一口氣，明白「連珠炮式提問」若用在其他高度參與型的說話者身上，就能完全達到我本意上的效果：這些問題會成為興趣與投契關係的展現，會鼓舞說話者，進一步支持說話者。然而，這些問題如果用在高度體貼型的說話者身上，就會造成擾亂與打斷。重疊或快節奏並不會造成打斷和不舒服感，**風格差異才會**。風格差異正是**快節奏**和**停頓**這類字眼的基礎，「快節奏」這種特性不是與生俱來的，而是說話者**相對於彼此**風格所造成的。我或許得補充一點：因為做了這個研究，我才學會不要把連珠炮式的問題或合作式的重疊，用在對此反應不佳的人身上——這就是理解對話風格的真實好處之一。

打斷說話的文化差異

分析晚餐桌邊對話的那個研究裡，其中三位高度參與型的說話者，是紐約市土生土長的猶太人。另外三位高度體貼型的說話者，兩位是南加州來的天主教徒，一位來自英國倫敦。雖然三個人的樣本不能證明什麼，但幾乎所有人都同意許多（當然不是全部）猶太裔的紐約客、非猶太裔的紐約客，還有非紐約出身的猶太人，都具備高度參與型的風格，而且，常常讓人覺得他們**和不同背景的說話者聊天時**（好比我研究的加州人）會打斷人家說話。不過，許多加州人比起許多美國中西部或新英格蘭地區的人更習慣較短的停頓，所以在他們之間的對話中，加州人會變成打斷的一方。我住紐約時，大家認為我極有禮貌，但在加州有時卻被認為很無禮；同樣道理，我有個朋友是有禮貌的加州人，她搬到佛蒙特州後，卻被指責無禮而深感震驚與受傷。

這種循環無止無盡。根據語言學家羅納德・斯考倫（Ronald Scollon）和蘇珊・斯考倫（Suzanne Scollon）的研究發現，覺得自己跟美國東岸人聊天時會被對方打斷的美國中西部人，在跟阿薩巴斯坎印地安人（Athapaskan Indians）說話時，就變成咄咄逼人的插話者，因為後者心目中的停頓間隔時間比較長。許多美國人跟斯堪地那維亞半島的人說話時會覺得被打斷，不過，習慣較長停頓間隔的芬蘭人倒覺得瑞典人和挪威人愛插話，但芬蘭人本身根據停頓間隔時間的長度與說話速度，又有地區上的不同。因此，根據芬蘭語言學家賈柯・雷托南（Jaakko Lehtonen）和卡莉・薩亞瓦拉（Kari Sajavaara）的研究，該國國內特定地區的人就背負著說話快又咄咄逼人的刻板印象，其他地區的人則老是被當成說話慢又笨。

根據人類學家的記載，世界上有許多文化重視閒聊時一起說話的行為。比起「一次一個說話者說話」的北歐行為準則，世界上有更多地區把大家一起說話當成規範。卡爾・萊斯曼（Karl Reisman）創了「對位對話」一詞，描述他在安地卡島（Antigua）觀察到的重疊風格。凱倫・華森（Karen Watson）借用了他這個術語描述夏威夷孩童共同開玩笑、一起「閒話家常」[14]的口語慣例。華生解釋，對這些孩童而言，輪流不是個人表演的問題，而是「表演上的夥伴關係」。麥可・莫爾曼（Michael Moerman）從泰國人的對話也得出類似的觀察。林礼子在日本人聊天時觀察到的同時說話行為，遠遠超過美國人。傑佛瑞・舒茲（Jeffrey Schultz）、蘇珊・佛羅里歐、弗雷德里克・艾利克森則發現某個在校被視為有嚴重行為問題的義大利裔美國男孩，只不過做了他們在家裡覺得既恰當又正常的事——插話。以上所有研究員都記載了不具破壞性、不是用來行使主導權和侵犯他人權利的重疊話語。相反地，這樣的重疊話語具備了合作性，是展現介入、參與還有連結的手段。簡而言之，同時說話也可以是投契式談話。

當女人主動插話

（有鑑於男人會打斷女人說話的那個研究）矛盾的是，研究員在在發現，另一組喜歡對話時同時有多個發言者的人是女性——這一點，在我們此處的討論中也最為重要。民俗學家蘇珊・卡斯克（Susan Kalčik）是最早透過錄下女性群體當中的對話，進而觀察到女性使用重疊發言的人之一。語言學家黛博拉・詹姆斯（Deborah James）和珍妮斯・德拉科奇（Janice Drakich）審讀比較全男性與全女性之互動的研究時發現，絕大多數提出差異的研究，都觀察到女性之間存在著較多的插話式談話。

語言學家卡羅・艾鐸司基（Carole Edelsky）本來想了解教師委員的會議上男性和女性何者話

14 譯注：「talk story」是夏威夷當地的洋涇浜英語，係指跟朋友閒聊消磨時間或喚起舊時記憶的口語活動。

較多，卻無意間揭開女性偏好重疊發言的現象。她發現，如果說話的只有一人，而其他人靜靜聆聽的話，那麼男性說的話會比女性多，不過，如果同時不只一個人發言的話，女性就跟男性一樣多話。換句話說，當情況感覺起來比較像報告式談話時，女性參與的機率較低，如果感覺起來像投契式談話時，就比較有可能加入其中。合作式的重疊現象把一部分的會議框構為投契式談話了。

以下的例子讓我們看到女性在閒聊時以高度合作偕同的方式重疊發言，節錄自語言學家珍妮絲．霍恩雅克（Janice Hornyak）錄下的廚房餐檯對話，她自己也參與其中。珍妮絲和她的美國南方人母親瑪姬到美國北部造訪親戚佩格，那是珍妮絲第一次見到雪。佩格和瑪姬是嫂嫂與小姑的關係，兩人回憶起在下雪的地方養小孩的點點滴滴，說給珍妮絲聽。（瑪姬在美國北部帶大珍妮絲的哥哥姐姐，但珍妮絲出生前，他們就搬到南部了。）

佩　格：我不喜歡的是收大家的雪褲雪靴——還有

→瑪　姬：　　　　　　　　　　　　　　　　　　噢，對，那是最討人厭的事，

佩　格：——還有圍巾

→瑪　姬：還有幫大家穿上全副武裝和靴子，而且他們出去半個小時後就又回來家裡，全身上下都是雪，還會把濕濕的雪泥弄得**到處都是**

→佩　格：　　　　　　　　　　　　　　　　　　　　　　　　　　那一堆的東西還有

↓珍妮絲：大人因為這樣不喜歡雪，嗯？

瑪　姬：沒錯。

佩　格：把那一堆東西丟進乾衣機然後他們進來就坐個半——小時

瑪　姬：——然後一下子他們又會想再出去了。

佩　格：然後他們又想再回家裡來。

跟先前我和史帝夫還有彼得的對話一樣，這個例子裡的三位說話者讓自己有機會開口說話的方式，不是透過銜接其他說話者，就是侵擾對方發言。還有，一如先前提到的狄尼絲和史黛西，還有史蒂夫和彼得，佩格與瑪姬在演對話雙簧，你搭我唱：她們共同扮演一個對話角色，在沒有表現（或提出）自己說話遭打斷而不滿的情況下，彼此重疊發言。

珍妮絲・霍恩雅克指出，更令人玩味的事實是，這些說話者往往用連接詞**還有**（and），創造出插話行為的樣子，事實上根本沒有這回事，例如佩姬說「那一堆的東西還有」，霍恩雅克說她家有很多人都會用這種方法，而且這種策略用在彼此身上時，讓大家滿意又有效。而當她用在跟別人的對話時，卻會遭到指責，因為對方說這會讓人混淆——他們甚至以為講話用**還有**當結尾的人，其實不知道自己說完了沒。

為什麼有人會想在沒有插話的情況下產生插話的觀感呢？有些文化族群的說話者幾乎或完

全不留停頓間隔，原因之一，就是他們把聊天過程中的沉默當作投契關係不存在的象徵。重疊發言是一種既不用承擔沉默的危險，又能讓對話繼續進行的方法。但我應該要補充的是，霍恩雅克以及她錄下的家族成員同時講話，實際上不快也不大聲。雖然常發生重疊發言，但內容都很簡短。用**還有**一詞作結，是一種造成插話觀感卻極少重疊發言的方法。

雖然霍恩雅克認為用**還有**一詞當句子的結尾，藉以讓重疊現象出現的這種手段，是她們家特有的，不過，也有別人說過自己認識的人會這樣做。我訪問過的人裡，最起碼有一名男士表示，他的母親經常話說到最後時用**還有**，**嗯**一詞（讓他的父親很苦惱），而且**母親的**母親和所有的姐妹也都會這樣——不過母親的父親與兄弟不會。這位男士也認為這是他們家的家族風格。儘管這顯然是家族遺傳，不過這種風格似乎是性別與文化共同造成的。

另一個假插話的例子，也相當吻合性別與文化。威廉．拉波夫（William Labov）和大衛．范歇爾（Daivd Fanshel）研究完十九歲的病人羅妲和社工之間的一節心理治療後發現，羅妲每次說話最後都不會停下來閉上嘴，反而每次說完就開始重複。她的重複是一種邀約，要諮商師打斷她的發言，開始說話。諮商師和客戶都是猶太裔的女性紐約客。

基於文化的解釋是雙面刃

知道文化背景雷同的人有類似的說話方式，對於以為自己有怪癖或心理問題的人來說，不但是啟發，也讓人鬆一口氣。例如，我曾為了研究對話中的迂迴，訪談了一名希臘裔的美國男性，他這輩子以來的朋友和情人都說他有問題，因為他從不直接說出心裡話，總是拐彎抹角。他告訴我，他父母的說話方式就是這樣，我跟他說，我發現希臘人在表達上往往比美國人迂迴，而希臘裔的美國人大概介於兩者中間。這名男士如釋重負，表示我的解釋聽起來很耳熟。他接著說道：

> 我認為這要不是天壤之別的差異，不然就真的是一種語言障礙……大多數時候，我覺得這是一個問題。而且我不太能從自己的家庭和背景弄清楚。……我不知道是不是希臘文化的問題。我只知道這是我的問題。知道是文化背景的問題，我覺得好過一點了。

把「家庭」風格視為民族風格，讓他不必再背負個人有病的重擔，否則，他跟多數不同風格的人溝通，就會有這種感覺。

但是，如果我們認為文化背景相似的人的說話習慣彼此相似，且與其他文化背景的人有別，這也會產生不幸甚至悲慘的後果。一個人若是因為文化不同，而被認為有不同的對話風格，那他們的說話方式會造成負面的偏見。我先前就提過，「反猶太主義」基本上認定猶太人有說話大聲、挑釁以及「咄咄逼人」的特質——並且不合理地從說話方式歸因為個性。好比小說家勞倫斯・杜雷爾（Lawrence Durrell）在寫給作家亨利・米勒（Henry Miller）的信裡就這麼描述某個猶太作家：「他不可靠、喜怒無常、判斷力差、說話大聲、咄咄逼人、粗鄙不堪，就是個徹徹底底的猶太人……。」

猶太人**和風格不同的人互動時**的風格，造成了有些人認為猶太人（或紐約客，兩者對於很多人來說是同義詞）說話既大聲又咄咄逼人的成見，但此一成見卻直接把矛頭指向這個少數族群。人類學家湯瑪斯·柯齊曼（Thomas Kochman）提出，認為「黑人社區」中的黑人不為他人著想、態度傲慢、說話大聲的這種偏見，歸根究柢也是類似的風格差異所造成。當某個族群有權力迫害另一個族群時，這種誤判的結果就真的很慘。

如果文化差異可能在個人的情況下造成錯估，那麼就肯定會在國與國的情況下引起誤判了。我敢說，美國前第一夫人南西·雷根（Nancy Reagan）和前蘇聯第一夫人賴莎·戈巴契夫（Raisa Gorbachev）兩人被大肆宣揚的衝突，就是對話風格方面的文化差異所造成的。南西·雷根說：「從我們一見面開始，她就一直說個不停、說個不停、**說個不停**——話多到我一個字也插不進去，怎麼都插不了話。」我在想，要是有人問賴莎·科巴契夫，她八成會說她也搞不懂為什麼美國第一夫人什麼都不說，讓她一個人唱獨腳戲。

當然，不是所有的俄羅斯人、猶太人、紐約客或黑人都是高度參與型的說話者。許多人在某些場合會用這種風格，但其他場合不會。有的人完全改掉、修正或從來不用這種風格。沒有一個族群是同質的，例如，我講述的高度參與型風格在東歐猶太人之間比在德國猶太人之間還要常見。只不過，許多猶太人的確會在某些情況使用各式各樣的的高度參與型風格，就像義大利人、希臘人、西班牙人、南美洲人、斯拉夫人、亞美尼亞人、阿拉伯人、非洲人、維德角人——以及族繁不及備載的諸多族群成員，都會如此。

敬告讀者

這兩條探索方向的並置（一條是性別與打斷發言的行為，另一條是族群作為對話風格）帶出了令人不安的關鍵矛盾。特定族群的說話者與背景不同而且較主流的族裔對話時，表面上似乎會打斷對方，我們便因此主張他們咄咄逼人、專橫又不為他人著想——假如這種觀點，不但判斷有誤、實務上站不住腳，而且在道德上還有危害之虞的話，那麼，以男人似乎會打斷女人為由，「證明」男人要宰制女人的這種研究，我們能不能合理接受呢？假如發現男人會打斷女人的這些研究員，去「分析」我錄下的紐約猶太人和加州基督徒的對話，他們絕對會認定紐約客「打斷人家說話」並且「專橫主導」，即在場的加州人的印象。但這其實不是紐約客的本意，而且最重要的是，這也不是單方面行為造成。更確切地說，表面上打斷說話的模式，是風格**差異**造成。簡而言之，這類的「研究」只是把多數族群的我族中心標準，套用在少數族群文化中的不同行為，其餘就幾乎無用了。

同樣地，因為男人在對話時會打斷女人說話、所以男人要宰制女人的這種主張，假定了對話是一次只該聽到一人發言的任務。這個錯誤的假定，會對女性帶來重大的負面影響。許多女性跟同性在輕鬆、友善、以投契關係為重的情境下談話時，會使用合作式的重疊發言：聆聽者跟說話者一起發言以展現參與與支持。這種實踐被無意中聽見時，才讓男人對女人形成偏見，認為她們就像嘈雜的母雞。而在對話當下享受其中的女性，可能事後會覺得不好意思而且有罪惡感，因為她們接受了一次由一位說話者說話的行為準則。此一準則對男人那種「公開發言」的對話風格（或報告式談話）來說較為合適，而較不適用於女性強調投契式談話的「私下發言」風格。

把主張男性會打斷女性說話的研究，跟我針對晚餐桌邊對話的研究，兩相並置後，得到的雖是語言學上的類比，但實則是政治學上的對比。猶太在美國是少數族群，跟我提過具備高參與型風格的黑人和其他族群的成員一樣。少數族群處於劣勢。但在男女雜處的族群裡，處於社會與文化劣勢的是女性。這一點，完全改變了怪罪某個族群宰制另一個族群的政治後果。

大多數的人都會同意，在我們的文化裡，女性作為一種階層，會受到男性這個階層的宰制。因此，許多人會主張，將性別差異視為跨文化溝通就是逃避，用一塊文化差異的布掩蓋真正的主導控制。我雖然可以理解這種觀點，但我的良心告訴我，我們不能兩全齊美。如果我們接受某一種典範的研究（男人會打斷女人說話的研究），那我們也不得不主張：黑人和猶太人這類高度參與型的說話者既咄咄逼人又態度挑釁，或不顧及別人感受又傻呼呼地嘈雜喧鬧，還有，在很多情況下，女人也是。

這種立場所造成的後果，對於偏好高度參與式對話風格而且具備族裔或區域背景的美國女性而言，尤其危險。美國人就看過一個誇張案例：當義大利裔的紐約客潔洛汀・費拉洛（Geraldine Ferraro）角逐副總統時，就遭到背景較為「主流」的女性芭芭拉・布希（Barbara Bush）貼上婊子的標籤。我們從「男人會打斷女人說話」的典範中得到「高度參與式的風格就是宰制」的看法，並導出令女性反感的結論：許多女性（包含許多非洲裔、加勒比海裔、地中海裔、南美裔、地中海東岸裔、阿拉伯裔還有東歐裔在內的我們）都專橫、挑釁而且咄咄逼人；而且，這些特質在女人身上給人的觀感，比在男人身上還負面得多。

許多女人表示跟男人互動時，要對方聆聽自己說話，是有困難的（尤其是「公開」場合）。而我作為一名親身經歷過這種困難的女性，會忍不住想欣然接受男人會打斷女人說話的研究：這麼一來，我便得以用歸咎他人的方式，解釋我的經驗。但身為一個高度參與式風格的說話者，要是用不贊同或不理解我對話風格的人的標準，把「令人憎惡」的標籤，貼在我的對話風格上，我也會很生氣。身為一名在紐約長大的猶太裔女性，我不只會因為大家對紐約客、女性與猶太人的偏見而生氣，還會害怕，每當學術研究用來支持針對某一說話者族群的偏見，指出這些人的個性和意圖都不好，我就會強力反對。我身為語言學家又是研究員，知道對話的運作遠比這複雜得多；我身而為人，想弄清楚這究竟是怎麼回事。

到底誰在插嘴？

要釐清這些問題，至少有一部分的關鍵在於投契式談話和報告式談話的差異——即多數女性使用語言創造社群、而多數男性使用語言來競奪的特有方式。有鑑於此，男人與女人雖然都抱怨彼此會打斷發言，但雙方所抱怨的行為，倒不一樣。

我從訪談中聽到的許多意見是，男人碰到為了表達同意與支持，以及想預料自己的發言與想法的女性，會覺得被打斷。假如女人要藉著闡述某個觀點以支持男人所說的話，但此一觀點與男人本意不同，男人就會覺得自己訴說故事的權利受侵犯，並將這種侵犯行為，看成為了爭取對話控制權的拚搏。

舉例來說，有一名男士聊到他在慈善跳蚤市場擔任結帳義工的事。當天結束時，他的收銀台金額不對，他自己掏腰包補足了差額。一旁聽他說這件事的某位女士，在他說話時，一直用同情的表達和話語重疊發言，細數他都義務提供自己的時間了卻還得掏錢，有多麼不公平。事實上，這名男士並不是為了要強調這件事的不公義才講述經驗，他覺得講話被打斷，還遭到對方的「操控」。在他眼裡，對方想接管他的故事。女方得罪他的行為，就是投契式談話過量（就他看來）。

這讓我想起我父親，還有他為何特別愛講那個笑話（男人不想打斷女人說話，於是不跟老婆講話）。我的父親認為一次只該有一人說話。所以，碰到和我媽媽、我的兩個姐姐還有我一起聊天的情況時，他很少有發言機會，因為我們會重疊發言，而且會不留停頓地接話。我的父親也認為，他只要開始說話，就應該要說到他已經完整解釋自己的想法，心滿意足為止。我的母親、姐姐還有我都覺得，家人朋友間閒聊時，如果你知道別人想說的是什麼，就可以插話；假如你說錯了，對方可以糾正你，要是你說對了，大家都會樂見這種連結與投契關係的展現，因為不必什麼事都一一交代，就能被理解。

幾年前，我的父親在說話時，我的媽媽插嘴表示意見，我父親對於這種情況的看法才浮上檯面。他心有所感地嘆了口氣，跟我媽媽說：「親愛的，妳有個優勢。我若是想說話，得等到沒人講話的時候才行。但妳隨時想到什麼就有辦法說出口。」就我的母親而言，她無法理解為何我的父親需要特殊權利才能發言——為什麼不像我們其他人一樣，直接插話就好？我還是青少女時，老是覺得聽我的律師爸爸解釋東西，就像是在聽陪審團的總結一樣。

也就是說，我們家的男人跟女人有時候都覺得自己受到別人的說話方式壓制——我爸爸是因為感覺被打斷，而且找不到進入對話的停頓間隔，我們則是因為他會禁止而且迴避重疊發言的行為，而且不跟大家一樣參與。我們家的女性重視發言重疊和插嘴的行為，視之為參與投契式談話的表現，而我們家的男人重視的則是在報告式發言時，不要被打擾。還有，我爸爸面對家裡閒聊的方式，比較像報告式談話，我們則不然。

那麼，女人抱怨說話被男人打斷是為什麼？就像我姐姐、我媽還有我都希望我父親可以像我們隨意開口，那些把對話視為競賽、人人要爭奪發言權的男性，可能會對女人一視同仁，希望她們也爭取自己的發言權。只不過，女人這麼做的可能性低多了，因為她們不會把對話當成競賽，而且在爭奪發言權方面也幾乎沒有經驗。與男性相反的是，心理學家伊莉莎白．埃利斯發現在討論小組中話較多的女性，往往會請比較安靜的人發言。

非合作式的發言重疊

女性的合作式重疊發言經常像是借用男性的話題來發揮，故而惹惱男人，不過，男性倒經常搶話題或改變話題，惹惱女人。作家洛莉．摩爾（Lorrie Moore）的短篇故事〈你還很醜〉（*You're Ugly, Too*）就描繪了這種插話的例子。女主角柔伊是歷史教授，她做完超音波掃描，發現腹腔有異常增生。開車回家的路上，她看著後照鏡裡的自己，想起一個笑話：

她想起了一個笑話。有個傢伙去看醫生，醫生跟他說：「嗯，我很遺憾地要告訴你，你只剩六個禮拜可以活了。」

「我要徵詢其他意見。」這傢伙說……

「你要第二意見是嗎？沒問題。」醫師說：「你還很醜。」她喜歡那個笑話。她覺得那笑話實在真的太好笑了。

故事隨後，柔伊在萬聖節派對上跟她妹妹幫她安排的約會對象聊天，對方叫厄爾，不久前才離婚。厄爾問她：「你最喜歡的笑話是什麼？」接下來發生的事情如下：

「呃，我最喜歡的笑話應該是——好，沒問題。有個傢伙走進醫生的辦公室，然後……」

「我想我知道這個笑話。」厄爾急著打斷她。他想自己說。「有個傢伙走進醫生的辦公室，醫生跟他說有好消息也有壞消息——是不是這個？」

「我不太確定耶。」柔伊說：「可能是不同的版本。」

「好，這傢伙說『先告訴我壞消息』，醫生於是說『好。你只剩三個禮拜的壽命』。這傢伙大喊『三個禮拜的壽命！醫生，那好消息是什麼？』，然後醫生說『你有沒有看到外面櫃檯的那個護士？我終於搞上她了』。」

柔伊皺起了眉頭。

「妳想的不是這一個嗎？」

「不是。」她語帶譴責地說：「我的那個笑話不一樣。」

「噢。」厄爾說。他望了望別處，然後目光又回到柔伊身上。「妳教的是哪一種歷史？」

厄爾打斷柔伊發言時，不是為了要贊同對方的笑話，而是幫對方說對方的笑話。更糟的是，他說的笑話不只不一樣，內容還很粗俗。等他發現跟對方的笑話不同時，他沒有問對方的是什麼，而是完全另起了一個話題（「妳教的是哪一種歷史？」）。

大部分的人都會同意厄爾插嘴的行為侵犯了柔伊的發言權，因為這發生在柔伊正要說笑話的時候，而且他搶走了說笑話者的角色。然而，厄爾提議要講她的笑話，柔伊很快就讓步了。厄爾說「好消息跟壞消息」的當下，顯然他想的就不是同一個。但厄爾問「……是不是那個笑話？」時，柔伊並沒有回答「不是」，而是說「我不太確定耶。這可能是不同的版本」，以此支持厄爾的提議，而且還在明明不同意的情況下留餘地。對於把對話視為競賽的人來說，就算之前沒有奪下發言權，但這時也有了。不過，柔伊似乎把對話看成是說話者必須支持別人發言內容的遊戲。如果他們熟到事後可以吵這件事，厄爾搞不好會質疑：「妳發現我要說的笑話不一樣時，為什麼不阻止我，而是讓我繼續說下去然後生氣？」

同一個故事裡的另一段則讓我們看到，造成插話的並非重疊發言，而是把話題從另一個說話者的路線扯開的招數。柔伊的胃傳來一陣痛，她藉口離開去了廁所。回來時，厄爾問她人怎麼樣，她跟厄爾說她最近做了很多醫療檢測。厄爾不但沒有問她健康狀況，反而送上她在廁所時大家分發的食物。柔伊邊吃著邊說：「我運氣一向不好，應該少不了要做個膽囊手術吧。」厄爾改變話題：「那，妳妹妹要結婚囉？我想知道，說真的，妳怎麼看待愛情。」柔伊開始回答：

「好啊。我來告訴你我怎麼看待愛情。我有個愛情故事。我的這個朋友呢——」

「妳下巴沾了什麼東西？」厄爾邊說邊伸手要擦。

就跟提供食物一樣，雖然幫人家擦掉臉上的東西，可能比談話重要，但挑在柔伊剛要說故事時這麼做，彷彿暗示對她要說的不感興趣，而且不尊重她繼續發言的權利。這並不是單一事件，而是一連串事件的其中一項。柔伊揭露自己健康的話題，厄爾沒有順著問或表達支持、提出意見，也沒有一來一往聊些跟自己有關的事，來對應柔伊坦誠的私事。相反地，他把對話帶往另一個主題上——愛情。他或許覺得這比膽囊手術更適合用來開啟一段戀情。同理，把東西從柔伊臉上擦掉，可能是個摸她臉的大好機會，不可錯過。的確，厄爾的許多招數看似都想把對話導向調情。

誰是始作俑者？

這麼說來，雖然打斷別人發言的行為，確實關乎主導、控制、展現關愛與對話題的興趣，卻無關乎在別人說話時發出聲音這個現象。男人和女人由於企圖以說話達成的目的有別，所以會覺得對方打斷自己。把對話當成競賽的男人，可能傾向於想辦法不支持別人的發言，努力轉移話題，八成會藉著說故事、笑話或者展現知識，拿到發言權。但這麼做的同時，男人會希望對話夥伴發動抵抗。女人並不是因為怯懦、缺乏自信或出於尊敬才讓步，而是因為她們幾乎沒有經驗對抗並改變對話走向的企圖。女人不會把改變話題視為遊戲的招數之一，而是視其為違反遊戲規則的行為。

當我們明明曉得自己無意打斷說話卻被指控插嘴，這種感覺，就跟自己說話被打斷一樣，令人氣結。在親近的關係中，最令人失望的莫過於善意被曲解，如果對方是最該了解你的愛人，那就更讓人失落。對於寧願有人跟他練習爭鬥的男人來說，女人一股腦的支持可能並不討喜。不過，如果對手都沒有出招，那麼，男人基於練打的精神打出的一記刺拳，就可能成為致命一擊。

第八章

怎樣都錯：受限於男性標準的女性

莫頓是一家私人診所醫療團隊的心理師，他覺得診所主任羅貝塔很討人厭。員工會議上，羅貝塔開啟議題討論的方式，通常是諮詢所有員工的意見。她會要大家辯論提案的正反兩面，但不知怎麼，每每會議結束時，到頭來大家一定會決定（而且是共識）照著羅貝塔認為最好的方式做。女性員工都很滿意羅貝塔當主任。她們覺得羅貝塔會聆聽大家的看法，也喜歡這種共識而非命令的管理方式。但莫頓覺得羅貝塔善於操弄。如果最後都要照她的意思做，為什麼要讓大家白費力氣表達意見？莫頓寧願羅貝塔訂下規定，反正她是老闆。

莫頓覺得羅貝塔行事作風不像老闆的印象，是風格差異造成的。她**的確**行事作風像老闆——女性老闆。她偏好以共識領導，而且，女性員工也比較喜歡這種方式。莫頓卻對羅貝塔的迂迴很無奈，他認為羅貝塔應該以命令來領導。

風格差異可能多少也要為以下這個說法負責：有些高地位或擔當權威職位的女性，作風配不上她的地位。但可能還有另一個因素。自瑪堤娜．霍爾諾（Matina Horner）開了研究先河以來，許多心理學家都發現女性似乎會害怕成功。這又能用針對孩童嬉戲的研究來解釋了。以瑪喬麗．古德溫研究為例，她研究了前青春期與青春期女孩用來在彼此背後說壞話的口語慣例。引人注目又令人難過的是，古德溫提及的例子，都建立在成功的基礎上：女孩子會因為在群體裡表現比別人出色而遭批評。在古德溫描述的兩個糾紛裡，其中一個女孩之所以討人厭，是因為她跳級而且成績單上都是A；另一個女孩惹同儕憤怒，則是因為她穿的衣服比大家的更新也更貴。

我則是錄下朋友間的對話並加以研究，其中也出現某個六年級的女孩針對另一個女孩的批評：

夏　農：她就是每天都要穿Polo。
茱莉亞：我知道，嗯，我喜歡Polo，但拜託一點！
夏　農：每天耶？！
茱莉亞：真的！
夏　農：光是想想看她——她有——多抬舉自己哪。

看起來比別人好，違反了女孩們平等主義式的行為準則：人應該要強調他們的連結和相似性。

有鑑於上述許多以女孩真實對話為主題的研究，也難怪女孩會害怕自己看起來過於成功，會遭到同儕排擠，而男孩就不會這樣。男孩從很小就懂得可以透過表現優越性，得到自己想要的東西，即較高的地位。女孩子學到的則是，表現優越性不會讓她們得到想要的東西，即與同儕們的從屬連結。為此，她們必須看起來跟朋友們一樣，而不是比大家更好。

相似性的表面，不意味著實際的相同。潘妮洛普．艾克特在美國中西部城市跟高中學生共事多年，她解釋了女孩們掩飾的地位制度有多麼複雜。例如，受大家喜歡的女孩們，就一定要決定什麼時候換季穿衣——好比從冬裝換成春裝。比較不受歡迎的女孩如果換了棉質衣服，但受歡迎的女孩還穿著毛料衣服的話，那她們就出醜了，表明自己是局外人；如果她們等受歡迎的女孩穿棉質衣服現身，之後才換成棉質衣服，就是把自己標記為隨從，只知道公開的資訊。她們的目的是要穿得統一：如果跟受歡迎的女孩同一天換季，那麼她們就是同一夥人，受大家羨慕——而且微妙地證明自己掌握了內幕消息。

別吹噓或自誇

不要看起來比同儕更好——這種女孩壓力的另一個面向，就是不能吹噓的禁令。面對吹噓行為時，態度上的性別差異是男女之間相互品評與誤判的主因，也會使女人選擇一些旁人聽來怪異的措辭。

例如，女大學生康妮跟她的朋友們說，她高中時有一位升學諮商顧問曾叫她不要申請她們大家現在讀的學院。那位顧問覺得康妮申請的話，會破壞另一個女生席薇亞申請上的機率。康妮在解釋那位顧問的思維時，說道：「席維亞的成績沒有——我是說——我不是想自誇，但席維亞的成績沒有我好。」康妮幾乎沒辦法針對自己的成績陳述事實，因為那帶有誇耀的意味。

瑪格麗特和查爾斯都是成功的律師。雖然兩人私下的相處完全沒問題，但他們偶爾會發現，他們跟剛認識的新朋友吃完晚飯後會起爭執，尤其是當新朋友在查爾斯專長的稅法方面有相當的地位與關係，他們就會特別容易吵架。瑪格麗特覺得查爾斯會吹噓：他會提起得過的殊榮、打贏的案子，以及認識的重要人物（在瑪格莉特看來，就是提起名人來攀關係、自抬身價），讓大家知道他多麼重要。查爾斯急切地想讓人刮目相看，有時候會太過美化，暗示自己認識那些其實只見過一、兩面的人。就瑪格麗特來說，她會試著隱瞞自己的成功。對話裡出現重要人士的名字時，她會刻意不讓人知道自己認識，而且，她從來不提自己的諸多成就。

他們對彼此的行為很無奈。如果瑪格麗特不說她有多重要，查爾斯就會幫她講。這讓瑪格莉特更生氣，她覺得查爾斯幫她誇耀自己跟她自己說出口一樣不禮貌。面對查爾斯要代她發言的意圖，她可能會視而不見或插嘴打斷，這麼做不但違反了她覺得自己理當支持先生的義務，也讓查爾斯覺得無禮。她可以讓查爾斯代她發言，把自己框構為沒有能力為自己說話的小孩，或者，她也可以加入其中，用她不想要的方式說話——吹噓誇耀。

瑪格麗特覺得，誇耀不會讓大家喜歡她，她寧可大家從別人口中得知她的成功，而且她認為到那時，大家還會讚許她的謙虛。她也怕查爾斯的吹噓會讓大家不喜歡他。這麼一來，別人怎麼看待查爾斯，就會怎麼看待她。至於查爾斯，他倒覺得如果不讓對方知道自己值得尊敬，那大家就不會尊敬他了。他也認為如果大家知道瑪格麗特不只是他的妻子，更是有成就的律師，就會尊敬她。

瑪格麗特和查爾斯兩人都以人格特質評斷彼此的說話方式——同時，也都把道德價值加在風格上。瑪格麗特以為好人就是謙虛又無我的人。查爾斯認為展現成就是必要而非多餘，而瑪格麗特的謙虛（對他來說是假謙虛）是愚蠢的自我貶低，證明她缺乏自信。兩人都認為自己只是想對方當個好人，但因為他們對好女孩和好男孩的期待相異，所以對好人的定義也會不同。

我在不同的背景脈絡下，無意間發現了兩個明顯類似的例子，說明女孩和女人在部分情況下不願意自吹自擂。英格瑪·伯格曼（Ingmar Bergman）執導的《婚姻場景》（*Scenes from a Marriage*）開場是一對接受雜誌訪問的夫妻，訪談人是帕姆夫人（Mrs. Palm）。帕姆夫人提出「你會怎麼用簡短的話描述自己？」這個問題時，瑪麗安和約翰的回答相當不同。以下是約翰的回答：

> 如果我說自己是極為聰明、成功、富有青春活力、穩重又性感的人，可能聽起來很自負。我非常有良知、有文化、博覽群書、受大家喜愛，而且能跟大家打成一片。我看看，嗯，還能想到什麼呢……友善吧。讓人舒服的友善，而且就算對窮人也如此。我喜歡各類運動。我是個愛家好男人。好兒子。我沒有負債，乖乖繳稅。我尊重我們政府的一切作為，我愛

我們的皇室家族。我脫離瑞典國教了。這樣說夠了嗎，還是妳要更多細節？我是個超棒的愛人。瑪麗安，是不是？

瑪麗安的回答如下：

嗯，我能說什麼呢……我嫁給了約翰，育有兩個女兒。

就算人家鼓勵她多說一點，瑪麗安也沒有再說太多：

瑪　麗　安：目前我想到的就這些了。
帕姆夫人：一定還有什麼可說吧……
瑪　麗　安：我覺得約翰很好。
約　　　翰：妳人真好，這我知道。
瑪　麗　安：我們結婚十年了。
約　　　翰：我才剛剛延長婚姻合同呢。
瑪　麗　安：我不覺得自己能像約翰一樣自然欣賞自己的優秀。不過，老實說，我很滿意自己可以過現在這樣的生活。我的生活很好，妳懂我意思的。嗯，還能說什麼呢……噢，天啊，這好難！

約　翰：她的身材很好。

瑪麗安：你在開玩笑吧。我很認真要回答耶。我有兩個女兒，卡琳與艾娃。

約　翰：這你剛剛說過了。

我讀卡羅．姬莉根（Carol Gilligan）在《不同的語音》（*In a Different Voice*）裡收錄的真實生活對話時，想起了以上的虛構對話。姬莉根訪談了兩個十一歲的孩子，艾美和杰克，作為她探究孩童道德發展的研究內容之一。她問的其中一個問題是：「你會怎麼對自己描述自己？」我從杰克和艾美的答案裡看到了好多約翰與瑪莉安的影子。首先，杰克是這麼回答的：

太好了。那可是我自負的一面。你要聽什麼——我怎麼描述自己都可以嗎？（**訪談人：如果你必須用一種你自己會知道那就是你的方式描述這個人，你會說什麼？**）首先我要說我十一歲。名字叫杰克（以及姓）。然後我要說我住在（某城市），因為那是我這個人重要的一部分，還有，我父親是醫生，因為我覺得這多少的確改變了我，還有我不相信犯罪，除非你的名字叫漢茲（來自先前杰克被問的問題）；我覺得學校很無聊，因為我認為那多少也會稍稍改變你的個性。我不太知道怎麼描述我自己，因為我不知道怎麼讀我的人格。（**如果你必須描述你真的會用來描述自己的方式，你會說什麼？**）我喜歡老套的笑話。我並不真的喜歡著手做事，但學校那些東西我都會做。我在學業上碰過的每一個問題，我都有辦法處理，除了那些知識的以外，我把該讀的讀一讀後，就有能力解答問題了，但有時候我不想浪費時間做簡單的回家作業。還有，我超愛各類運動。我跟很多人不同，我認為這個世界還是有希望的……我認識的人，大部分我都喜歡，我有很讓我滿意的生活，大概是我目前見過最好的生活吧，還有，以我的年紀，我身高算高。

艾美的回答是這樣的：

你是說我的個性嗎？（**妳覺得呢？**）嗯，我不知道耶。我會說我自己是……嗯，你是說什麼？（**如果你必須用一種你自己會知道那就是你的方式描述這個人，你會說什麼？**）唔，我會說我是一個喜歡上學和讀書的人，我這輩子就想做這件事。我想成為科學家之類的，我想做點事，我想幫人。還有，我覺得那就是我這個人，或者說，那就是我試著要成為的人。我大概就會這樣描述自己。還有我想做些什麼幫助其他人。（**為什麼？**）嗯，因為我認為這個世界有很多問題，我覺得每個人都應該試著用某種方式幫助別人，我選擇的方式就是透過科學。

這兩個孩子針對同一個問題的答案讓我印象最深刻的是，首先，杰克的回答竟然長了那麼多（我猜「希望」後面的刪節號，表示省略了更多），而且他的自捧與艾美平實的陳述形成對比。杰克說他很完美、他父親是醫生、就算他覺得學校很無聊，但他還是可以解決學業上的「每一個問題」、他過著自己見過最好的生活，還有，他很高。他說「我不想浪費時間做簡單的回家作業」或許是在學校表現平平的辯詞。對比之下，艾美說他喜歡上學和讀書，但沒有說自己學業良好，她還說自己想透過科學幫助大家。

柏格曼劇本裡的約翰，與姬琳根訪談中的杰克都知道自己聽起來「很自負」，而且還拿這個開玩笑。的確，約翰的整個回答看似不正經，例如瑪麗安回答時他會插話。但約翰與杰克都還是認真的。艾美說的是比瑪麗安多了一點，但沒有差太多。艾美和瑪麗安都會重複自己說的，而不是用一種可能像自誇的方式滿足要求。瑪麗安沒有提到自己是律師。艾美說她打算成為科學家，但她強調目的是幫助別人，而不是實現名利或地位。

女人認為不該自捧的想法，來自於明確的訓練與孩童時期的同儕壓力。在全美最具學術挑戰性的女子高中的校友會刊裡，就讀得到這種訓練。有一位女士在會刊中寫了一份墓誌銘，獻給曾是該校第一名畢業、最近去世的姐姐。她姐姐是聰明出眾的女性，職涯卻沒有反映其傑出能力，成就不上不下。為文者寫道她姐姐「太在乎母親的勸戒：不要引人注目，切勿誇耀，務必全力以赴」。

這些例子，說明我們期待女性在相對公開的場合不要吹噓，但要說這代表女性完全不自捧，那就是誤導了。我要回到瑪格莉特和查爾斯這對夫妻上，並舉一例，說明丈夫認為自己不誇耀但妻子自吹自擂的情境。在先前的描述中，瑪格麗特覺得查爾斯不該對剛認識的人「炫耀」。在另一個場合，查爾斯倒覺得瑪格麗特很不合宜地誇口。瑪格莉特跟密友抱怨，自己不像公司的男人那般快速被晉升為合夥人，她細數著自己先前的成功，說那些男人為公司帶來的生意比她少，工時也遠少於她。事後，查爾斯跟瑪格莉特說，他認為這樣很不顧及別人感受，因為有一個聽她抱怨的朋友是根本沒快速升遷的年輕律師。對查爾斯而言，為了取得地位，自抬身價的資訊要公開使用，合宜地展現給初次見面或跟好像宣告自己地位較高的人看；但對瑪格莉特來說，自抬身價的資訊只能私下使用，在投契式談話中合宜地透露出來——也就是跟她認識、信賴、不會因她驕傲而評斷她的人聊天之時。瑪格莉特面對密友時，忘了她們之間的相對地位，但查爾斯絕對不會忘記關係的這個面向。

地位與連結的不同視角，可能又再次對女性不利。女性為了討人喜歡，不願公開展現自己的成就，但透過地位的視角來看，她們遭到系統性地低估，被認為自我貶低又缺乏自信。我們會忍不住建議女性學習公開展現自己的成就，來確保得到應有的尊重。但可惜的是，女人卻也會受到女性行為的標準所評判。

舉個明顯的案例。有一場為了晉升而開的教員會議，這樣描述某位女教授的成功：她發表了大量著作，在專業領域上非常有名氣。某個男士讚許地說：「她表現得很恰當。」換句話說，那位女教授被誇獎是因為她表現得很謙虛。言下之意就是，如果她表現得跟成就相符，那大家可能就不會稱讚她了——而且，可能也不會喜歡她。

對男人是委婉，對女人是無力

即便男人和女人用同樣方式說話，也有許多證據顯示，他們會受到不同的評斷。在討論男人、女人還有權力時，這種傾向都會造成問題。如果女性採用某種語言策略，大家就視之為無力；如果是男性採用該策略，大家就認為有力。把「女人的語言」貼上「無力語言」的標籤，往往反映了透過男性視角來看女性行為的立場。

女性不會為了地位而苦苦爭鬥，所以時常會發現自己被框構成低人一等。因為地位和連結都是透過同樣的行為展現的，所以任何一種情況都可能產生誤解。這種模糊性造成的誤解，不論來自專家或非專家，都給女性原本出於投契關係精神的溝通方式打上無力的烙印。有一篇報紙文章刊載了一對心理學家夫妻的聯合訪談，其中短短的一句話，清清楚楚地展現了這種固有的模糊性。記者問兩人「非常有禮貌」的意義為何。兩個專家同時回話，給了不同的答案。男士說「恭順」，女士則說「體諒」。兩位專家都是對的，只不過，兩人都描述了針對不同性別的觀點。

專家也好、非專家也罷，都傾向把女人做的一切視為無力的證據。同一篇文章引用了另一位心理學家的話：「男人可能會問女人『能不能請妳去一趟商店？』，而女人可能說『天啊，我真的需要去店裡買些東西，但我真的好累了』。」女人的風格是所謂的「內隱」，用來暗指像「偷偷摸摸」還有「狡詐」這類負面詞彙。這裡提供的理由是權力：這位女性不覺得自己有權直接提出要求。

誠然，女人在社會上的地位比男人低。但這個因素，倒不一定是女人選擇不直接提出要求的原因。我們大可用女性尋求連結的行為來解釋女人的迂迴。提出要求而得以為所欲為，這種結果就地位來看很令人滿意：因為其他人都聽你的，所以你高人一等。不過，如果別人正好也想要同樣的東西，或有人免費提供了那個東西，你因而受惠的話，那你得到的就是投契關係。既非高人一等，也沒有低人一級，而是快快樂樂地跟那些需求相同的人連結在一起。此外，假如雙方都理解這種迂迴，那麼就沒有所謂的內隱之說：因為我們都知道是誰提出了請求。把迂迴的溝通稱為內隱，反映出一種觀點，認為表面上直接的風格既「自然」又「合乎邏輯」——這種觀點常出現在男人之間。

迂迴本身並不表示無力。比較好想像的情況是，迂迴是掌權者的特權。例如，有錢的夫妻知道僕人會照吩咐行事，所以不需要下達直接命令，只需要陳述自己的想法即可。女主人說「這裡會冷」，僕人就動手調高溫度；男主人說「晚餐時間到了」，僕人便開始上菜。或許最終極的迂迴，就是不說話便能讓人做事：女主人搖一下鈴，女僕就端上下一道菜；或者，家長走入房間雙手插腰，搗亂的孩子們就立刻停止。

很多文化全靠著精密的迂迴制度運作。例如，我在一個小型研究計畫中發現，大部分的希臘男人會假定，妻子如果問：「你想要參加聚會嗎？」就是暗示她自己想去。他們覺得女方如果不想參加，那就不會提這件事。此外，他們還覺得妻子之所以不會直接表達意願，是因為那聽起來會像是強求。而迂迴，是傳達其偏好的合宜手段。

日本文化把迂迴發展成一套藝術。日裔人類學家別府春海（Harumi Befu）解釋了邀人共進午餐的簡單行為中，那種不可或缺、微妙的迂迴交流。別府的朋友邀約他時，他得先判定對方是真的邀約還是**形式上的**，這很像美國人可能會說「我們得找個時間請你來我家吃飯」，卻不希望你無預警出現在家門口那樣。別府判定邀約是真的，而且接受了，接下來朋友問他想吃什麼。按照慣例，他說吃什麼都可以，但朋友也會按照慣例強迫他具體說明。主人和客人會以合宜的次數重複這般來往，直到別府認為說「茶泡飯就很不錯」會很禮貌——而且要禮貌地說。他出席吃午餐時，真的就有吃到茶泡飯，是那頓奢華午餐裡最後一道菜。盛宴款待沒有讓別府出乎意料，因為他知道這是禮節上的必要。但禮節上同樣必要的是，他得好好演得十分驚喜。

許多美國人可能覺得，這種午餐邀約上的迂迴太過度了。但世界上多得是採取精密迂迴制度的文化，看重直率的文化反而比較少。只有現代西方社會首重直接溝通，而且對我們而言，與其說這是一種實踐，不如說這比較像是一種價值觀。

來自其他文化的證據，也清楚顯示迂迴本身並不反映低地位。反而是我們對女性地位的假定，迫使你我把女人做的大小事，都解讀成反映其低地位。例如人類學家艾莉諾．基南（Elinor Keenan）就發現馬達加斯加島上一座說馬達加斯加語（Malagasy）的村莊裡，直率的是女性，迂迴的則是男性。而且，村民們認為男性採用暗喻與俗諺的迂迴說話方式，是比較好的。對他們來說，迂迴等於高地位，一如使用這種方式說話的男性一樣。他們認為女性的直率風格既笨拙又粗鄙，貶低了男人語言的美好隱晦性。男人或女人是否直率或迂迴，莫衷一是，不變的是女性風格都遭受到負面評價——在大家眼裡，地位低於男性的風格。

從男人口中說出來就不一樣

對美國文化的研究也提供了許多例子，說明男性與女性的同樣行為會有不同解讀。以「附加問句」為例——也就是句末加上一個小問題，好比「今天天氣真好，可不是嗎？」。語言學家羅賓．萊可夫率先指出許多女人比男人更常使用附加問句。雖然企圖證實萊可夫這個評論的研究，結果有點正反參半，不過，大多數的研究贊成這個說法。傳播學家賈桂琳．薩克斯（Jacqueline Sachs）觀察二到五歲幼兒的語言後發現，女孩子使用的附加問句，數量是男孩子的兩倍。還有，研究也顯示我們會**預期**女人使用附加問句。心理學家大衛．西格勒（David Siegler）和羅伯．西格勒（Robert Siegler）做過一個實驗，要求成年人猜說話者的性別。果不其然也出現那種刻板印象：有使用附加問句的情況，受試者就猜說話者是女性，沒有的話，就猜男性。這個刻板印象可能比現實中的情況更有說服力：心理學家諾拉．紐康比（Nora Newcombe）和黛安．雅恩科夫（Diane Arnkoff）在另一個實驗裡，給成年受試者聽男人和女人的溝通對話，其中男女使用的附加問句數量相同，他們發現，受試者還是認為女人用了比較多附加問句。

最令人擔憂的是，男人和女人就算用同樣方式說話，依然會遭受不一樣的評斷。傳播學者派翠西亞．布萊德利（Patricia Hayes Bradley）就發現，女人使用附加問句與「免責聲明」時，受試者會認為她們**比同樣使用的男人**更不聰明也更沒有見識。女人沒有提供支持自己主張的例證時，就會被判定為較不聰明、沒有見識，**但沒有例證就提出主張的男人卻不會遭到這種判定**。換句話說，使用大家印象中的女性說話方式，會讓女人遭受負面評斷，但男人用同一種方式說話，卻不會有這種後果。因此，與其說帶來這種結果的是說話方式，不如說人們對男人與女人的態度才是主因。

許多其他的研究也有類似的結果。心理學家約翰．康瑞（John Condry）和珊卓．康瑞（Sandra Condry）要受試者解讀嬰兒在哭的原因。如果事先告知是男嬰，受試者會認為嬰兒在生氣，但假如事先告知是女嬰，他們會認為嬰兒在害怕。安．麥克（Anne Macke）、勞洛．李察森（Laurel Richardson）以及茱蒂絲．庫克（Judith Cook）三位學者共同發現，學生在評斷教授時，會把推動更多課堂討論的行為，看成無能的象徵——但只有在女教授的情況下才如此。

沉默是金還是鉛

研究本身就深受這種雙重標準之害。在主張男人藉由話說得比女人多以行使權力的研究裡，女人的沉默，就被引用為女人沒有權力的證據。同時，有的研究卻主張男人採取沉默與拒絕發言的行為，是他們權力的一種展現。貫穿米拉．科瑪洛夫斯基的經典研究《藍領婚姻》的一個主題，就是許多受訪的妻子表示她們的話比丈夫多（有個女人用「他說不出話」形容丈夫，另一個女人則說「我的丈夫有一個不說話的大好習慣」)。女性大多會想談一談問題，同時讓丈夫也聊聊問題。對比之下，男性面對問題(「我心情不好就會急忙離開現場，不會把我的重擔倒在她身上」)、精神壓力、或是妻子的「強烈要求」時，通常會停止發言。話雖如此，這些丈夫無疑地是婚姻中「主導的一方」。沉默寡言本身可能就是權力的工具。科瑪洛夫斯基引用了一名母親的話，她描述自己的先生：「他雖然話不多，但他言出必行，孩子們很聽他的話。」

傑克．賽托(Jack Sattel)認定男人透過沉默對女性行使權力，他還以艾瑞卡．鐘(Erica Jong)的小說《怕飛》(*Fear of Flying*)裡的場景為例說明。以下對話當中，第一句是伊莎朵拉講的，第二句則出自她的丈夫班奈特之口。

「你為什麼每次都要對我這樣？你讓我覺得好孤單。」

「那是妳造成的。」

「我造成的？你什麼意思？今晚我只想開心。今天是耶誕夜。你為什麼要對我兇巴巴的？我做了什麼？」

一片靜默。

「我做了什麼？」

他看著伊莎朵拉，彷彿妻子的不知情，對他又是一次傷害。

「這樣吧，我們現在去睡覺好了。把這些都忘掉。」

「忘掉什麼？」

他什麼也沒說。

「忘掉你對我兇巴巴的事嗎？忘掉你沒來由地懲罰我嗎？忘掉我覺得冷又孤單，忘掉今天是耶誕夜而你又再次把我的耶誕夜毀了嗎？那就是你要我忘掉的嗎？」

「我不討論這個。」

「討論什麼？你不討論什麼？」

「閉嘴！我不會讓妳在飯店對我大吼大叫。」

「我他媽的才不管你不讓我做什麼。我想被客客氣氣地對待。我想要你至少禮貌地告訴我你為什麼這麼不開心。還有，你不要用那種方式盯著我看……。」

「什麼方式？」

「好像沒辦法讀你的心是我最大的錯誤。我沒辦法讀你的心。我不知道你為什麼如此生氣。我沒辦法憑直覺知道你想要的一切。如果你希望妻子應該要具備這種能力，那麼，我身上沒有。」

「我當然不那樣希望。」

「所以到底是什麼？拜託跟我說。」

「應該不需要我開口講才對。」

「我的老天！你的意思是，我應該要會讀心術嗎？那就是你要的那種母愛是嗎？」

「如果妳能同理我……」

「但我真的同理你。我的天，你連機會都不給我。」

「妳會忽略我。妳不聽人說話。」

「跟電影演的有關，是不是？」

「什麼？電影演的？」

「又在考我了。你一定要把我當個罪犯一樣嗎？你一定要交叉審問我嗎？……是葬禮的場景。……小男孩看著他死去的母親。有什麼觸動到你。你就是那時候變得心事重重。」

一片靜默。

「嗯，可不是嗎？」

一片靜默。

「得了吧，班奈特，你讓我氣到冒煙了。拜託你跟我說，求你。」

（他彷彿給了恩惠般，一個一個吐出字來，像一顆顆小而硬的屎。）「那個場景有哪裡觸動到我？」

「不要再考我了。直接跟我說！」（她伸出雙臂要環抱班奈特。班奈特閃開。她跌到地上緊抓著班奈特睡褲的褲腳。這看起來不像擁抱，倒比較像救援的場景，她慢慢掉下去，班奈特不情願地讓她緊抓著自己的腳撐起來。）

「起來！」

（大哭）「你告訴我我才要起來。」

（他把腳抽開。）「我要上床睡覺了。」

確實，這個令人痛苦的場景似乎證實了賽托的主張：班奈特以沉默作為武器對付妻子。他接連拒絕告訴妻子的心事，就像是揮在妻子身上的一記記重拳，直到她真的趴在地上。不過，假如我們讓這個場景的性別互換，我們的解讀會不會改變呢？

性別互換的話，這個場景似乎不可能存在。很難想像男人央求妻子告訴他做錯了什麼。我試著讓性別互換時，腦海立即浮現這個場景：男人放棄溝通，妻子的沉默於是沒辦法當作武器。班奈特的沉默讓人疲於招架，就是因為伊莎朵拉堅持要丈夫跟自己說話。正是這兩種風格（男方不說話，而女方堅持要男方告訴她做錯了什麼）的互動，對雙方造成了極大傷害。假如班奈特同意伊莎朵拉的想法，認為問題就是要講開，或者，伊莎朵拉也跟班奈特一樣，當問題出現時就閉上嘴，那他們就不會落到這種境地了。

「我很抱歉，但我不是在道歉」

女人有很多說話方式，在和女人對話時既合理又有效，但用於跟男人對話卻顯得無力又自我貶低。其中一種模式，就是許多女人似乎老是在道歉。道歉這招，會把道歉的人框構為低了一級。這可能看似清楚不過了。話雖如此，但以下這個例子，卻讓我們看到表面上的道歉，或許本意完全不是出於道歉的精神。

有位老師不知道要怎麼對付一個眾所周知無可救藥的學生。最後，她把這個男學生送去校長室。後來，校長在教師休息室找她，跟她說那個學生已經被退學了。老師聽了之後說「我很抱歉」，校長要她放心，「這不是妳的錯」。男校長的安慰讓女老師大感意外，因為校長這麼說之前，她從來沒想過學生被退學可能是她的錯。對她來說，「我很抱歉」並不表示「我道歉」，那句話指的是「我很遺憾聽見那個消息」。「我很抱歉」的意思是暗示「我知道你感覺一定糟透了，我也是」，藉以建立與校長的連結。她要把自己框構為跟校長有共感、有連結的人。校長把她心有同感的話解讀為道歉，站在她或許有錯的立場，同時把自己框構為高一等的人，站在一個可以赦免她罪責的位置上。

這個故事的後續，也表現出不同的觀點可能與性別有關。這位老師把這件事說給她已成年的女兒聽，女兒也覺得校長的反應很奇怪。但當她告訴兒子和丈夫時，他們卻很生氣地跟她說不該在沒有錯的情況下道歉。丈夫和兒子也把「我很抱歉」解讀為「道歉」了。

有好幾種會讓女人看起來太常道歉的動態關係。首先，由於女人本能地願意冒著低人一階的危險，所以可能比較習慣道歉。這並不表示她們喜歡道歉，只是道歉這件事比較不會讓她們腦中的警鈴大作。還有一個因素是女人可能本意不是要道歉，但聽的人卻覺得她們在道歉。女人經常說「我很抱歉」以表達同情和關心，並非道歉。

這樣的混淆源自於「抱歉」（sorry）這個詞的雙重意義。以下這個小故事讓我們看出此一雙重意義的重要性。有個住在美國的十二歲日本女孩要寫一封弔唁信給日本的祖母，因為她的祖父過世了。女孩雖然用日文寫信，但她比較習慣英文。她用了合宜的方式下筆：「祖父過世了，我很抱歉。」但她停筆看了看剛剛寫的東西。她跟母親說，「那看起來不對勁，我又不是殺了祖父」。由於沒有使用慣用的語言寫信，她這才發現，大多數人自然使用的表達方式，按字面解讀會有不一樣的含意。以比喻的方式表達遺憾的「我很抱歉」，在字面上可能被解讀為「我道歉」的意思。

語言的儀式用法和字面用法之間的差別，在以下例子裡也發揮了作用。有一位女性商務人士貝佛莉到外地旅遊回來，她發現電話答錄機有一則來自她部門主管的留言。男性主管在留言中說，他發現貝佛莉的助理寫的報告簡直錯誤百出。他告訴貝佛莉，他已經指出錯誤、把報告退給助理進行更正，同時展延了繳交期限。貝佛莉已經讀過也核准那份報告後才出門度假，儘管她很驚訝，但她還是說「我很抱歉」。而且當男主管回「我不是在怪罪任何人」時，她還不太高興。男主管先提出了怪罪的想法，所以言下之意似乎是**在**責怪她。

「請別接受我的道歉」

貝佛莉要求她的助理讓她看看那份修改過的冗長報告，結果發現頁面上標示了一半的「錯誤」，但當中只有極少數才是真正的錯誤。她很不高興。錯誤幾乎都關於標點符號，多半是風格偏好的問題，例如在簡短的介紹句之後或連接詞之前加上逗號。其中大部分，她都覺得她的部門主管只是在原本文法正確的句子裡挑出了標點符號錯誤。

當天稍晚，她在辦公室派對上碰到了部門主管，而且一見面她就告訴對方，她在生氣，並說明原委。主管的反應讓她明白，她在別人面前提起這件事，冒犯了主管的鑑識能力。於是，她立刻對自己沒能更委婉、卻直接表達怒氣的行為道歉，她之後也去主管的辦公室再次致歉。她相信，如果她為了不識時務的行為道歉，那麼，主管也會為了沒有透過她而直接找上助理、同時還過度修改的事情道歉。但主管反而大方地說「我接受你的道歉」，然後親切地改口聊辦公室政治。

這樣看來，主管接受的方式非常不禮貌。從連結的觀點來看，道歉應該要有來有往。從地位的觀點來看，道歉應該要擋回去。在此一觀點裡，道歉的人接受了低人一階的位置，同時，接受道歉的行為會維持那種不對等性，把道歉擋回去，則會恢復平衡。貝佛莉聽到之後馬上就不開心，但她直到離開主管辦公室後，才意識到主管不但沒有禮貌地接受了道歉，甚至還沒有提出相對的道歉。

男女對地位的意識有別，或許也更根本地造成了貝佛莉的問題。她跟主管相處融洽，她喜歡這位主管，她決定把對方當朋友。對她來說，就跟許多女人一樣，當朋友雖然不代表要抹去地位差異，但也象徵著淡化差異。她直接表達憤怒時，並不是把自己想成在旁人面前訓斥主管的人。主管儘管與她交好，但他依然意識到兩人地位程度上的不同，所以接受她的批評就等於是公然受辱。貝佛莉如果比較著重兩人的地位差異而非友誼，那就不會用那種方式找他。例如，她就不會用那種方式對公司的董事。

適應男性規範的女人

在以上所有的例子裡，比較具男性代表性的風格通常都受到較正面的評價，並被視為行為準則。用一種相關但或許更令人憂心的不對等性來講，當女人與男人同處群體中，她們更可能遵循的是男人而非女人的規則。

作家娥蘇拉．勒瑰恩的短篇故事〈裡與外〉裡，前任的女祕書回憶起全為女性的會議，說道：

> 好比我們一群祕書曾經為了籌畫以市政府裡的女性為題的會議，一起開會，超讚的，大家說出了連自己都不知道自己這麼想的話，點子層出不窮，沒有人對其他人頤指氣使。

言下之意就是，這種意見交流讓大家得以說出自己所想、而且沒人受到擺布，對於她參加或觀察過的會議而言並非常態。這正是這次只有女人的會議的特殊之處。

有一位女教授表示，相較於她比較習慣的混合性別的委員會，她發現在全女性的委員會工作相當愉快。但當她在性別混合的晚宴上提及此事時，卻有一位男士極力反對。他說他沒有發現全男性的委員會和有女性成員的委員會有何差異。這位男士顯然說的是他經歷的事實，因為女人和男人聚在一起時，會按照男人的行為準則互動，而不是女人的。因此，參加性別混合或同性別的會議，對於男性的影響是小於女性的。

許多領域的研究顯示，在性別混合的團體裡，女性所做的調整比男性還多。心理學家伊莉莎白．埃利斯比較了全男性、全女性以及性別混合的討論小組中年輕男女的身體姿勢後發現，無論有無女性在場，男性的坐姿大致相同：他們以「放鬆的」坐姿四肢攤開，占據了四周大量的空間。不過，她研究中的女性在小組裡有男性的情況下，卻會採取「淑女般」的姿勢，收緊四肢。但如果沒有男性在場，她們也會四肢攤開、放鬆地坐著。換句話說，男人無論有沒有女人在場，都採取相同的姿勢；但女人碰到男人在場時，似乎會覺得要表現給人看，而當身邊只有女人時，就會覺得可以卸下面具。

愛麗絲．戴金斯（Alice Deakins）研究男人和女人的討論時，也發現類似的重點。戴金斯做的是所謂的「竊聽研究」：她獨自坐在銀行員工吃午餐的餐廳裡，記下臨桌的人在說的話。這並不是「在場男性是管理高層，而女性是他們的妻子或祕書」的情況。戴金斯研究裡的男男女女全都是銀行員工，上班時平起平坐。戴金斯發現，沒有女性在場時，男人最常討論公務，從來不會聊到人，甚至也不會聊公司裡的人。他們第二常討論的主題是食物。另一個常見的主題則是球賽和娛樂。如果只有女人在聊天，她們最常聊的話題是人——較少聊到公司裡的人，較常聊朋友、小孩、個人關係中的伴侶。再來是公務，排名第三的是包含體重控制的健康議題。

當女人和男人聚在一起時，她們會習慣避開各自族群最喜歡的話題，選定雙邊都有興趣的。但在討論那些話題的過程中，**她們只會遵循男性的風格**。她們用男性討論食物的方式聊食物，把她們在吃的食物和餐廳當成重點，而不是著重在減肥與健康。她們用男性討論娛樂的方式聊娛樂，把球賽和度假當成重點，而不是著重在女人自己聊天時側重的運動瘦身或健康。還有，她們用男性討論住房的方式聊住房，把地點、房地產價值還有通勤時間當成重點，而不是用女人的方式聊房子的內裝（如格局與隔熱）以及居住者之間所發生的事（如花錢請人打掃）。

黛博拉．蘭芝（Deborah Lange）分析錄下來的青少年間私下對話時，發現了類似的模式。只有女孩子的對話，聊的是自己跟朋友的關係問題；只有男孩子的對話，聊的則是活動、計畫跟對朋友的評論。男孩們跟女孩們聚在一起時，大家會聊活動、計畫跟對朋友的評論。也就是說，當男孩跟女孩一起聊天時，他們說話的方式跟女孩不在場時是一樣的。但女孩們聚在一起而且沒有男孩在場時，說話方式就很不一樣了。

這一切研究（以及許多其他的研究）在在顯示男女對話會比較像男性的對話，而非女性的。因此，當男人與女人對話時，儘管雙方都會做調整，但女人調整得更多。在性別混合的團體裡，女人比較吃虧，因為她們比較少練習這些團體的對話方式。這或許有助於解釋為什麼女孩們在女校會表現得比較好，而男孩們不管讀男校或男女合校，表現大都一樣。這可能還解釋了在埃利斯針對大學討論小組的研究裡，女學生為何表示比較喜歡同性別的小組，男學生卻不會這樣。這所有的研究都幫我們解答了：為什麼女性對於男女情感關係中的溝通不滿意，而同樣的對話，身為另一方的男性，對於溝通表示不滿意的程度卻較低。

發生在會議和討論小組上的談話，相對而言較為公開，比較像報告式談話。考慮到男性偏好報告式談話，我們就不意外，很多男人面對想建立投契關係而重疊發言的女人聊天時，難以搶到發言權，而許多女人也覺得在會議上要取得發言機會很難。許多女人覺得跟男人開會要取得發言權並持續發言很難，原因之一在於她們不會為此競爭。女人即便行為與男人相同，卻還是會得到不同的回應——本章介紹的研究只是冰山一角。這帶出了一個問題：女性在會議上要大家聽她發言的困難，究竟有多少來自於她們說話的方式，而她們身為女人又占了多大的原因。這個問題也凸顯了男人與女人可做的選擇的不對等。

平等的歧視

許多女性都表示，自己曾在聚會或會議上說了某些大家不予理會的話，但之後有個男人說了同樣的話，大家卻聽到了，並開始支持或討論，還跳過本來的女性把那位男性當成原創者。大部分的女性覺得，這是因為人們比較不會注意女人提出的想法，根據本書先前提到的研究，這種看法有其道理。但提出想法的**方式**，可能也是因素之一。以下故事便顯示出這一點，更顯示出男人和女人可做的選擇並不相同。

A教授任教於知名大學而且在其領域赫赫有名，他把自己的經歷講給我聽。他畏怯公開發言、說話風格又與人不同，某次聽完一場生物系的公開演講後，鼓起勇氣，以提問的方式表達出自己的觀察：「你有沒有想過這種化學影響對你剛剛說明的生物程序造成的結果？」那位講者這樣回他：「沒有，我沒想過。」然後到此為止，沒有繼續討論。但沒多久另一位男性B教授提高嗓門發言，他說道：「我想回到剛才我同事A教授提出的那一點，因為我覺得很重要。」然後他長篇大論地重複了剛剛的內容。這個看法隨後成了眾人大肆討論的重點，而且，每個針對此議題發言的人都會先說：「我想進一步討論B教授提出的重點。」

如果A教授是女性，我們大可自動假設那個看法一開始被漠視，是因為表述者為女性，而隨後有男士提出才被接納。不過，這個案例的兩名說話者都是男性，所以性別不是造成不同回應的原因。不同之處在於，這兩位男士表述「相同」想法的方式。A教授解釋自己的想法時，或許沒有仔細到讓別人能明白其重要性。更可能A教授的說話方式（簡短、缺乏自信、以問題陳述觀點）會把他的想法框構成不重要的，而B教授的說話方式（詳盡、大聲又激昂）則以不同的後設訊息框構了同樣的想法：「這很重要！大家注意！」

這個例子的重要之處在於，它解釋了人們說話的**方式**所扮演的角色，與性別無關。但這也讓我們看到女性是吃虧的，因為女人比男人更可能以提問來表達觀點、提問時間也比較短，而且聲音較為尖細。從這個例子我們還可以看出，若不採取與男性特質連結的強力策略，男人也會吃虧。在這個意義上，A教授和以相同方式發言的女性，地位相同。

不平等的補救結果

不過在另一種意義上，A教授的地位跟對話風格類似的女人，還是大有不同。假如A教授決定調整風格，變得比較像B教授，那他會發現，如果他想要在公開場合上得到更多注意力，那他就辦得到。在過程中，他會更符合我們文化下的男性特質典型。女性如果以調整自己的風格為目的，故而說話大聲一點、講久一點、帶著更多的自我主張，那也會符合我們文化下的男性特質典型。她們可能會得到更多的尊重與關注，但她們也可能被討厭、詆毀，被說成咄咄逼人又沒有女人味。

的確如此，女人無須特別咄咄逼人就會被批評。某個男教授邀請了一位重量級的女學者跟他的學生演講，他很驚訝地聽到部分學生（男女皆有）事後認為那位學者很自大。男教授卻完全沒有看到對方一絲一毫的自大表現。那位女學者只是沒有任何女性特有的行為表現，好比一直保持笑容、修飾說詞陳述，或是討喜地歪歪頭等等。

男性特質讓人聯想到的說話方式，也會讓人想到領導力和權威。然而，人們眼裡符合女性特質的說話方式卻沒有這種效果。男人為了強化權威所做的一切，同時也會強化他的男性特質。話說回來，如果女人調整風格，使之更符合自己一心嚮往的權威地位，那麼在別人眼中，她有可能損害了自己的女性特質。

身為一位在職涯取得高地位的女性，我每天都要設法應付這種矛盾。我參加學術會議時，常常會碰到其他大學的同行，他們只是因為我的學術出版著作和名望所以認識我。我還算常碰到剛認識的人表示自己很驚訝，因為他們發現我不但人很好而且還相當女性化。「妳跟我想的不一樣」是我一再聽到的。還有人這麼說，「妳一點都不咄咄逼人」、「我以為妳會很冷淡／嚴苛／好強」。每每我追問他們為什麼會以為我是那樣的人，他們會說：「我只是覺得，和妳一樣成功的女性，八成都是那個樣子。」

哈莉葉特．沃爾（Harriet Wall）和安妮塔．貝瑞（Anita Barry）針對大學生對男教授與女教授的期望進行研究，正好就得到如此結果。研究員把未來可能聘用的教授人選的資料交給學生，大家拿到的資料都一模一樣（教授的學術背景、出版著作與推薦信）。接著，要求學生預測候選人一經聘用後，會有如何的表現，包含獲得傑出教師獎的可能性。學生讀的資料在女性名下時，有些人預測她不會得到傑出教師獎，因為套用某學生說的「她太講求工作，沒有個性」，但同一份「檔案」在男性名下時，完全沒有人做出這種推論。

沃爾和貝瑞發現，讓女教授可能比男教授受到更嚴苛評斷的另一個理由，是學生對女人的期望更高。比起以為在評價男教授的學生，那些以為在評價女教授的學生會期望她們更慈愛，而且在課堂外貢獻更多時間給學生。研究員指出，學生們在評價真實的教授時，對於男教授的讚美可能比較多，即便女教授實際上花了更多時間在他們身上。因為女性畢竟只是做了大家期望中的事，而男人做得則高於預期。讀這份研究時，我當然想起了那位不想打擾自己博士論文指導教授，而選擇週日打電話到我家的研究生。

語言養成乖女人

女性特質和權威的矛盾，在政治圈的女性身上是關鍵。好男人跟好候選人的特點雖然相同，但女人必須選擇要讓人覺得自己是堅強的領導人，**或是**好女人。如果男人表現得有說服力、有邏輯性、直接、有駕馭力又有影響力的話，他就提升了身為男人的價值。要是女人表現得有說服力、有邏輯性、直接、有駕馭力又有影響力的話，她就可能有損身為女人的價值。

羅賓．萊可夫在《語言與女人的地位》（*Language and Woman's Place*）一書裡就說明過，語言會從兩個角度攻擊女人：她們說的話還有她們怎麼被別人說。如果我寫了「候選人說完勝選感言就昏厥（fainted）了」這種句子，你就會知道我講的是女人。男人不會昏厥，男人是昏倒（pass out）。這些用語有著極為不同的聯想意義，同時會反映並影響你我對男人和女人的印象。**昏厥**讓我們想像出一個孱弱女子倒在出手相救的男人懷裡，她手背還壓著自己的前額——這動作大概沒什麼道理，可能只是為了做效果。**昏倒**的言下之意則是直接倒在地上。

一九八四年美國總統大選期間，《新聞週刊》（*Newsweek*）有一篇文章引用了雷根陣營助選員的話，稱對手陣營的副總統人選費拉蘿（Ferraro）是會「把雷根眼珠子抓出來」的「惡毒女人」。

這個說詞加上該週刊以此下筆，就已經夠惡毒了。**惡毒**一詞如果用在男人身上，好像溫和到無關痛癢。何況，男人不會抓，男人會出拳重擊，帶來相應上更強力的後果。**抓**這個動詞反映並同時強化了一種比喻，即刻板印象中的女人像貓。每當有人使用這個隱喻相關的用詞，這種印象就會被強化，暗示女人的個性普遍具備「貓一般的惡毒陰險」（cattiness）。

即使在看似誇獎費拉蘿的時候，該文章也用了充滿性別意味的詞彙。她被稱讚具備「驚人的天賦，善於牙尖嘴利的（tart）政治雄辯，不斷數落（needling）雷根對公平的議題的處理態度，同時挖苦（twitting）雷根—布希陣營不願讓布希與她辯論」。如果我們把主詞和受詞對調，對雷根（或任何一位男士）口語能力而言，**不斷數落**和**挖苦**聽起來不像讚美。（我要忍住別評論「牙尖嘴利」的聯想意義，姑且假設作者不是故意玩弄這個詞的雙重意義。）[15]

麥可・蓋斯（Michael Geis）在他的著作《政治的語言》（*Language of Politics*）裡就提供好幾個例子說明用來中傷費拉蘿的字眼。有一篇文章的標題稱她「生氣蓬勃」（spunky），另一篇則用了「精力充沛」（feisty）。根據蓋斯的看法，這兩個詞通常只用於描述沒有實際力量的小型動物。描述北京犬可以，但大丹狗不行；描述米奇・魯尼（Mikey Rooney）可以，但約翰・韋恩（John Wayne）不行——換句話說，描述中等身材的女性可以，但中等身材的男人就不行。

我相信這樣描述費拉蘿的記者終究是要讚美她，而不是中傷她的。也許他們覺得自己選了

15 譯注：tart也有「放蕩女人」之意。前文中needle則有「針線活」的聯想；twit作名詞時為「傻瓜、笨蛋」之意。

簡單、好記又引人注目的詞句。但他們的用詞卻貶低了這位副總統候選人，把她變得微不足道，凸顯她身為女人與政治領袖的形象互不協調。就算這是無心插柳，結果也一樣。我們以為自己在使用語言，其實卻是語言在利用我們。

並不是記者、作家或是日常的說話者，在語言上故意或無意地「帶有性別歧視」，重點在於，性別特徵就是語言的一部分。我們可以用來描述女人和男人的詞彙，是不同的。而且，最具殺傷力的是，我們的形象與態度就是透過語言形塑，並加以強化而成。我們光是了解並使用語言，就等於慢慢吸收了這些針對男女既不相同又不對等的假定，而且代代相傳。

肢體語言的束縛

肢體語言也很有說服力。政治候選人免不了要發表全家福照片，在典型的全家福照片裡，候選人會直視鏡頭，他的妻子則凝視著他。觀者的眼光因此會被導向關注中心，也就是候選人身上。費拉蘿在一張廣為宣傳的全家福照片中，仰頭凝視著丈夫，而丈夫則直盯鏡頭。那張動人的照片將她呈現為好女人，卻把她的丈夫變成不合宜的關注重點，情況就類似於費拉蘿財產申報的關注焦點竟是她丈夫的財務狀況。如果那張全家福照片呈現的，是費拉蘿直盯鏡頭而丈夫深情地看著她，那就不會是一張有力的競選照片，因為她看起來會像個丈夫軟弱的跋扈妻子。

諷刺的是，在像美國這種相對主張平等的社會裡，女人擔任權威要職可能會比在更具階層制度的社會更難。有一位在雅典辦美國雜誌並擔任編輯的美國女性告訴我，希臘人上門談生意時，一旦得知她是老闆，注意力就會集中在她身上。不過，上門的美國人如果看到她的男性助理編輯也在場，則會忍不住想跟男助理說話。看來，希臘人對出版社老闆地位的敏感度，強過他們對其性別的意識；而不像希臘人那樣被地位嚇倒的美國人，則無法跳出自己對性別的意識。

我們從前面的多數討論可以看出，男性和女性的風格差異都會誤導人，就這點而言，男女是對等的。男人和女人在男孩與女孩的不同世界裡學會使用語言，雙方都用各自的說話方式解讀對方的說話方式。但在很多方面，男性與女性的風格差異，卻不是對等的。當男人和女人在一個群體內，大家可能會用男人比較熟悉也自在的方式說話。通常也是以大家視為行為準則的男人風格當標準，評斷男人和女人的說話方式。最令人難過的是，在一個以平等為共同目標、而且越來越多女性進入高地位職務的社會下，女性當權者卻發現自己受到雙重的束縛。她們如果用大家期望女人說話的方式說話，就會被視為不夠好的領導者；如果用大家期望領導人說話的方式說話，就會被視為不夠好的女人。這條邁向權威的路對女人而言很艱難，總算走到目的地時，才發現那裡滿布荊棘。

第九章
「我在跟你講話，看著我！」：性別更甚年齡差異

這本書的靈感來源之一，是我參與過的一項研究計畫。該計畫研究的是從小學二年級到大學的各個年級朋友間如何交談。我的本意雖然不是檢視性別差異，但我在觀看心理學家布魯斯・多爾瓦的影像紀錄時卻很驚訝。一方面，這種差異性讓各個年齡層的男性和女性顯得不同，另一方面，同一性別的共同點也跨越了年齡層的差距。在許多方面，二年級的女孩比較像二十五歲的女人，而不是二年級的男孩。

讓我印象深刻的是，錄影帶中男性與女性說話者有兩類差異：一是朋友聊天的內容，二是他們的肢體語言——即他們是如何利用肢體與眼神適應彼此。

任何一個觀看錄影帶片段的人，都看得出肢體調校或所謂肢體語言的差異。無論年紀，這些女孩和女人坐得都比較靠近，也會互相直視對方；而這些男孩和男人彼此都斜個角度坐（甚至有幾乎平行的案例），並且從不直視對方的臉。我開創了「定錨注視」一詞描述這種視覺上

的常駐點。女孩和女人會把目光定在對方的臉上，偶爾移開；而男孩與男人則會把目光定在室內的其他地方，偶爾才掃視一下對方。

男孩與男人避免直接盯著彼此看的行為，尤其重要，因為研究員強調女孩與女人傾向用比男孩與男人更迂迴間接的方式說話，一般的看法也是如此。但實際上，男人和女人會習慣在不同的事情上表現得迂迴。男性在肢體調校與口頭表達個人問題方面，通常比較迂迴。

二年級生的戲弄與說故事

在肢體調校和聊天內容上，以下有兩對二年級生提供了最顯著的對比。凱文與吉米這對二年級男孩一直在椅子上動來動去，好像他們坐的椅子容不下他們似的。他們完全沒有直視彼此。他們會看看室內，看看天花板，看看架設在房間裡的錄影機。他們像蟲一樣動來動去，跳下椅子，有節奏地踢著腳，對著彼此和錄影機扮鬼臉，指出室內的物品。其中一人不斷捶打著椅子的扶手。他們唱歌，並用雙唇發出像是馬達的聲音，以及胡亂無意義的音節。

那麼，在這一切騷動之中，這兩個男孩聊些什麼呢？他們演了一齣引人注意的表演：對著錄影機做鬼臉、說髒話、大笑，然後用雙手摀嘴蓋住笑聲，還叫對方住嘴。他們戲弄對方，吉米一直跟凱文說：「你的頭髮立起來了！你的頭髮一直翹翹的！」然後試著要幫凱文弄頭髮，反正凱文沒有鏡子，不知道自己頭髮看起來根本沒問題。他們話題一個跳過一個，好像兩人想辦法要找點「可做的事」。

「要玩什麼遊戲？」

對二年級男孩而言，「可做的事」就是「可以玩的遊戲」。例如，他們環顧室內（多爾瓦教授的大學辦公室，也就是兩個人被安排受測的地方），找找有沒有可以玩的遊戲：

吉米：你看。你知道那裡有什麼可以玩的遊戲——什麼可以玩的遊戲嗎？我們來玩——我們一年級的時候有玩那個。

吉米：我們有什麼——他有什麼遊戲？

凱文：我不知道。

吉米：可能只有那個吧。那真是蠢遊戲，可不是？

凱文：不過看起來滿不錯啊。

吉米：我等不及要玩遊戲了。

因為他們找不到可以玩的遊戲（或者不認為自己可以拿取他們在室內看到可以玩的東西），於是想試著找出其他可以做的事：

吉米：嗯，如果你有什麼可以做的事，就做吧。
凱文：他又回來了。你想做什麼？
吉米：踢足球。

吉米顯然當下不能做那件事，但讓他想出自己想做什麼是沒問題的：踢足球。他想到外面去，跟一群男孩跑來跑去，而不是坐在椅子上跟朋友聊天。由於當下無法運動，他們開始聊起未來可以運動的事。凱文說：「你想找一天來我家嗎？騎我的腳踏車？」

男孩們真的找到了「可以做的事」，不過那並非他們的首選。吉米用假裝不耐煩的口氣命令凱文找點事情做，凱文也聽命，提出了兩人都採納的建議：

吉米：你要不要找點事情做？
凱文：拍手遊戲。
吉米：（大笑）喂。拍手遊戲。來吧，我們來玩拍手遊戲。來吧。

以上所有的片段，都讓人覺得他們就是精力充足的小小孩——我本來以為他們跟所有小小孩都差不多，但我看了兩個同年齡女孩的影片之後就改觀了。二年級女孩呈現的彷彿是另一個世界。整場錄影下來，珍與愛倫兩個女孩的大半時間，幾乎都是面對面靜靜坐著。有時其中一人或兩人都坐在椅子邊邊，直視對方的臉。只有在想著接下來要說什麼的時候，才會平和地看看其他地方。她們沒有四處尋找可以做的事，似乎很滿意自己已經在做一件事：跟彼此說話。

把這兩份逐字稿放在一起看，就能看出有多麼不同。二年級男孩的逐字稿是一堆脫口而出的簡短話語，各自說話時幾乎都沒有超過一句；但另一方面，二年級女孩的對話內容卻是她們各自的大量內容，因此，一頁逐字稿可能只有一個人講話或兩人各說話一次。這是因為她們跟對方聊的，是自己或別人發生的故事。而且，這可不是隨便的故事，內容包含意外、不幸、生病，還有到醫院探望人。

「那很嚴重耶！」

對我來說，講述不幸的故事似乎很奇怪，但我後來才明白，她們的行為是在嚴格遵循別人的指令。多爾瓦指示兩個女孩要跟對方商量些什麼，找出嚴肅的話題聊聊。他跟先前那對男孩，以及他研究的所有其他成對的孩子都這麼說。因此，他離開辦公室後，這對女孩先是緊靠在一起咬耳朵，然後分開，面對面坐著，開始交流她們認為嚴重的故事。雖然以下摘錄的故事都很短，卻是很有代表性的二年級女孩對話內容。

愛倫：妳記不記得？上次——我跟妳說過我叔叔的事？他在我爺爺後面爬上樓梯那件事？然後他摔下來，呃，頭都摔破了？他——妳知道嗎？到現在都還沒有痊癒。

珍　：有一次，我叔叔，他，呃，他有一座牧牛場？在米爾沃斯吧？然後公牛的角直接穿過了他的腦袋。

愛倫：那很嚴重耶。

愛倫對珍講的故事表達贊同的方式（即「那很嚴重耶」這句），顯示出講述災禍相關故事的行為，是為了要遵守她們接受的指示。

我在比較同年齡的男孩與女孩時，感覺像在觀看兩個不一樣的物種。對女孩來說，要求「跟彼此聊些嚴重的事」似乎有道理，這個要求是她們時常自己選擇會做的事，即坐在一起聊天。不過，同一個要求對於男孩卻截然不同，他們在玩的過程裡不太可能只坐著聊天。他們比較習慣一起**做**事——在外面跑來跑去，或在室內玩遊戲。

從地位與連結的觀點看這些影片，或者，以對立與支持的架構來看，我便能清楚看出模式。彼此認定為最好朋友的男孩，以對立性的架構展現他們對於彼此的愛。其中一例，就是吉米重複的逗弄行為，讓凱文以為自己的頭髮翹起來，但明明沒有。吉米也假裝要開槍射凱文，說道：

「你被逮捕了。」而且他還故意說了一些惡毒的話：「我知道威廉一點都不喜歡你。」兩個男孩都互相打來打去，斟酌力量地朝著對方假意揮擊。

藐視權威

男孩們會頻頻表現他們對於安排這場情境的權威人士是有所知的，例如在此前的簡短範例中，凱文便說道：「他又回來了。」藉著違抗實驗者要他們做的事（聊聊嚴肅的事）以及鬧著玩的違抗行為，他們企圖削弱其權威。舉例來說，他們對著錄影機大吼大叫還扮鬼臉，然後咯咯地笑，又叫彼此閉嘴，暫時假裝一下，讓自己看起來像個乖小孩。實驗者不在場時，他們會想辦法要他現身，為的是藐視其權威，例如吉米說：「……然後放個屁——他就來了！」這裡還有其他節錄的部分都一樣，他們的「不當行為」好像是在針對那個告訴他們要做什麼的成年人。

既然他們被吩咐要聊些嚴肅的事，那要避免乖乖聽話，講笑話是個很不錯的方法。男孩們這麼做：

凱文：敲敲門。
吉米：是誰啊？
凱文：水果。

吉米：水果什麼？
凱文：水果糖。[16]
吉米：你會怎麼叫睡著的公牛？
凱文：追牛跑。什麼？
吉米：你說說看啊？你說說看啊？
凱文：我不知道。
吉米：推土機你聽懂了嗎？推土機。[17]

他們的笑話有時還帶屎帶尿，很粗俗。顯然他們打破合宜行為的規矩，是掛記著成年人的權威：

凱文：敲敲門。
吉米：是誰啊？
凱文：〔在椅子上跳〕敲敲敲門。
吉米：是誰啊？〔停了一會兒〕裙裙。哪位裙裙？你在你的女生內褲裡面穿裙裙。
凱文：我才沒有。
吉米：我在想他聽不聽得到我們的聲音——他可以——那我們動嘴巴就好了。〔兩個男孩都繼續這麼做。」

這個簡短的範例該有的都有了：吉米講了笑話，他逗弄地奚落凱文，他提到禁忌的主題，他表現得像是他一心想著那位可能反對他們踰矩行為的權威人士，他假裝（也要凱文一起）動嘴巴講話但不出聲，藐視並嘲弄這個情境。如果講笑話是一種讓說話者成為焦點的表演，那麼吉米在說那個裙裙笑話的時候，真是熱情洋溢，連觀眾參與的部分也一併包下，占著舞台，把敲敲門的四句台詞全說了。另一方面，他也可能只是幫凱文把話說完，因為凱文先開了「敲敲門」這個梗，卻好像沒有想到可以接下去的笑點。

訪談的遊戲

坐在一起聊天的情境，似乎會讓男孩聯想到被成年人盤問的那種階層式情境。吉米模仿演出了這種架構，扮起訪談者：

16 譯注：常見的英語笑話。敲門者會說 Knock knock 表示敲門，等對方問 Who's there? 時報上名，最後如果對方想知道敲門者姓什麼而追問時，再把全名說出來。

17 譯注：bulldozer（推土機）可拆解為 bull（公牛）跟 doze（打瞌睡）。

吉米：我有四件事要說。
凱文：哦？
吉米：我有四件事要說。
凱文：講給我聽啊。
吉米：你學校功課還行吧，嗯？
凱文：是啊。
吉米：嗯，足球也踢得不錯？
凱文：嗯哼。
吉米：你真不錯。最後一個問題是什麼？你還好嗎？
凱文：很好啊。
吉米：換你上場了。

凱文也好、吉米也罷，輪到自己說話時內容都非常簡短（只有幾個字）。但有兩次例外：一次是吉米在說明某個電玩遊戲，另一次則是他在解釋拍手遊戲的規則（但提議玩拍手遊戲的人是凱文）。這兩次說話時，他都扮演了老師的角色。

極為不同的歷練

上述只是其中幾個例子，這種現象在二十分鐘的影片裡俯拾皆是：男孩們動個不停，他們覺得「可以做些什麼」都跟體能活動有關；他們始終對於自己所處的階層式架構有意識，並盡可能地嘲弄、抗拒；同時，他們以對立的模式展現對彼此的愛。他們雖然會直接反駁對方，但如果發生貶低與假裝抨擊，爭論就是自然反應。例如：吉米說凱文在女生內褲裡面穿了「裙裙」的時候，凱文就反對，說「我才沒有」；還有當吉米說凱文被逮捕，他說「沒有，我沒有被逮捕」。

同一個情境下的二年級女孩對話內容，跟上述的說話方式卻絲毫沒有相似之處。女孩們雖然也意識到自己身處於權威式的架構之中，但她們乖乖順從，而不是嘲弄或藐視。此外，她們對彼此說的話表示贊同，還會接話以示支持，完全不是嘻鬧地彼此攻擊。她們也沒有串通起來藐視權威，反而互相讓對方知道她們成功聽命行事，例如愛倫跟珍說「那很嚴重耶」。有別於男孩們互相暗示對方做錯的逗弄行為，女孩們則向彼此保證，她們做對了。

女孩們在上述節錄內容裡訴說的簡短故事，也常出現在用故事連結女孩們共同經歷的方式。愛倫開頭用了「妳記不記得？」，是要提醒珍當時她在場或之前就聽過這件事。這些女孩們二年級時，就已經會用典型的上升語調說故事，讓每一句話聽起來都像問句。從地位的觀點來看，這種語調就類似於許多女孩與女人典型的說話方式，可能被解讀為請求認可，因此被視為自信不足。但這也可以看成（我認為更準確）一種邀請聆聽者藉由「嗯哼」這類的話或點頭進而參與談話。珍講故事的時候，也多次以朋友的名字開頭——這也是另一個介入的標記。

前述的簡短例子中，珍用類似的故事接著愛倫的故事往下講，這種現象也常發生在比較長的對話。珍的故事不只因為跟意外有關，也同時跟叔叔與頭部受傷有關，所以和愛倫的故事一搭一唱。

跟男孩們一樣，這兩個二年級的女孩也聊未來的活動，只不過她們的提議不一樣。凱文邀請吉米去他家騎他的腳踏車，珍則告訴愛倫，她剛讀了一個她很喜歡的《聖經》故事。珍說愛倫可以去她家，這樣她就可以讀那個故事給對方聽——或者對方也可以自己讀。珍提出聊天的活動，跟凱文的體能活動大相逕庭，而且她也要愛倫放心，說如果她不想聽人讀、想自己讀故事也可以，這麼一來，就免於把愛倫框構為地位較低的一方。

研究員還沒進入房間提醒女孩們聊些嚴肅的事情之前，她們就已經在交流不同類的故事了。正如女人似乎將訴說問題當成一種投契式談話，這些二年級女孩也在一來一往地抱怨事情。例如，珍抱怨弟弟一直要聽她讀故事卻又不讓她讀完，因為弟弟會一直拿出新書要她讀。愛倫也聊到讀故事給**自己**弟弟的事作為回應，而她的問題是弟弟選了一本好厚的書，而她每讀完一章、以為已經完成任務時，弟弟卻會堅持要再聽一章。我們看到，二年級女孩藉著抱怨自己親近的人、又透過呼應同時支持彼此故事的行為，在此建立投契關係。

我把這些影片給男人和女人看，他們對這些二年級學生的反應大不相同。我的反應是屬於女性的典型反應：我覺得珍和愛倫是很甜美的小女孩，讓我邊看邊微笑。她們積極完成實驗者的要求，讓我很感動。她們擄獲了我的心。而小男孩們卻讓我捏把冷汗。我希望他們**乖乖坐好**！我覺得他們開玩笑的行為很呆，我不喜歡他們的逗弄還有作勢抨擊。我覺得凱文很可憐，他一直想辦法要把自己頭髮弄順，而且還聽到另一個小男孩不喜歡他。

然而，男人看完我提供的影片卻有非常不同的反應。他們認為這些男孩很可愛，被男孩的精力與歡樂給打動。他們贊同男孩們調侃所處情境、藐視實驗者權威的衝動。在男人眼裡，那兩個女孩像是自命清高的乖乖牌。有些男人說他們不信任這些女孩，他們覺得小孩子不可能真的喜歡這樣安靜坐著——女孩一定是為了討好實驗者才拿出最好的表現。

這就是問題所在：男孩和女孩在不同世界長大，我們卻以為我們在同一個世界裡，因此用自己的標準評斷彼此的行為。

兩性生活的縮影

這些差異帶來的後果在小學裡最明顯了。小學老師希望孩子像影片中那些女孩們一樣靜靜坐著、乖乖聽話，不要像那些男孩一樣動來動去、彼此逗弄又違抗命令。我在閱讀某份探討幼稚園教學風格的研究時，無意中發現我前文說明的那些模式，也有現實生活的佐證。我也同時發現這個模式帶來的誇張後果。民族誌學家珍・懷特（Jane White）的研究主題被她稱之為小學教師的「禮貌」，其中一篇論文的開頭引用了某堂課的節錄。幼稚園老師貝德福太太在課堂上介紹社會科的其中一課，她說：

噢，我的天啊，你們真是一群可愛的幼稚園小朋友。噢，看到這樣的笑臉，貝德福太太好**開心**啊。那麼，大家都坐得舒服嗎？〔**停了一下**〕我們來看看教室裡有誰吧。看起來大家都在呢。今天的排長是馬克。〔**學生們自己在下面聊天**〕噢，我喜歡泰咪和芭芭拉的坐姿。她們真是**準備好**上一年級了。噢，柯瑞和海瑟，真好……還有柯琳和雪莉，妳們看起來好極了。喬伊，你能不能轉過來讓我看看你的臉？史蒂文，你可不可以來前面坐在我旁邊？巴比，自己在那裡找個位子坐下。史提芬，那裡有個好位子可以坐。大家都自在舒服嗎？準備好了嗎？

性別差異不是懷特的研究重點。她提出這些內容的用意，是要讓我們看到老師用「禮貌」的說話方式，例如他們會讚美好行為而非責備壞行為，並用問句表達指令。不過，我在讀這個饒富畫面又人人熟悉的例子時，卻發現因為靜靜坐著而被讚美的孩子，全都是女孩，而因為沒有乖乖坐好所以（間接）受到批評的，全都是男孩。

另一篇論文也帶給我同樣的強烈感受。社會學家貝瑞・索恩（Barrie Thorne）為了說明小學老師把男孩和女孩視為有別的社群，引用了一位老師的說法：「女孩隨時都準備好了，男孩不會這樣。」這兩則真實課堂上的例子，都誇張地描述出學校要求的行為，對女孩比對男孩而言更加「自然」。

此前我曾提過語言學家愛麗絲・葛林伍德研究自己青春期前期的兒子和女兒跟朋友吃晚餐的餐桌對話，我在那份研究裡，無意間發現了另一個現實生活的例證，可以支持我在朋友聊天的影片裡觀察到的模式。就像二年級女孩會以一句「那很嚴重耶」肯定對方所言不假，葛林伍德研究的女孩們跟朋友聊天時，往往也會用「那真的好好笑喔」的肯定表達，來支持好笑的內容。更有甚者，另一個女孩為了宣布一件事說「這真的超好笑」，但都還沒說內容**之前**，女孩們就會開始很滿意地大笑。與此相反，男孩覺得好的對話是「可以開玩笑、相互調侃」，跟二年級男孩選擇做的事，如出一轍。

這些現實生活的例子讓我確信，我研究的那兩份影片具有代表性，並非特例。此外還有一堆探討小女孩和小男孩遊戲情況的研究，也證實我的發現。這些研究提供了證據，顯示小男孩進行比較多體能活動，而且好鬥、更喜歡平行型遊戲而非協調型遊戲，也更容易採取對立立場。例如，發展心理學家坎貝爾・萊培（Campbell Leaper）便發現，五歲的小女孩會用一種「積極互動」的方式詳細說明彼此的觀點；另一方面，同年齡的小男孩卻會展現「消極互惠」，一人掌控而另一人退出。學者艾美・歇爾登在研究幼兒園的三到四歲幼兒時發現，男孩和女孩如果跟同性別的玩伴三人一組，就算自己玩自己的，女孩也會大聲說自己在做什麼，而且回應別人的話，讓彼此保持連繫——男孩卻不會如此。

如果在二年級孩子身上可見成年人的模式來源很有趣，那麼在三歲幼兒身上看到這些模式就更難讓人置信。難怪男人和女人很難理解彼此的觀點：打從一開始，我們就一直站在不同的參考點上看待事物。

六年級生的人際困擾

六年級男孩和女孩的差異跟二年級生一樣明顯。華特坐在有扶手的高背椅上靜不下來，他不是跳上跳下、一下坐一下站，而是像蟲一樣，在椅子上扭來扭去。他還一度側倒，彷彿是橡皮人一樣，手往椅子下伸去。另一個男孩湯姆還算坐得住，但他看起來也不太舒服。他雙腿往前伸，一隻手大多數時間都往後垂放在軟墊椅背上。與其說他很安靜，不如說是僵硬吧。

這兩個男孩也不看著彼此。華特頻頻揉眼睛，製造出一個實體障礙，避免目光投向湯姆。他玩著手指，看自己手指的時間比看湯姆的時間還多。湯姆也將椅子坐滿，和華特之間保持一個夾角。他們東張西望，顯然在找可以聊的東西，而且也往往都找得到話題。例如：他們對室內裝飾發表了意見（「那張照片很奇怪」，之後還有一句「天殺的，這真是張很妙的照片」）；他們發現天花板有灑水器，其中一人跟另一人解釋「那是防止著火用的」；華特看到自己的包包，從裡面拿出一雙新鞋，兩人都邊看邊把玩還聊了一下那雙鞋。

換到六年級女孩身上，我們看的是截然不同的景象。女孩子沒有把椅子坐滿，而是橫著坐，這樣才能直視對方的臉。夏儂靜靜地坐在木椅的邊邊，雙手放在椅子的扶手上。茱莉亞的椅子有軟墊可是沒有扶手，但她沒有像湯姆一樣把手往後擺，而是雙手雙腳都縮到椅子上。她把左腳腳踝放在右膝上，扶著腳、玩著鞋帶。她有時候會瞄一下腳，但她專注凝視的是朋友的臉。這與華特相反，華特看的是自己的手指。

茱莉亞和夏儂在聊天期間變換過好幾次姿勢，但變化頻率不高，而且也不唐突，兩個女孩的凝視與姿勢都緊密地保持一致。這個年紀的男孩給人一種經歷受到抑制的感覺。華特的扭動和湯姆的安靜，似乎都來自於不自在。而女孩對於自己可以做的動作還算自在，但男孩們卻像是在壓抑自己，知道不該表現出自己感受到的豐沛精力。或許從這種對比，我們可以看出許多男人靜下來猶如僵硬的端倪。

男孩和女孩聊的內容也有很大不同。在二十分鐘的對話裡，湯姆和華特聊了五十五個話題。他們聊到學校、家庭作業、有線電視、運動賽事、電視上的性與暴力（他們不贊同）、室內看到的東西、他們想要的東西（摩托車、電腦、步槍）、學校裡的其他男孩、華特的鞋子、他們玩的搖滾樂團、通貨膨脹、第一夫人南西・雷根花三千美元買一套洋裝的事（他們也不贊同）、女孩、槍枝、錄影帶、還有他們的友誼。所有的話題都是幾句話就結束，而且每次發言都很簡短。

跟二年級男生的對話一樣，六年級男生的對話也只包含兩次長一點的發言，而且都屬於報告式談話，把兩個男孩框構為階層制當中地位不同的人：湯姆唱了一首他最近替他們搖滾樂團做的曲子，把自己框構為表演者，華特成了觀眾。此外，他還說了他的一次腳踏車意外。

「失去最好的朋友是很痛的事」

再一次，把鏡頭從六年級男孩轉到同齡女孩，就像是到了另一顆星球。女孩們幾乎把所有時間都花在聊茱莉亞跟另一個朋友瑪麗吵架的事。茱莉亞說失去一個朋友她很難過（「失去最好的朋友，那種真正親密的朋友，真的很痛苦」）。她們一致認為兩人絕交是瑪麗的錯。她們的談話透露出她們的友誼對她們的世界而言有多麼重要。茱莉亞說「我喜歡交朋友，然後**永遠**維持朋友關係」，還有「我無法在沒有朋友的情況下過活」。夏儂表示同意：「我也不認為有誰可以在沒朋友的情況下過活。」茱莉亞跟夏儂宣告，她們兩人要「**永遠**當朋友」。

這兩個六年級女孩一再表達她們對發脾氣會破壞友誼的懼怕。茱莉亞解釋，她和瑪麗的絕交就是因為瑪麗生氣，所以瑪麗「很惡毒」。相反地，她堅持自己不會對人發怒，就算她不喜歡對方的行為也一樣：

夏　儂：妳跟瑪麗不再是好友，好可惜。

茱莉亞：我知道。天啊，就——她有時候好惡毒……還有——讓人好難過的是，她就——突然對妳生氣。好比，如果她做了什麼我不喜歡的事，我是說，我只是——不喜歡而已，我想說，我不會這樣就對她生氣！

茱莉亞：我媽也會做些我不喜歡的事，然後——我就——我是說我都沒有對她發火。

茱莉亞覺得（也害怕）大家生氣的時候就會吵架，然後吵架可能造成分離。她還提起了看似無關的新主題——她擔心她的爸媽可能離婚。但或許話題沒有變：她以前聽到爸媽吵架所以怕他們離婚，而她認定瑪麗之所以難搞，就是因為她的爸媽真的離婚了。

這裡，我又再次在年齡相仿的孩子的對話中，發現這些模式的獨立證據。黛博拉．蘭芝錄下的青少女對話也出現過「生氣」的話題。對話中有一個女孩講述了自己的問題：她想找所有的朋友聚在一起，但她辦不到，因為她們並非全都喜歡彼此。她不斷重複自己沒有生氣的時候，聽起來很像茱莉亞：

> 我沒有氣迪娜什麼的。我也沒有氣米莉森或瑞塔。但我……我一直……同時要跟她們所有人安排事情好難喔。

她沒有對她的朋友們生氣，反倒下功夫要讓所有人和好：

> ……因為瑞塔跟米莉森吵架，迪娜覺得米莉森是個愛嫌鬼，這真的很惡毒，因為這樣不公平，因為，呃，我試著要，呃，我試著要，呃，我試著要讓大家和好這樣我才可以跟所有人安排事情。但我希望她們所有人都處得來而不是刻意，呃，刻意和好，呃，妳懂的，

我是說我自己得改變。

這段節錄內容不但讓我們看到六年級女孩們分享關於朋友的困擾，同時也表現她們想避免衝突、維護和諧。

「我懂」

在六年級女孩的影片中，夏儂和茱莉亞也和二年級女孩一樣，會進一步支持彼此感受。例如，茱莉亞講瑪麗的事，夏儂都不斷認同。茱莉亞剛說完瑪麗愛生氣、但自己不會生氣之後，她們接著說：

夏　儂：她會想辦法激怒人。
茱莉亞：她真的會。她只會看著我哭還有那些有的沒的。她只是讓我承受痛苦。
夏　儂：而且還樂在其中。
茱莉亞：我知道。她很享受那一切。

夏儂提出類似的觀察，藉以支持茱莉亞對瑪麗的抱怨，而茱莉亞則將夏儂補充的部分，納入自己的抱怨裡。

話題一樣，內容不同

六年級男孩和女孩就算話題相同，但內容也會不同。例如，兩對朋友一開始都跟對方說前一晚發生的事——茱莉亞講述了自己跟父親發生的問題，湯姆則聊到電視的問題。先來看看男孩們：

湯姆：哈，你知道昨天怎麼？我們坐著看有線電視對吧？有台好大的老噴射機飛過，聽起來好像要降落了一樣。

華特：〔大笑〕

湯姆：然後我家有線電視昨天就不能看了。

華特：我們家的也是。

話題就此結束。現在，來看看女孩們：

茱莉亞：嗯，妳猜昨晚發生什麼事。

夏　儂：什麼事？

茱莉亞：嗯，我就，嗯，好。昨天晚上，嗯，我弟弟被——好，我爸說「茱莉亞，妳得整理家裡，妳自己整理」，然後／？／，我就說「那為何弟弟不用做」，然後我跟我爸就大吵，妳知道嗎？然後，天啊。我咬他。我真不敢相信。天啊。

夏　儂：我的天啊。他有沒有生氣？

茱莉亞：有啊，但先——不要現在講這個——我就回我房間。還把門鎖上。

茱莉亞聊到跟人的互動，也就是她父親；而湯姆聊到跟物品的互動，也就是他家電視。茱莉亞的故事比兩個同年齡男孩每次聊天的主題還長。而且，茱莉亞的故事跟吵架有關，這是主要的女性顧慮之一，因為吵架會威脅到親密度。

茱莉亞故事的另一個面向也是女孩和女人特有的，那就是她們會把說的演出來，以此重現人際上的戲劇性事件。她模仿父親說「茱莉亞，妳得整理家裡，妳自己整理」，接著演出她的反駁，「那為何弟弟不用做」。由於女孩和女人在意人際事件所造成的情緒影響，因此，相較於男孩與男人，她們更會運用對話戲劇性地描述事件。

「該說話的時候，卻沒辦法說」

六年級女孩和二年級女孩一樣，似乎都很舒服自在地坐著聊天。不過，六年級男孩就似乎很受罪，他們想盡辦法要坐在椅子上，找出可以聊的事。他們是這麼說的：

湯姆：我在想要說點什麼，因為我們在錄影。情況不太一樣。
華特：我知道。
湯姆：如果在外面的話，就可以——
華特：我知道，我可以大叫，但在公寓裡面不行。
湯姆：也可以一直說話。
華特：嗯哼。
湯姆：該說話的時候，卻沒辦法說。

湯姆提到在「外面」，華特似乎以為是在說不待在室內的好處，然後他就提出在外面可以大叫的例子，來支持湯姆的看法。但湯姆說的，應該是這種人為安排情境以外的狀況，他的發言，是針對別人交代他們聊天但他們找話題時碰到的困難。

這些話顯示出，湯姆知道他們處在一個聽命辦事的情境，而他認為，這就是他們很難找到話題的部分原因。雖然不如前文的二年級男孩那樣明顯而且充斥整個對話，但湯姆也開玩笑嘲弄他們的情境：「要微笑啊，你上節目《隱藏攝影機》（*Candid Camera*）啦。」更戲劇化的是，多爾瓦簡短提醒他們要做什麼之後，離開時，湯姆還舉手敬禮——一開始動作很小，而且顯然不是刻意，但接著他動作就很誇大，顯然在嘲弄自己無意識地表現出下級身分。

面對實驗情境的不自在，二年級男孩對應的方式是聊他們想玩的遊戲，六年級男孩則想像自己脫離現在、長大後的情況。以下例子也顯示出他們利用所處的房間突然改變話題的方式，這是女孩們沒有的行為。

湯姆：哈，我等不及長大了。
華特：是啊，我知道你的意思。
湯姆：大學畢業、加入海軍陸戰隊。離開海軍陸戰隊、加入空軍。離開空軍、結婚。
華特：是啊，我等不及十六歲可以有自己的車了。
湯姆：我等不及十七歲可以結婚了。
華特：是啊，我也是。**看看那邊**的**那個東西！**

雖然這兩個男孩有點搞不清楚幾歲時將要承擔哪些成年人的責任，但他們渴望長大是令人動容的。影片裡的女孩們，沒有人講到這類的事。我把這解讀為，男孩是在對於「要聽命行事的兒童身分」表達不安，而且，我認為在此出現這種幻想，可能是逃離這類情境的方式。另一個二年級男生凱文，雖然話語更簡短，但他跟夥伴聊到年紀時也表現出同樣的衝動。凱文雖然不完全確定自己幾歲，也不知道年紀的意義（「我快十歲了但我還沒滿八歲」），他依然安慰自己：「我就快要趕上大人了。」男孩們表現出迫切想長大的態度，如此一來他們就能脫離階層制的底層。

友誼的相反概念

男孩們和女孩們的對話確實有明顯差異，但如果就這樣推論雙方的風格和關注點完全沒有類似之處，那就是誤導了。這些差異並非絕對的，而是程度上的差異。例如，這些孩子都很在乎維護友誼。以下是六年級男孩對此的說法：

湯姆：好像我們做什麼都在一起。
華特：是啊，我們這禮拜天要去打獵，對吧？
湯姆：好像要做什麼、要吵架，我們都會站在同一邊，或者如果有什麼點子，我們就會馬上開始做。然後其他人都想反對你，有的沒的。做事總是很難碰到沒人反對。
華特：我懂。

湯姆：因為有了一群人，總是會有另一群。好的那群一定會被挑毛病。

跟女孩們一樣，男孩們也談到他們有多麼要好，但表達上卻有不同。首先，男孩針對友誼的討論很簡短，而且這個話題只出現一次；女孩聊到她們友誼的對話則詳盡又充分，還不斷重提。湯姆說自己和華特是好朋友時，著重在他們一起做事的行為（「好像我們做什麼都在一起」）。還有，在他們對友誼的概念裡，吵架是核心。湯姆說，他和華特意見一致會自動激起別人的反對。湯姆的世界是一個競爭的世界，在這個世界裡，友誼是團結起來對抗別人。

對比之下，茱莉亞說她和夏儂是好朋友時，則是根據長期的互相了解：

茱莉亞：至少我們從幼稚園就認識了，我們知道彼此是什麼樣的人。

也根據彼此不吵架的事實：

茱莉亞：妳和我幾乎從不吵架。

還有根據溝通：

茱莉亞：我是說，例如我想要跟妳說話，妳就會說：「跟我說話！」如果妳想跟我說話，我就會跟妳說話。

比較六年級男孩與女孩的對話，我們可以看出，男人和女人對於親密關係中溝通問題的抱怨，究竟從何而來。男孩確實有稍微聊到他們的友誼與其他人的事，但大部分聊的都是關於物品、活動，以及對社會議題的看法。女孩唯一聊到的物品，是象徵她們友誼的東西。茱莉亞問夏儂有沒有給她友誼別針，夏儂說有。茱莉亞接著說，她讀到有人說真的很要好的話，就要給兩個別針。然後她手伸進包包裡，拿給夏儂第二個友誼別針。[18]女孩們的聊天內容全都跟朋友、友誼與感受有關，她們安排這種內容的微妙與複雜程度，在六年級男孩的對話裡是看不到的。

十年級生的合併式與平行式對話

我們接下來談十年級生，會看到一段深深影響我理解男性溝通的影片。十年級女孩跟六年級女孩非常相似。她們在椅子上乖乖坐好、直視彼此，聊著其中一人跟母親和朋友的問題。十年級男孩不只跟女孩不一樣，跟年紀小一點的男孩也不同。他們的坐姿是所有影片裡最誇張

18 譯注：友誼別針以彩色串珠和安全別針製作，用來送給朋友別在鞋帶上，在八〇年代的孩子之間相當流行。

的：四肢伸得開開的，幾乎是斜躺在他們應該坐好的椅子上。理查跟六年級的湯姆一樣，幾乎動也不動，雙眼直直地向前看，彷彿有人禁止他看自己的朋友陶德，就像奧菲斯不准看尤麗狄斯。[19]陶德用腳勾來一張旋轉椅當腳凳，一邊看著前方或環顧室內，一邊用腳搖著這把椅子，偶爾才看理查一眼。有人看了這段影片說，兩個男孩似乎像是在坐車：身體不是彼此面對面而是平行，兩人都看著前方，其中一人偶爾瞄一下朋友，另一人則幾乎沒看過。

但若是把音量調大，這個場景就截然不同了。男孩們聊的不是非關個人的話題。差得遠了。這兩個男孩，就是我們在第二章裡討論過的男孩。他們的對話交流，是我在多爾瓦的影片裡聽過最親密的。當女孩們聊著自己碰到的和其他人（不在場的其他人）的問題時，他們則正視著彼此的關係，其中一人揭露自己對失去、受傷與渴望的深刻感受。

「我知道問題在哪裡」

我們在前面章節看到陶德感覺被孤立：他覺得在派對上格格不入，跟喜歡他的女孩們處得怪怪的，跟好兄弟一起他也覺得不舒服。他對於跟理查單獨在一起而且比較常聊天的過往時光，感到悵然難過。我們可以從以下的節錄看到陶德的抱怨。為了傳達這段對話中結結巴巴、斷斷續續的特點，數字用以表示停頓的秒數。

陶德：我們他媽的要聊什麼才好啊？我是說，我知道問題在哪裡。

理查：在哪裡啊？

陶德：〔竊笑〕我們不說話這件事啊。

理查：我們不說話？

……

陶德：我們現在就又這樣了。

理查：什麼？

陶德：不說話。

理查：我知道。嗯，那你就說吧。

陶德：我們甚至都不再閒聊了。

〔大笑〕

理查：是嘛，好。（3.4）我是說，你知道的。我能說什麼呢？（3.6）我是說，如果你上週末講的每句話都是認真的，那我講的每句話也都是認真的。（1.0）

陶德：唔，我當然是認真的。不過，我的意思是，我也不知道。我想我們都在長大吧。

19 譯注：希臘神話中，奧菲斯（Orpheus）懇求冥王讓死去的妻子尤麗狄斯（Eurydice）復活，冥王答應他，但唯一的條件是他一路上不得回頭看跟在後面的妻子，要等回到人間才行。

我是說，我不知道。我想我活在過去之類的。我真的很喜歡我們以前整晚熬夜，你知道，就只是在某個人家裡徹夜聊天。

理查：嗯。

陶德：是還滿好玩的。

理查：是啊，那真是好玩。

（2.2）

陶德：可是現在如果能在走廊隨便講上一句話就算運氣好了。

理查：（用一種激對方的音調）噢，你夠了！

陶德：我是說真的。我記得走在走廊然後我跟你說「嗨！」然後你說「嗨，你好啊」，或者有時候你會把我往置物櫃方向推，如果我運氣好的話。（大笑）

（1.4）

理查：（一副反駁的樣子）我們會說話啊。

陶德：跟以前不一樣了。

（4.8）

理查：我從來不知道你想說話。

雖然看完這段對話的男人，大部分都說這很不常見，但這對話還是發生了。最令人印象深刻的是，這兩個男孩的話語跟他們的肢體語言，存在著強烈的對比，幾乎可說是矛盾。他們的話語表現出極強的介入性，顯示兩人關係非常緊密，但他們的身體姿勢卻依舊毫不在意、慵懶無謂。

男人在情感上疏離嗎？

我曾跟一位家庭治療師談到我的觀察：女孩會直視對方，而且調整她們的身體面向彼此，但男孩們不會看對方的臉而是看其他地方，而且會彼此夾著一個角度坐。她評論：「我看到的家庭也總是這樣。男性不會看我，他們也不會看妻子。男人在情感上總是疏離的。」然而，上述的十年級男孩也不會互看，但他們完全不是情感疏離啊。雖然他們以非口語的方式展現出情感疏離，但他們情感上還是非常緊密。例如，理查誇張地打了個大哈欠，一邊伸懶腰揉揉臉，一邊說：「我從來不**知道**你想**說話**。」

有鑑於這些不同年紀男孩和女孩的影片，再加上家庭治療師描述的情況，我對其中一種極端的不平衡深有所感：女人看著治療師和伴侶時，只是在做一件她一直以來都在做、感覺自然又正確的事；但男人被要求直視治療師和妻子時，則是被要求做一件有別於以往的事——他不但很少練習、還覺得做了可能有問題。以男人的肢體語言判斷男人「情感疏離」，似乎武斷也不盡公平，因為評斷他們的是一個不同文化的標準。這並不是說男人不可能情感疏離，或者男人與妻子和治療師談話時直視對方也不會有好處。但只看非直接的肢體語言和視線，並不保證情感疏離的解讀一定成立。

在十年級男生自己的文化約束下，他們的肢體語言裡有許多緊密的證據，證明他們正在互相關心與協調。他們的動作協調得很精細。他們會做類似的動作、方向相仿，而且同時發生。他們動作一致，創造出語言學家羅納德・斯考倫（Ronald Scollon）所說的「整體感」，也如語言學家貝克（A. L. Becker）所說，像兩隻鵝在整理羽毛，看似彼此忽視，卻以協調一致的節奏反映出對方的動作。

男孩和男人為什麼會往外看、不看彼此，環顧室內卻不直視對方呢？一個可能的解釋，就是直視另一個男人的行為看起來有敵意，是威脅的一種展現。而直視女人，感覺上可能有性意味，是調情的一種展現。我有個同事對於這個主題有話想說，於是要坐到我旁邊來。他找了張面對我的椅子，把椅子轉了一個角度，如此就不用直接面對我。我們兩個都笑了，因為他的直覺舉動，讓他不必跟我坐在同一條直線上——正如同我給他看的影片裡那些男孩與男人一樣。

假如以聊天時看著彼此的女人的標準來判斷，那麼，男人移開目光的行為會阻絕親密感，是避免連結的手段。但如果避免直視對方是為了避免好鬥，那麼，對男孩與男人來說，這就是實現友好連結的方式，而不是破壞連結。

十年級男孩和女孩們的身體調校，可以解讀為異曲同工的行為（都以介入性為目標），而不是用來斷定女孩關係緊密、男孩關係疏離的證據。這種對等性類似於他們聊困擾的差異。我們在第二章就看到，南西和莎莉把大部分時間花在討論南西跟媽媽和男友的問題，莎莉會透過進一步認同與強化那些問題，藉以回應南西的抱怨。對比之下，理查和陶德雖然都提到困擾，但他們卻以冷處理與不理會的方式來回應彼此的問題。

雖然男孩們寬慰彼此的風格，跟女孩們回應彼此問題的方式不一樣，但它有自己的邏輯。男孩的對話內容跟他們的姿勢一樣，把他們定位於平行的軌道上。每個人聊自己的煩惱，另一人則輕看那些煩惱，甚至改變話題。用女人的標準來看，這樣表示不關心對方和他的問題。不過，這也可能讓彼此好過一點。一再談論問題可能是表達關心的方法，但這也可能讓問題感覺更嚴重。例如，南西如果因為必須離開派對而不開心，那當莎莉告訴她，大家看她走了都嚇一跳，反而可能讓她感受更差。但從另一個觀點來看，莎莉這樣是為了向南西證明團體裡的女孩都在乎她，她離開時大家都想她。

十年級的男孩和女孩們表現了異曲同工的某種行為，可以看出他們都對所處的情景不安，也都嘲弄了被交代的事。（莎莉說：「聊聊傑瑞吧。那可是嚴肅和／又親密的話題呢」，而陶德則說：「這下子我們得親密親密才行啦。」）這兩組朋友很快就進入狀況，開始做實驗者交代他們做的事。不過女孩們抗拒的表現，例如開玩笑和嘻嘻哈哈的舉動，比男孩們更持久。事實上，女孩在影片的前五分鐘一直表現出抵抗情緒，多爾瓦得提醒她們執行任務才行。在這段時間裡，她們兩個就算互相調侃，但挖苦的話一出口就會被推翻。例如莎莉笑著說：「妳這笨蛋！不，妳不是笨蛋。」

如果二年級、六年級與十年級的男孩和女孩如此不同，那麼，二十四到二十七歲之間的男人和女人又會如何？

成人朋友的對話

成年朋友聊天的影片顯示了年輕人風格的自然發展。我們已經看不到與他們自己和摯友有關的情緒壓抑，也看不到他們對父母及其權威的耿耿於懷，但依然可以明顯看出他們用身體和談話內容彼此調整校正的方式有別。

我們來看看二十五歲的女性吧。她們雖然在實驗情境下看似很自在，卻似乎對談話內容感到挫折。她們之所以爭執，是因為其中一人認為另一人太過偏離她們一致的原則。

「我知道我們之前吵過」

兩位女士的對話始終都出現一股張力，兩人要協商出一致的意見與相似性。令人玩味的是，我們也可以在六年級女生的對話裡發現同一種狀況的線索。茱莉亞一心想擁護和諧、迴避衝突，跟夏儂強調她們沒有吵過架。夏儂發出簡短的異議，說兩人也會吵架。

茱莉亞：妳和我幾乎從不吵架。

夏　儂：——／？／對我來說時間久——

茱莉亞：——到我們陷入爭——我們陷入爭執，但不是吵架。我們有時候會爭執。

夏　儂：就像我們玩跳房子時，我們會爭吵然後——

茱莉亞：對。——但我們不會吵架！

夏　儂：——但這就是——〔聳肩〕

即使夏儂說得有點不清楚，但她聽到茱莉亞說她們不會吵架時，表達了很輕微的不同意。她說：「就像我們玩跳房子時，我們會爭吵。」但茱莉亞堅持那可能是意見不合，只是小事，總之她們不會吵架，吵架才是大事，而夏儂很快就放棄異議了。

這種意見分歧的萌芽，在潘和瑪莎這兩位成年女性的對話裡，長成了一再發生的論點。在多爾瓦的影片中，潘一開始就說她喜歡瑪莎的原因之一，就是瑪莎總是附和她。潘似乎打算把這當作讚美，用以說明她們為何會成為好友。也可能她是想找出理由，來解釋她為何選擇瑪莎跟她一起參加這個實驗。但瑪莎似乎把這句話當成貶低，暗示她沒有自己的想法。隨著對話進行，瑪莎不斷主張自己會反對潘的意見，而潘則想辦法漠視瑪莎的異議，結果這個對話變成冗長的爭論。

瑪莎：嗯，天啊，潘，我知道我們之前吵過。
瑪莎：不過，我們在很多事情上意見不合。嗯，例如學業。因為妳有那麼，妳有那麼積極的——
潘：——積極？妳幾分鐘前才看到我。
瑪莎：——呃，對啦，嗯，也不是，妳有那麼——妳有那麼積極的態度。
潘：沒有，我才沒有。
瑪莎：妳看吧，那就是我們意見不合的事之一。我想，也許我不是一個很有自信的人，妳也受夠了。
潘：唔，我——好吧，妳覺得我對電腦科技的態度如何？

低人一等的作風

瑪莎想要證明自己和潘會意見不合，或者兩人有所不同，她的方法之一就是指出潘的成績更優秀，也比較有自信。這體現了一種自降身分的行為，相當耐人尋味。潘主張自己沒自信，也不像瑪莎口中的那麼好。另一方面，她反過來控訴瑪莎過於謙虛：

瑪莎：看吧，那是另一回事。妳總是，我是說我就很不擅長這個。我修課之後，真的希望拿到——就拿到個B，就這門課可以拿到B就好了，我想距離我上次拿到A實在有夠久。

潘：久到妳不會想拿A了嗎？

瑪莎：是啊，嗯，我不認為自己辦得到。

潘：我也不認為自己有辦法。

瑪莎：可是，潘，不過妳知道，我們每次新學期開學，妳就會說這些啊，說妳這門課一定要拿A。

潘：A？我都拿B。我會努力但我從來拿不到A。我總是拿B。唔，大概除了我修的心理學外，大概吧。但不是所有的課都這樣。

在這份節錄內容裡，潘幫瑪莎把話講完，藉以強化兩人的連結：

瑪莎：我想距離我上次拿到A實在有夠久。

潘：久到妳不會想拿A了嗎？

接著她試圖搬演「我也一樣」那一套：

瑪莎：是啊，嗯，我不認為自己辦得到。

潘　：我也不認為自己有辦法。

不過瑪莎不想認同兩人有這樣的相似之處。

瑪莎：可是，潘，不過妳知道，我們每次新學期開學，妳就會說這些啊，說妳這門課一定要拿A。

另一方面，潘倒是堅持自己並沒有真的拿A，就算有，也不常拿：

潘　：A？我都拿B。我會努力但我從來拿不到A。我總是拿B。唔，大概除了我修的心理學外，大概吧。但不是所有的課都這樣。

如同「相似性」與「意見一致」，潘似乎想用「達成不了」來做為交換的商品，為的是換得與瑪莎之間的對等性連結。

潘似乎把瑪莎提到她成績很好的說法，視為一種必須反對的指控，而非可以欣然接受的讚美，就像瑪莎說她很有自信一樣。潘指出瑪莎在宗教課的表現很好，像是一種反擊，「妳考試都考得好，十五次小考都次次表現優異」，而「我連那些章節都沒讀」。在對等原則下，瑪莎也否認了這個讚美，「很多都是常識啦」。這樣看來，六年級女孩的對話裡有很多這場語言遊戲的萌芽——她們在開始聊天時，就聊到自己溜冰溜得很差。

對女孩和女人來說，一致的意見與表現是打造投契關係的方法。表現超群、跟大家不同以及爭鬥等行為則會威脅到投契關係。男孩們也換取投契關係，只不過他們使用了不同的貨幣：他們不懼怕意見分歧，好像也不需要展現他們跟大家一樣。話說回來，任何一種策略都可能操之過度，看來瑪莎很不滿潘說她總是附和。

這些女性進行的自降身分的遊戲，讓人想起傳播學家威廉・彼曼（William Beeman）所謂位居下風的「伊朗式互動」模式。不過，彼曼表示，這是本質上極度階層制的遊戲。一個伊朗人表現得地位較低，任由較位高權重的人擺佈，從而讓對方有義務為他做事：這會引發一種保護者模式。雖然女人有時會自降身分來得到男人的照顧，但在這份影片中，女人們玩這個遊戲的目標似乎非常不同：加強對等性而非不對等性，透過降低自己的地位，以保持天秤兩邊的平衡。

婚姻這個「夠嚴肅的話題」

二十五歲的男人呈現的情況相當不同。他們夾著一個角度坐著，看起來動作僵硬或完全不動。提摩西幾乎沒看溫斯頓。溫斯頓聽提摩西講話時雖然看著對方，但他常常望向別處，換他說話時，他幾乎不看提摩西。挑選話題時，兩人表現得壓力重重、非常不自在。他們很認真地看待要聊嚴肅話題的指令，而且，對他們來說，**嚴肅**似乎等於重要性很高，而且是兩人都要能做出實質貢獻。他們最後決定要聊的是這個：

溫斯頓：聊婚姻如何？

提摩西：這話題夠嚴肅。

溫斯頓：嚴肅，而且受到的重視不多。

婚姻這個話題也可以非常個人，他們討論時，主要都用抽象的方式表達，在沒有透露任何私事的情況下，發表籠統的陳述：

提摩西：你覺得，呃，為什麼有那麼多婚姻無法成功？那個問題，你知道的，非常廣泛。

溫斯頓：我認為大部分的人草草就結了，這是其一。（6.0）就等不及要結婚。

提摩西：我覺得，呃，我覺得大家，而且是很多人，我不是說我會這樣，而是有很多人在他們的人生裡，對於愛是什麼，缺乏恰當或成熟的定義。你知道的，呃，我也不知道該怎麼說才好，因為很多婚姻與關係中的衝突，你知道的，在我看來就是因為人有了，呃，你知道的，自私的態度。

這些男人的對話內容，有些方面符合我們對於男性的預期，但有些方面則不然。根據刻板印象以及部分研究的結果，女人講話會比較遲疑。但是，提摩西不但態度遲疑，還會使用**你知道的**、**呃**、還有**在我看來**等這類填充字，讓人覺得他自信不足，或者不確定自己的發言。這個情境似乎讓他不自在。不過，他空泛地發言而不以個人立場出發，倒符合我們預期中不同於女性的男性談話。

隨後，提摩西在對話中聊到他跟交往對象的關係。他表示自己考慮結婚，但也是點到為止，並未繼續深入：他很謹慎，因為婚姻是一輩子的事，而且，因為女人往往會想辦法催男人結婚，所以他小心翼翼。

接著提摩西說：「你知道我不只想聊自己的情況。」停頓了一會兒，溫斯頓回應：「唔，我的情況跟還在念書有關，念書就是還沒定下來的最佳寫照。」溫斯頓似乎暗示他還是學生，人生還沒定下來，所以也沒有女友。他用一種迂迴的方式，籠統地陳述自己的狀態，「我的情況跟還在就學有關」。提摩西也不是直接提問（像是「你的情況如何呢？」），而是使用陳述句，以迂迴的方式提問（「我不只想聊自己的情況。」）。在其他的對話情境下，例如企圖協調彼此的偏好與決定時，女人往往比男人迂迴。但講到個人的情感關係和感受時，男人則會比較迂迴。

「退縮的態度」

溫斯頓的發言，顯現出一種辛酸的迂迴案例。他說有時候男人對感情變得小心謹慎，是因為曾經被傷害過，或者套用他的話，「被狠狠傷過」：

> 我認為很多人一開始，也許還很年輕，他們可能就懷抱要百分之百犧牲的態度，後來他們被狠狠傷過。或者是他們的想法被狠狠傷了。很有可能，你知道的，這讓他們，你知道，接下來很長一段時間都用退縮的態度面對感情。

溫斯頓似乎在暗示自己受過傷，而這也就是為什麼他現在沒有談感情。然而，如果這是他的意思，那麼他並沒有直接說出來。他沒有講到任何跟自己感情相關的事。

跟著主導話題的人

比較男孩、女孩、男人與女人在這個實驗情境下與朋友聊天的影片，我們會發現性別差異模式的證據。這些對話顯示，女孩和女人努力打造連結的社群，透過談論個人情感關係的困擾和問題來建立關係，同時，面對要表示認同的壓力時，得想盡辦法維護自己的獨立性。男孩與男人則努力維護著自己在階層制世界中的獨立性，在對立式的架構內實現親密度。不過，若說女孩的友誼都完全平等，卻是一種誤導。這些影片的重要面向之一，是每段對話中兩個朋友所採取的調校行為的不對等性。

在二年級男孩之間，吉米顯然是領導者，只有他進行了一次較長的發言。他會命令、指導也會調侃同伴，大部分的對話都是由他起頭。在六年級男孩裡，湯姆是提起大部分話題的領導者，也是主要的說話者，在兩次報告式談話裡也是表演者。在兩人對談時的五十五個話題裡，湯姆就提了四十個。整體而言，華特扮演在一旁敲邊鼓的配角，他提了十五個話題，其中有六個還關於室內物品。

女孩們呈現的情況比較複雜。二年級女孩是雙方立場並無明顯不對等的唯一一組。六年級女孩和十年級女孩聊的大多內容，雖然像是要實現表面上的意見一致、支持與連結，但她們所採取的調校行為，不對等到讓人印象深刻。在六年級女孩之間，茱莉亞似乎是領導者。討論的十四個話題裡，茱莉亞就提了十二個，討論的重心幾乎圍繞在她和瑪麗的關係、她在維繫友誼方面的擔憂，還有她對分離與失去的焦慮。實驗者在開始後五分鐘短暫進入房間，是茱莉亞跟他說話的。不過，「選出」茱莉亞和瑪麗的關係當話題的人，倒是夏儂，因為她說：「妳跟瑪麗不再是好友，真是太可惜了。」

同樣地，十年級女孩的對話也大多跟南西有關，提議要聊聊南西的問題的卻是莎莉。當南西問：「嗯，妳想聊什麼？」莎莉回覆：「妳媽媽。妳跟妳媽說話了嗎？」就提出的話題數量來看，兩個女孩似乎滿平衡的：莎莉提出了九個，南西則提出七個。但莎莉所提的，都是聚焦在南西身上的問題，只有一個不是。以前針對「話題控制」的研究，大多假設決定話題的行為是主導對話的象徵。這樣看來，莎莉提出話題就是「控制」了對話——但這卻要靠南西接著聊下去才行。話說回來，如果南西提出的話題跟莎莉有關，那麼，我們能不能說她「主導」對話呢？

在某些方面，十年級男孩的對話比女孩的更對等：南西和莎莉聊的全都是關於南西的問題，但理查和陶德兩人都聊到了自己的問題，也都用漠視或冷處理的方式回應。在成年男女中，潘比較像領導者：她往往會設定主題，瑪莎再以此回應。不過，潘一開始就說她認為瑪莎總是附和自己，導致瑪莎對此回應，於是使對話中反覆出現她們是否意見不合的問題。兩名成年男人也呈現出類似矛盾：婚姻的話題是溫斯頓提出的；多爾瓦進房間時，和他說話的也是溫斯頓。然而，兩位男士真正討論婚姻時的七個副主題中，卻有六個是提摩西提出的。

多聊自己問題的行為，會因為占據了較多對話空間，而讓女孩擁有較高的地位嗎？或者這其實會將自己描繪成有問題的人，結果讓她們站到較低的位置？在心理治療晤談中，雖然病人提出了所有話題並占據發言，但沒有人會覺得病人的地位或權力較高。如果提出了另一個女孩最在意的話題，那麼在「控制」對話的意義上，這是否代表了「主導」？我不知道上述問題的答案，但如果我知道這些女孩是否習慣用這些方式分配「困擾傾訴者」與「支持者」的角色，或者她們是否會在不同對話中角色對調，那我會對問題有更深入的認識。無論如何，主導與控制的議題，遠比「誰提出話題」這種浮於表面的描述複雜許多。何況，雖然女孩和女人關注的是連結，而男孩與男人關注的是地位，但女孩與女人之間仍存在著不對等性，而男孩與男人之間也存在對等性。

這些影片的複雜性顯示出，從幼年到成年，男孩與女孩各自創造了不同世界，而男人與女人繼續生活其中。無怪乎男男女女想在親密關係中做對事情，卻往往發現伴侶的不足，而自己也被挑剔指責。我們確實在努力跟彼此坦誠對話，但有時候似乎說著不同的語言——至少是不同性別的方言。

第十章

解開溝通不對等：我們的第一步

一位美國女人踏上郵輪度假之旅，最後卻淪落到土耳其的監獄。拜讀金・樂沛兒（Gene LePere）的《永別此路》（*Never Pass This Way Again*）時，我能明白，這種磨難正是我所謂對話風格（框構你表達意圖的方式，以及說話時你對自己行為的認知）的跨文化差異，可能帶來的終極災難性後果之一。樂沛兒的經歷也用一種罕見的誇張手法，說明了想避免衝突與禮貌性拒絕的行為有何危險。

樂沛兒下了郵輪參加土耳其古老遺跡的短程參觀之旅。她在考古學遺址時，因為看得太入神，於是脫隊了。突然間，有個販賣手工藝品的男子擋住她，雖然她沒興趣，卻還是拿了一個石造頭像把玩，當她禮貌地告知自己不想買，男子卻不願收回，反而塞了另一個頭像給她，而她也出於習慣地接過。由於那個男子不想收回兩個頭像，樂沛兒想到的唯一逃離之道，就是表示願意買下來。她砍了一半價格，希望對方拒絕，好讓她繼續行程。沒想到男子答應，於是她把兩個頭像都放入托特包。但當她給錢的時候，對方又拿了第三個頭像給她。她再次堅持不想要，但男子只是退後一步，並拒絕拿回來。她別無他法，於是買下第三個頭像，氣到發抖地憤而離開。她回到郵輪想登船時，把買的東西給海關人員檢查，結果他們以企圖走私國家寶物為由逮捕了她，關進監獄。第三個頭像是真的古物。

我住過希臘，觀察過討價還價的口語藝術，我能明白在賣家眼中，樂沛兒有回應並表示不想買，可能代表「價格低一點她可能會想買」。對賣家來說，她如果真的沒有意願，那就完全不會跟自己說話了。她可能會不顧擋道而強行走人，完全沒有眼神交會——而且，不管有多堅持要拿頭像給她，她都不會拿。樂沛兒每接過一個頭像，就向賣家證實她有意願，而且讓對方有動力再提供另一個。賣家越來越強勢的推銷手段，一步步都是在回應他認為的樂沛兒的殺價技倆。不看賣家或不跟對方說話，或乾脆把頭像直接放在地上——這些應對選項，對一個有禮貌的美國女人來說超乎想像。

這個跨文化溝通上的短暫失靈，讓樂沛兒付出龐大代價。雖然男人與女人的跨文化溝通，一般不會有那麼嚴重的後果，但溝通的誤會過程倒是跟樂沛兒的經歷頗為類似。在某種程度上，男女之間的溝通不良更加危險，因為這在生活中不僅處處可見，我們還時常準備不足。我們跟不同國家的人聊天時會預期有差異；我們有看待這些差異的方式，例如「風俗習慣」或「文化假設」。但對於在「同樣文化」下長大，說著「同樣語言」的家人、朋友、同事與伴侶，我們卻不會預期他們理解我們的方式不一樣，同時世界觀也不一樣。但事實卻往往如此。

打破惡性循環

金．樂沛兒的經驗良好地體現了「互補式分裂生成」(complementary schismogenesis)。這是人類學家葛瑞利．貝特森發現並命名的，表示一種在回應中加劇的螺旋過程，其中，每個人對他人的行為都會激發形式更誇大的行為差異。賣家的推銷讓樂沛兒越來越無力而導致她做出的行為，卻鼓勵賣家越做越誇張。例如，樂沛兒無意購買兩個頭像，所以出低價，但從賣家的觀點，這表示她有意購買而且願意討價還價。因此，她為了逃離那個處境的作為，只是讓她越陷越深。

當男人和女人擁有相異的敏感度和過敏反應時，互補式分裂生成就開始起作用了。例如，害怕失去自由的男人，一解讀到意圖「控制」他的徵兆，就會逃開，但逃開的行為，會剛好讓害怕失去親密感的女人拉起警報。女人想更親近的意圖會加重男人的恐懼，而男人的反應（更加閃避）則會加重女人的恐懼，如此以一種不斷擴大的螺旋持續下去。理解彼此的風格，以及這些風格背後的動機，是打破這種不良循環的第一步。

不平等始於家庭

性別差異比跨文化差異更令人困擾的另一個原因，是因為性別差異發生在我們的家裡。我們會意識到跨入一個全然陌生的文化，必然有所風險，也因此出國旅遊會帶有某種冒險快感。

但我們通常以為在家裡很安全。而且，我們預期在家裡人人平等。

社會學家厄文．高夫曼指出，當同一種族或族裔背景的人關起家門時，那種出於種族和族裔所造成的不平等就會消失。但在你我珍視的、被當作避風港的私人場所中，基於性別的不平等卻很盛行。我們在最親密關係中非但無法逃離這種歧視，而且，還只能將它看成是基於性別的調校行為，本質上不對等——暗示著地位差異。我們邁出的每一步，不可能沒有社會與男女特有行為的立場。我們的每一個舉動，都是在扮演並創造我們的性別，以及我們的不平等。

身體語言

男女展現情意的方式不可能相同。男人和女人相擁著走在街頭，男人會用手臂環抱女人肩膀，而女人的手臂則擺在男人的腰上。如果比較隨興，男人可能把手插在口袋，女人則抱著男人的手臂。這些姿態並不對等。假如一對男女走在路上，女人一隻手環抱著男人的肩膀、而男人的手臂擺在女人的腰上，路人可能會多看兩眼。假如有個女人手插口袋，男性則勾著她的手臂，或者女人一隻手環抱著男性的肩膀，而男性手插口袋，那很有可能這位女性是母親，男性則是她的小孩。

有些人認為，男人把手臂放在女人肩上，女人卻不會這麼做，是因為男人通常比較高，所以就算男女有可能調換姿勢，也會覺得不舒服。不過，就算男方不比女方高、而且必須伸長手臂才能維持保護姿勢，我們依然觀察得到這種慣例。如果男人太矮，手臂無法環抱女人的肩膀，他們也不會互換姿勢，而是牽牽手就可以了。此外，我們的社會期望男人要高一點（還要年紀更大、更有錢也更聰明），正好能讓他們被框構為保護者——同時擁有較高地位。

女人和男人調校行為上的不對等，從姿勢最能看出。我們連設想最親密的時刻，都跳脫不出性別的框架。躺在毯子上或床上時，男人通常會平躺，伸得直直的，而女人則會側躺，彎起身體，依偎在男人身邊。女人的頭會靠在男人的肩上；男人的手臂則環繞女人。每天，男男女女都會不自主地採取這些姿勢，而這些姿勢的儀式化本質使人安心。這麼做感覺又對又好，部分是因為這對個體來說再熟悉不過，也因為這如實反映了我們在照片和生活中見過無數次的配置方式。但重現這種儀式，也會強化男女關係的不對等性：男人可靠、穩固、會保護人，女人則不知所措、不穩、需要被保護。

詩人雪柔．洛姆尼布朗（Cheryl Romney-Brown）以一種反覆出現的影像創作了一首詩，即女人把臉埋進男人脖子裡。她呈現的是這種姿態在女人的一生中會不斷出現：

埋進他的脖子裡

他肩上的細毛閃著光
就像軍服上的肩章，讓我想起

潘妮洛普用來編織的桑蠶絲線
邊紡著線，邊等著她的英雄返家。

就在他輕撫著我的背時
一切又重新上演。我深吸一口他的氣味
開始放鬆。再次變身成
那毫無防備的女孩，只想
閉上我的雙眼，把我的頭埋進
他的脖子裡。

第一次是我幾歲的時侯呢
可能三歲吧？發生在
爸爸回家當下。「拜託
抱抱我、保護我，狼人
出現了，牠們眼神火紅。
如果你不抱我保護我，我會死哪。」
我閉上我的雙眼，把我的頭埋進

他的脖子裡。

二八年華的我，成熟卻純潔，
某個炎熱的夏夜，在藤架旁
初戀男友的嘴唇親觸我的。「我的英雄啊，
你的茱麗葉在這兒。」我的心被
粉紅色的薄紗包著。我閉上我的雙眼，把我的頭埋進
他的脖子裡。

如今我是個成年的女人，成為人母。
經歷褪色：回憶猶在。
只要一下就好，我就得救了。
我的英雄或許只在我身邊待一個小時
願意戰鬥，殺掉我所有的敵人。
幻想也好，神話也好，真實的都好。
我閉上我的雙眼，把我的頭埋進
他的脖子裡。

洛姆尼布朗的詩在女人把頭靠在男人肩上、依偎著男人的這種不對等擁抱中，捕捉到一種童稚的特質，及其背後的保護意義。詩人把這種被保護的美好感受，追溯到她兒時跟父親的關係。想必男孩也曾依偎著父親或母親，尋求慰藉與保護，但身為成年人，女人在這一切安排之中還是採取孩子的立場，另一方面，男人卻已經採取父母的立場了。

這首詩同時也捕捉到，女人碰到沒有真正保護她的男人時，也會自動走進被保護的立場。這種標準場景已經恆久不變地存在於此，隨時準備好讓年輕女孩在第一次約會時就站定自己的位置，而且當大半輩子過去，那個場景還在，等著離婚的女人再踏進去。即便女人早就證明自己有能力保護他人，例如「成為人母」，她還是會重新回到自己在這種儀式性配置方式的角色上。

這些儀式性配置安排的僵化死板，在電影《意外的旅客》（*The Accidental Tourist*）的重要一幕中刻劃詳實。男主角梅肯邋遢又焦慮地出現在過去喜歡他的妙麗兒家裡。梅肯跟妙麗兒說他兒子死亡的慘事，坦承他一直走不出來。妙麗兒被他的坦誠打動，領著梅肯躺到床上，安慰他的喪子之痛。梅肯平躺在床上，提起手臂環抱著依偎他的妙麗兒。導演在設計這場戲的動作時，顯然覺得男人在傳統慣例上必須採取保護者與安慰者的身體姿勢，儘管劇情是妙麗兒在安慰梅肯。

在塑造我們的性別，同時強化男女地位差異的這個不對等性的網路裡，男人和女人一起躺下時採取的肢體調校行為，只是其中一部分。高夫曼清楚有力地描述了這些不對等性：

在我們的社會裡，無論階層，最體貼入微的愛的表現，也會涉及政治上有問題的表現，其中女人跟男人所扮演角色既有區別，也是能互惠的。跨性別的情感表達姿態，有保護者與被保護者、擁抱者與被擁抱者、安慰者與被安慰者、支持者與被支持者，以及情感的給予和接受者。而且，男性環抱、女性被環抱只會被視為理所當然的定義。同時這也提醒了我們，男性的支配是一種非常特別的支配，就算在最溫柔、最有愛的時刻，似乎也不會引起壓力——的確，這些時刻若少了這些不對等性，我們連想像都想像不出來。

性別是一種不會消失的類別。正如高夫曼的話，性別是「人類最根深蒂固的特徵之一」（！）。我們透過各自的方式創造了男女的特質，卻始終深信我們只是在「順其自然」地行動。然而，對男人和女人來說的自然，概念上並不相同。何況，我們眼中自然形成的男性與女性，根據的是不對等的調校行為。

高夫曼說性別關係的模型是從親子關係而來。換句話說，藉著和親子比較，我們試著當個好男人和女人時表現性別的方式，才有了意義。高夫曼指出，男人之於女人，猶如成年人之於孩童：他們是有愛的保護者，會幫忙開門、先讓別人吃甜點、幫別人拿架上的東西，還會提重物。但隨著童年的特權而來的，是義務：孩童的活動可以被打斷、他們的時間與領域不重要。隨著被保護的特權而來的，便是權利的喪失、不受尊重、不被視為發展完全的個體。保護者會被框構為能幹、有能力、值得尊敬的人；被保護者則會被框構為不可靠、沒能力、理當遷就縱容的人。

對話中的不對等：「我為了你才這麼做」

我跟伴侶們聊他們關係中的溝通問題時，驚訝地發現，男人在解釋自己的說話方式說話時，竟然常常說他們要保護女人。例如，有一對夫妻跟我分享他們最近吵架的內容。妻子發現丈夫對其中一隻手臂特別小心，於是問他怎麼回事。丈夫說手會痛。妻子問他痛了多久，丈夫答道：「噢，幾個禮拜了。」出乎丈夫意料的是，妻子生氣又心疼地說：「繼續吧，你繼續把我當陌生人好了。」

對妻子而言，親密感表示講出心裡話，例如哪裡痛。丈夫不告訴她手會痛，就是拒她於外，用靜默跟她保持距離。我本能地理解妻子的觀點，但我卻沒有立刻理解丈夫的觀點。他用自己的說法解釋時，說道：「我想，男人很早就學會要保護女人。」這讓我不得其解。我問他，保護跟沒有告訴老婆自己手臂會痛有什麼關係。他說：「我在保護她啊，我的痛反正搞不好沒事，很快就會好了，那我為什麼要告訴她，讓她擔心？」

決定要告訴妻子哪些事情，反映他認為自己的角色是妻子的保護者。不過這種行為也來自於調校，同時也強化了調校，更透過調校讓自己站上高地位。他比妻子強壯，他能透過自己傳達的資訊讓妻子擔憂。這個男人不覺得自己像妻子認知的那樣，想削減親密感。親密感根本不是他的重點。在妻子的世界裡，傳達個人資訊是親密感的基本元素，如果不透露這類資訊，就奪走了她賴以維生的親密關係。雙方對同一份資訊的不同解讀，反映了兩人不同的焦點。他們接收的頻率不一樣。

他或許也在保護自己的獨立性，擋住妻子過度的關切，但他在解釋自己動機時並不是提出這項理由。在他的解釋系統內，保護者的角色才最重要。這在另一個案例中也成立。有個男人同樣被妻子抱怨，而他的行為與上述案例很不一樣。

蜜雪兒對丈夫葛瑞相當不滿，因為他對她的問題老是答非所問。以下是兩段她描述的典型對話：

蜜雪兒：音樂會是幾點啊？
葛　瑞：妳七點半就得準備好出門。
蜜雪兒：有幾個人要來吃晚餐？
葛　瑞：放心。食物會夠的。

蜜雪兒很無力，因為她認為葛瑞有資訊但不透露，藉由這種方式緊抓住夫妻關係中的權柄。但葛瑞卻堅持，他只是講出問題的關鍵點，是在「照顧妻子，以防萬一」。兩種觀點似乎都有理。他們對同一個對話的不同解讀，是出於保護行為固有的模糊性。葛瑞認為注意妻子在意的事情是一種保護；在蜜雪兒眼裡，保護人的這種姿態，使對方被框構成有能力、有控制權且地位更高的人。

另一位男士也表示自己跟妻子有類似對話。但在這個案例上，角色是對調的：奈德譴責妻子不回答問題，而妻子薇樂莉認為自己提出了重要資訊。以下是他們的兩段對話：

奈　德：妳現在要出去嗎？

薇樂莉：你想睡的話可以睡一下。

奈　德：妳差不多快做完菜了嗎？

薇樂莉：你現在就想吃晚餐嗎？

對於奈德的抱怨，薇樂莉為自己辯護的解釋方式，跟前例中的丈夫相當不同。她說自己在猜測奈德想要的與在意的是什麼。

同樣的行為作風，男人和女人給了不一樣的解釋，似乎都真的認為自己做同一件事是出於不同理由。對男人來說，當個保護者最重要；對女人來說，願意幫忙才最重要。

如果說，有時男性和女性的相似行為是出於不同動機（據他們表示），那麼在另一些情況下，不同動機也會導致行為不同。每個人都會找出一套獨特的辦法，平衡地位差異以及與他人的連結。然而，我們如果把這些動機想像成連續體的兩端，男人和女人往往會聚集在對立的兩端上。這些觀點上的差異，可能使得男人和女人對同一場景的感受不一樣，同時誤讀對方的動機。理解差異，可以避開誤解，並幫助我們理解之前不理解的現象。

兩個性別之謎

有個男士困惑地跟我聊到他童年時期最叛逆的朋友亨利。亨利處處藐視權威：從他的髮型（頭髮雜亂）、穿著（極盡誇張之能事）、行為（打惡作劇電話、公然嘲弄老師）、未來規劃（拒絕上大學，他寧可出國）都可以看出。但過了好幾年，亨利回到美國——卻搖身一變成了傳統主義者。例如，他堅持朋友來找他得帶著妻子，因為妻子本來就該陪著丈夫。還有，他的政治觀點變得越來越保守。

叛逆青年變身為主張服從權力的大人，是常見的悖論之一。我想起自己初次聽到夏洛特·林德（Charlotte Linde）對於警察對話的研究時十分驚訝。我發現他們經常聊到自己以前是多壞的「壞男孩」，還會交換那些年輕瘋狂歲月裡犯法、尋求刺激的荒唐事。當我再次碰到這個表面上的謎團，如今拼圖似乎一片片接合，因為我開始理解把世界看成階層制社會的觀點。公然反抗權威的「天生造反者」並非忘了反骨，而是對反骨過度敏感。公然反抗權威是一種迫使眾人認可自己、同時拒絕接受下屬地位的方式。等他們立足或年紀大到可以採取主導地位時，鞏固權威就變成迫使眾人認可自己的方式，因為，階層制如今對他們有利了。

對我來說，另一個解開的謎團是我和父親的相像與差異之處。例如，我遺傳了父親對閱讀與文字的喜愛。小時候，他經常問我：「妳在讀什麼書？」但稍微大一點之後，我推薦了一些自己愛的書給他，他卻看不來，令我好失望。「內容好無聊。什麼起伏都沒有。」他會這麼說。他也從來沒辦法說服我讀一些他小時候喜愛的書，好比《三劍客》，以及他成年後喜歡的《馬爾他之鷹》（*The Maltese Falcon*）。跟大部分男人一樣，我的父親對行動感興趣。所以當我媽對他說自己不舒服，他卻提出要帶我媽去看醫生，結果讓我媽失望了。他總是想著自己能做些什麼，但我媽卻希望得到同情。

建立關係的兩條路

提出同情或是幫助，或許是殊途同歸的兩種方法——為的都是實現介入性、建立與他人的關係。所有的對話，都是為了滿足兩種共存卻矛盾的人類需求：建立關係與獨立性的普遍需求。男女往往對親密有相差甚遠的觀念，對獨立性也是一樣。有些人認為關係基本上是階層制的，會覺得自己為了獨立必須主導而不得從屬。但另一種觀點也存在。我們有可能不依賴或附屬於他人之下，但也不用主導別人。也就是說，當中存在著一種對等的獨立，而非不對等的獨立。

這兩個觀點，反映出男女看待獨立的典型看法，菲利浦・布倫斯坦和佩珀・舒瓦茨的研究《美國伴侶》，便可為證。他們引述了一位典型的丈夫的說詞，對方表示需要獨立，**也需要別人依賴他**。我們的社會對於男性特質的觀感，一部分來自於保護者立場，而這位丈夫的說詞便是此一立場的產物。男女對獨立的不同設想也出現在金錢觀念上。布倫斯坦和舒瓦茨發現，對男人來說，有錢帶來一種權力感，然而對女人而言，有錢帶來的是安全感和自主性——純粹就是不必依賴人的能力。他們比較異性戀和同性戀伴侶之後，發現了一個很有意思的結果：只有在女同性戀伴侶之間，賺更多錢不會讓一方有更多權力地位。他們發現女同志會用金錢來避免依賴，而不是用來占據支配地位。而且，只有在男同志伴侶之間，如果一方收入比較低，另一方才會覺得自己更成功。

當優點變成義務

對獨立的不同理解，來自於男女在孩童時期學習與實踐的不同種類的關係。而這些天差地遠的世界，會對性別施加壓力。對男孩與男人來說，既要維繫與別人的關係、又要表現得厲害有眼界，同時還得協調相對的位階，這可能是種負擔。對女孩與女人來說，既要取得地位、又要避免衝突，同時不能鶴立雞群，這可能也會是種負擔。

過度的支持有時候反而讓女性苦不堪言。例如，她們傾訴困擾時，也會期待對方有來有往且程度相當，但對方可能會感覺到一種要傾訴同等煩惱的壓力。一位女性這麼聊到她的朋友：「瑪麗安會想辦法要我跟她一樣神經兮兮，暗示我碰到跟她一樣的問題。我不喜歡她這樣，因為我沒有遇到同樣的問題。」吉兒這位女士也表達了類似的無力感，她告訴我，她有個叫伊莉莎白的朋友說什麼都把她算進去，像是「我們在這方面有點麻煩」或「那對我們是個問題」。當伊莉莎白把她算進去的時候，會希望吉兒也想出一次類似的經歷。如果吉兒說「那對我來說不是問題」，伊莉莎白會感覺被冷落，然後指責吉兒奚落她。吉兒說：「有些女人不允許妳不一樣，不允許妳有任何個性。」

女人對自己和女人間的友誼不一定完全滿意，同理，男人對自己和男人間的友誼也不見得完全滿意。許多男人告訴我，他們偏好跟女生當朋友，因為他們覺得跟男人聊天比較困難。有一位男士跟我說，他花了兩年時間才在陌生城市找到兩位願意談談自己感受、承認問題、彼此傾聽，而且不會讓他覺得要競爭的男性朋友。男性始終需要堅強而獨立，這可能讓他們覺得自己萬萬不能有困擾。有個離婚的男人就跟社會學家瑞絲曼說：「我認為人人都厭惡讓任何人知道自己有問題。……你一定要想辦法別透露自己的問題……。」

好幾個男人都跟我說，美國男性尤其會把朋友間的對話變成競爭。有位英國男士告訴我，他在家鄉的最好朋友是男性，但打從他移居美國後，大部分的朋友都是女性。有一次他回老家看看，跟一位男性故友共處，他向我解釋差異：「我們屈服於彼此，沒有一直想辦法要壓過或贏過對方。」有位美國男士也表達了類似看法，他說他覺得跟歐洲男人講話比較容易，而「跟美國男人講話，就像進入戰區」。

雖然前文提到的男人，說他花了兩年才找到可以交朋友的男人，但他確實找到兩個。不管是男人還是女人，我們都會認識在某種程度上比較「像」異性的同性朋友，這十分自然，因為個人會受到無數的影響發展出行為模式，例如生長背景、族裔、宗教或文化、階層，以及讓每個人有獨特生命與個性的一大堆經歷與基因遺傳。不過，如果可以看見一種可以評估個體差異的參考模式，我們就有了一個起點，可以發展出自我理解與靈活度——也就是說，在處理事情時，如果慣性的行事方式不能完全獲得成功，我們仍有嘗試其他不同方式的自由。

認識彼此的風格，男性與女性都會因此受惠。許多女人可以向男人學習，接受一些衝突與差異，不斷定這威脅了親密關係；許多男人可以向女人學習，接受相互依賴，不斷定這威脅了自由。

女人透過避免衝突以維護親密度的傾向，也解釋了布倫斯坦和舒瓦茨乍看令人訝異的發現：與男人相比，女人希望遠離伴侶的時間更長。我認為背後原因有二。首先，許多女人跟自己的女性友人有一種溝通狀態，是跟伴侶沒有的，而且她們的伴侶必須不在場，這種溝通才會存在。其次，女人跟伴侶在一起時，要做更多調整和遷就，犧牲喜好而換得和諧。相對於比較不傾向遷就的男人，對女人而言，與伴侶共處更像是沉重的負擔。

不自覺地遷就是一種沉重負擔，不自覺地抗拒他人也是。有時當個盟友比較好。「最棒的」

風格會是靈活有彈性的，可以自己選擇策略的人，才是最自由的人，而不是一再盲目重演同樣的劇本——而這正是我們經常做的。不自覺的行為本質上沒有問題。如果我們沒有不自覺地做大部分的事，那做什麼都一定會耗費大量的專注力與精力。然而，認識我們的說話方式以及其效果，就可以克服不自覺的衝動，當碰到習慣性風格對自己沒好處的時候，也可以加以調整。

情況不同，意義也會不同

在努力培養這種對說話方式的認知時，人們常常問我，某個特定表達方式或對話習慣「真正的意思是什麼」。我一概回答，沒有任何用語或策略只有一種含意。就像重複發言（別人已經在說話就開口講話的行為），表面上似乎都是同一種方式，卻可能有各自的意義與效果。聆聽者可能跟說話者一起講話，藉以提供支持或改變話題。就連改變話題都可能有各種含意，或許是要表現沒興趣、企圖主導對話，或者可能是「相互吐露的策略」——聆聽者用經歷來呼應說話者的經歷。而相互吐露可能也有不同動機：如果不是出於連結的精神、藉以建立投契關係，就是出於競爭的精神，企圖壓過原本的故事，把自己框構成更重要的人。

人類學家李．克朗克（Lee Cronk）的專文比較了不同文化的送禮行為，當中包含了同一種行為可能意義相差甚遠的證據。克朗克舉了一個非洲昆族（!Kung）的例子，男性昆人佐馬描述了賽羅（hxaro）這個習俗：「賽羅就是我拿了有價值的東西給你。之後，過了很久，等你找到什麼好東西，你把它給我。等我找到好東西，我會給你，這麼一來，我們就是一起度過這些年月。」佐馬被問到怎樣的交換才算是公平（例如，朋友給你一支長矛，你會給他幾串串珠？）時，他不願回答。他解釋回贈什麼都可以接受，因為「我們不是跟東西交換，我們是跟人交換」。

對比之下，新幾內亞的社會有一種名為莫卡（moka）的習俗，以送禮博得名聲，羞辱敵手。一九七〇年代時有個著名的莫卡贈禮包含了幾百隻豬、一些牛、一些野鳥、一輛卡車、一台摩托車，還有數千美元的現金。據說，送出這一切的人告訴接受者：「我贏了。我給你這麼多，把你擊垮了。」

以上兩個文化儀式中，同樣的行為（送禮）有非常不同的意義。一方面，朋友之間進行的賽羅，是樂意合作的行為；另一方面，敵手之間進行的莫卡，是競爭的行為。這兩種實踐之間的關鍵差異，就是對等對上不對等。在賽羅裡，禮物交換是對等的，每一個朋友用匹配的禮物回報。在莫卡裡，禮物交換則是不對等的，敵對的人都想辦法送對方更貴重的禮物，讓自己最後勝出。

任何陳述與行動，背後的動機與意圖可能差異極大，所以在解讀某句話或某種行動的「意義」時，相信直覺其實並不安全。昆人對於禮物的直覺反應，或許跟有莫卡習俗的新幾內亞人非常不一樣。這種認知，可能是改善男女對話與關係的重要關鍵。最好別相信我們對其他人說話的慣性自動反應，尤其是當我們的反應比較消極時。我們應該要試著從別人的觀點看待事物。只要理解男女對世界與溝通方式的設想往往不同，就能舉一反三，知道這種差異如何影響了自己的人際關係。

打開溝通的管道

許多專家告訴我們，我們做事的方式不對，應該要改變自己的行為——這通常到頭來知易行難。敏感性訓練（sensitivity training）會用女人的標準評判男人，想辦法讓男人用比較像女人的方式說話。自我肯定訓練則會以男人的標準評判女人，想辦法讓女人用比較像男人的方式說話。學著變得更敏感或更肯定自我，確實會對許多人有幫助。不過，說另一種模式全錯卻也沒有建設性。就算吵得不可開交，其實他們的行為也可能沒什麼錯。問題的根本或許在於，人們各自在不同系統內運作，說著不同的性別方言。

顯而易見的問題是：性別方言可以學習嗎？人們可以改變自己的對話風格嗎？如果想要改變，那當然，在一定程度上會有效果。但會問這個問題的人，想改變自己風格的卻少之又少。他們大多想著要送修自己的伴侶——他們希望伴侶改變。改變自己的溝通方式實在令人抗拒，因為你的溝通方式不但與行為有關，也關乎你對於自己身分的感知。比較實際的做法是學習解讀彼此的訊息，學著用一種你的伴侶可理解也接受的方式，解釋你自己的訊息。

理解性別方言之後，你在想改變的時候就可能改變（也就是用不同方式溝通）。但就算沒人改變，光是理解也會改善關係。人們只要明白伴侶有不同的對話風格，就會比較願意接受彼此差異，而不苛責自己、伴侶或是關係本身。最嚴重的作法，就是深信聆聽、說話與交談、維持關係的方法只有一種。最令人傷心的情況莫過於，當你知道自己出於善意，對方卻說你出於惡意，或者你只是照自己的方式做事，對方卻說你錯了。

如果看不清風格差異的本質，我們就會妄下關於個性（「你沒有邏輯」、「你自信心不足」、「你自我中心」）或意圖（「你從不聆聽」、「你貶低我」）的結論。理解風格差異的本質，就能把它們身上的刺拔掉。畢竟，認為對方「對我沒興趣」、「你關心我，不如我關心你」或「想奪走我的自由」的感覺太難受了。但如果你相信對方是「用不同方式表現聆聽」或「表現關心」，那就會有不追究過失的討論空間——要求對方或自己做調整，而不去追究某一方。

用本書的對話風格去理解性別差異，你或許無法阻止爭吵發生，卻比較有機會阻止爭執越演越烈。想誠心溝通卻僵持不下，感覺鍾愛的伴侶既不理性又頑固——在這種情況下，男女的不同語言可能會動搖我們生活的基礎。理解對方的說話方式，不只是跨越男女溝通隔閡的一大步，同時也是打開溝通管道的一大步。

新版後記

根據我持續從讀者們身上聽到對於《聽懂另一半》的評價，這本書似乎讓他們很有啟發、很受用，而且很真實——就跟我十多年前撰寫時一樣。我每天都會碰到有人告訴我，這本書拯救了他們的婚姻，或是幫助他們跟父母、孩子、手足以及上司相處得更好。

我聽到自己的書在現實生活裡幫助真實的人，心中滿是驚訝：得知自己的話真的改善了他人的生活，這應該很令人心滿意足吧？但這對我來說特別有意義，因為我原意並非寫一本自助類書籍。我只是想利用語言學家的專業知識，解釋說話方式如何影響關係而已。最重要的是，我希望讓大家明白，面對家庭成員、情感伴侶、同事或根本不熟的朋友，那些他們身上被我們歸咎為個人缺點的行為，有時候可能是男孩或女孩成長過程時學會的說話方式，所造成的結果。

這本書可能造成的影響，我想都沒有想過。

為期兩週的新書宣傳，變成兩個月、六個月、最後延長到一年，還是因為我取消了才告終。這本書對大眾文化的影響深度完全在我意料之外：影集《家居裝飾》（*Home Improvement*）的創作者在新聞稿中表示，該影集的靈感來自於《聽懂另一半》——也有電影受到這本書啟發，例如《黑白遊龍》(*White Men Can't Jump*)，還有其他電視劇也是，像是《北國風雲》(*Northern Exposure*)。讓我意外而欣慰的是，這本書不只在美國和加拿大造成迴響，連在世界各地許多國家也一樣。(我下筆時已有二十六種語言的翻譯版本，在德國、巴西與香港這些迥然不同的國家暢銷。)

我寫一本書的時候，並不知道哪些見解最能引起讀者共鳴。而我寫《聽懂另一半》時，不僅完全不知道這本書會帶來的影響力，後來還很驚訝地發現，書裡收錄的所有看法、案例與研究中，最吸引大家注意的是「男人為什麼不喜歡停下來問路？」。這個觀察在我探討之前，似乎從來沒人討論過，而且已然成為一種文化代表——是廣告、T恤與其他文化製品的主題(有雞尾酒餐巾紙上印著「真男人不問路」)，甚至出現在喜劇常見的橋段和笑話裡，例如「摩西為什麼在沙漠裡遊蕩了四十年？」，還有「為什麼要動用一百萬個精子找一顆卵子？」，不勝枚舉。

我寫到第二章哈洛德寧願亂繞也不問路，而讓西碧兒心力交瘁的例子時，根本不知道我們國家有問路危機！我只不過問了一個朋友，丈夫哪裡最讓她無力，她主動表示丈夫找不到路時不喜歡停下來問路。我發現他們之間的這個差異，可以用我當時正在發展的框構來解釋，所以便收錄了這個例子。直到本書引起大量迴響，我才發現原來此一現象(還有無力感)竟如此普遍。

有個電視製作人跟我說，她父親有次開著私人飛機載她。眼看油料就要耗盡，而父親不確定飛機要降落何處。她受不了大叫：「爸爸！你為什麼不用無線電聯絡控制塔臺，問他們要降落在哪裡？」她的父親答道：「我不希望他們以為我迷路了。」某次雞尾酒會上，有一位業餘飛行員告訴我，他很肯定許多小型私人飛機的失事，正是因為駕駛做了同樣的決定——他還分享了自己差點失事的例子。

不過，在我自己家，我的丈夫對問路真的很自在，反而是我喜歡在地圖上規劃路線。在此有個重要的事實：我描述的所有模式皆有例外。我在探討問路的那個章節中真的寫了「**許多**男人會拒絕問路或詢問其他資訊」還有「**許多**女人不會」。只不過，大家討論本書時往往會忘記「許多」這個修飾語。

許多人對於我在這個案例的討論的批評也讓我很驚訝。感覺像是我在舉這個案例時，使用了批評（或嘲弄）男性的方式。但我沒有。本書從頭到尾我都用了無過失（no-fault）的處理手法，我的研究工作也是如此：男人和女人的風格都有道理，而問題在於理解兩者的邏輯。但很多人習慣找到對與錯的方式——在這些人耳裡，只要描述他們不喜歡的行為，那就是批評。在討論「八卦」的那一章，我說明女性基於怎樣的邏輯而更傾向討論別人的私生活，同時也解釋這類「投契式談話」在女人的友誼中有何好處。不過，由於有些人深信八卦是不好的，所以把這理解成我對女性的貶低。

聽到有人描述自己不喜歡的行為，就認為那是在貶低該行為，這種傾向也會發生在我探討的許多模式中。例如，有個重複出現在《聽懂另一半》裡的主題是，女性習慣關注「相對的連結」（讓關係更緊密或更疏遠的話語），而男性則習慣關注「相對的地位」（讓自己地位提高或降低的話語）。有些讀者認為連結是「好事」而地位似乎有違道德，所以在他們眼裡，這種說法是在指責男性。有些讀者則認為連結落於俗套，而地位卻很務實，所以在他們眼中，這種說法則是在批評女性。

這類推論在我看來都是錯誤的。人類關係本質上就是階級的：父母之於孩子，老闆之於員工，諸如此類。世界上有許多文化（如日本）不僅把地位差異視為理所當然，還認為這能讓關係更緊密。舉例來說，渡邊素和子研究了由美國和日本學生組成的討論小組後，發現日本學生的小組「因階級制而團結」。此外，並非所有文化都跟美國一樣，覺得「連結」和「親密度」就是絕對的善。我的同事羅納德．斯考倫（Ronald Scollon）就引用過一名美國阿撒巴斯卡女原住民（Athabaskan Indian）的話，她認為在緊密的關係中，必須更用心找出自己喜歡對方的哪些方面，以防關係緊密造成的厭惡感。對她來說，親密不是那種不言自明的善，而是一種不言自明的責任。

如今，考量這些非西方文化的看法，我會稍微修改我探討內容的部分細節。例如，我在第一章時寫道「關係的基本元素是對等性」。我現在要補充，這個說法不一定成立。首先，不對等性也可以造就親近：父母與子女的權力不平衡，這表示父母會照顧並保護子女，為雙方鞏固情感的緊密連結。此外，連結也可能讓其中一人控制另一人，因此造就不對等性。例如：假設你要散步走走，伴侶卻說「等我一下，我想跟你去」。你愛你的伴侶，所以想配合一起散步的要求，進而強化親密度。但這個要求會讓你等，你可能會容易把這種勉強看成是打壓。如果你在意某人，就必須按照對方的需要和期望調整自己的行動。這樣看來，連結之中也含有不對等性。而且，對等的關係（如職場同事的關係）未必是親密關係，只是有這種可能性罷了。

《聽懂另一半》出版以來，我從討論、訪談與讀者意見裡也學到很多。我想到了一些看法，有助於充實本書的觀點，茲述如下。

有一次我受邀參加某個華府的廣播節目，當時有位男聽眾打電話進來說：「我跟我老婆處得很好，因為我們都同意有人得當老大，而當老大的那個人就是我。」這個發言激怒了主持人，她氣到自己回答對方。她長篇大論又激昂地解釋為什麼不該有人當老大，男女應該平等才是。然後下一位男聽眾則表示：「那就是妳們女人的問題所在——妳們想主導我們。」主持人回答：「不好意思。我要尖叫了。」她說到做到，真的對著麥克風尖叫。

我和主持人都覺得，第二位男聽眾說的既不合邏輯又叫人無力。但我思考這件事時，才發現我們都忽略了第一位聽眾話中的前提。假如你從「家裡一定要有人當老大」的設想出發，那麼，夫妻必須是對等伴侶的主張，就不合邏輯且不可能存在。這樣看來，一個人如果不想當從屬就得當主導者。沒錯，這樣的推論來自於我自己解釋過的前提：在男孩的團體裡，大家都認定社交關係是階級制的，每個男孩的難題是要想辦法為自己協商出最高的地位。對比之下，女孩則希望至少要維繫表面上的平等（我們知道並不是真的平等）。所以，我自己對這個差異的解釋，其實就可以解釋第二位聽眾看似不合邏輯的發言的背後邏輯。

有時候，我聽到有人引用我的話當作「概括」的來源，內容也讓我不太舒服。其中之一，是聲稱男人感興趣的是資訊，而女人感興趣的則是互動。我第一次再思考這個說法，是聽羅伯．貝克（Rob Becker）幽默的獨角喜劇《替野蠻人主持公道》（*Defending the Caveman*）。貝克為男人狩獵、女人採集的譬喻鋪梗時，說「女人採集，她們總是在採集資訊」，我一聽耳朵都豎起來了：我一直都說男人對資訊感興趣。後來我懂了，男人和女人都對資訊感興趣，但種類有別。當我寫到女人往往實踐的是投契式談話而男人則是報告式談話，差別其實不在於投契式談話只關乎連結、而報告式談話只關乎資訊。應該是說，報告式談話的內容是關於**非個人的**資訊，而投契式談話的內容則是關於**個人的**資訊。所以，兩個女人對坐、傾身揭露自己問題的私密內容時，就是在交換個人資訊，並創造連結；而兩個男人肩並肩或夾著一個角度坐著，聊起運動、電腦、汽車的時候，就是在交換非個人資訊，並用他們的方式創造連結。對於男女對資訊或互動的興趣，我希望自己未來可以避免再有這類概括。

有個評論也讓我重新框構自己的分析。《聽懂另一半》出版後不久，公共廣播電視（Public Broadcasting System）製播了一小時的特別節目，由史帝夫．羅伯茲（Steve Roberts）在現場觀眾面前與我訪談。結束後的問答時間裡，史帝夫．羅伯茲邀請在觀眾席的妻子發表意見。蔻姬．羅伯茲（Cokie Roberts）對我說：「我完全同意妳對男女私下對話的看法，但在辦公室開會時，我覺得是反過來的。在我看來，男女的差異不是女人怕發言（儘管她們**確實**怕），而是對會議的期待。我們參加會議，以為會發生什麼。妳知道的，還有很多其他事可以做。我是說，如果沒開會，我們可能已經洗好衣服或餵狗之類的。結果妳坐在會議席間，看男人們聊著在我看來根本沒意義又莫名其妙的話，就結束了。他們覺得『今天的會議真棒！』，但妳卻在想『有嗎？這場會議有怎樣嗎？』。」

這段話讓我認清了一個類似情況：許多男人認為女人聊自己生活的事，根本是浪費時間。他們不習慣實踐投契式談話，所以不理解這樣的交流會強化女人的友誼或工作關係。同時，許多女人認為男人交流非個人資訊和展現知識，也是在浪費時間，因為她們不理解報告式談話如何協商出男人的友誼或工作關係。

此外，這些活動（關於個人資訊的投契式談話，以及關於非個人資訊的報告式談話）都會創造連結，也都會打造出階級制。男孩們透過和氣的競爭連結彼此，女孩們則在尋求連結的過程裡相互較勁。這一點，從遊戲中的幼兒園男童和女童身上，可以看得清清楚楚。以下兩段對話出自查特豪斯國際學校（ChartHouse International）錄下的影片，我不但將其納入我製作的訓練影片《朝九晚五對話》（*Talking 9 to 5*）裡，同時也在我的書《因為我愛你》（*I Only Say This Because I Love You*）當中提到。

三個男孩擠在遊樂場的隧道設施裡，聊著他們可以把球拋得多高。

「我的球可以丟到那麼高！」其中一個男孩吹噓。

「我的可以飛到天上去！」第二個男孩聲稱。

「噢，拜託！」第一個男孩又叫又笑。不想輸人的他回道：「我的可以飛到天堂！」三個男孩再次又叫又笑。

接下來，第三個男孩和平地把大家比下去。他往上一指，說道：「我的球可以一路飛到上帝那裡。」

男孩們在競爭沒錯，而他們的競爭也是遊戲的一部分，會創造連結。「競爭」一詞可能讓人聯想到壞心眼，但這種狀況其實不然，是本質上善意又和平的口語遊戲——一種男孩們既熟悉又共享、所以樂在其中的對話儀式。同時，這也讓他們得以練習使用語言協商自己在階級制度中的地位。

同一部影片中捕捉到女童在遊戲時的片段，與此產生對比。兩個女孩坐在一張小塑膠桌旁，拿著麥克筆在畫畫。一個女孩突然停下來，抬起頭，轉向自己的朋友說：「妳知道我那個叫安柏的保母，已經有隱形眼鏡嗎？」（應該是已經戴隱形眼鏡。）

另一個女孩稍微停頓，然後很熱切地回應：「我**媽媽**也有隱形眼鏡，我**爸爸**也有。」聽到這個，兩人都開心地笑了。我們要注意的是，第二個女孩不僅提出了呼應的行為（戴隱形眼鏡），同時也用了一樣奇怪的語法（「有隱形眼鏡」）。女孩們繼續畫畫，然後第一個女孩抬起頭，似乎很興奮地叫道：「一樣耶？！」

女孩對於能「一樣」所展現出的快樂，正如男孩對於能勝過彼此所展現出的快樂。她們也樂在一個既熟悉又共享的對話儀式中。不過，這種儀式讓她們可以練習用語言強調相似性。同時，這些女孩們也在練習想像力。如果第二個女孩的爸媽並沒有真的戴隱形眼鏡，我也不會意外——就像男孩們大概也很難把球丟到天堂、丟給上帝一樣。還有，正如男孩在他們的競爭式口語遊戲上的態度非常合群，女孩對創造連結這件事也可以態度好強——例如，女孩們常常會比較誰更親近受歡迎的女孩。

這一切觀點，代表我還是點出地位（或階級制度）與連結（或親密度）的差別，但如今我會更強調兩者間的相互作用。

另一個我擔心遭到過分概括的模式，是女人習慣比男人迂迴的說法。無疑地，這在部分情況下對許多女人而言肯定成立，尤其是在女人要別人聽從的時候。例如，我在關於職場男女的書《朝九晚五的男女對話》（*Talking from 9 to 5*）裡也詳細探討，女性管理者比男性更可能在沒有直接要求的情況下，表達自己希望別人做的事，她們以為不需要給下屬直接的命令，對方便會服從。而在許多情況下，男人會沒察覺這種迂迴而間接的要求。不過有一封讀者來信卻點醒了我，男人也常常態度迂迴。

這位讀者回應了我在《聽懂另一半》裡描述的一個場景讓女人備感無力：女人想聊問題，藉此創造並鞏固親密感，男人卻告訴她該怎麼處理問題。來信的男讀者指出，男人聽到女人描述問題而提出處理方法的建議時，八成以為對方在要求自己解決問題——否則為何對方會跟自己說有這個問題呢？（他這樣認定，因為他不會只為了創造連結而傾訴問題。）換句話說，他對女方的話語，解讀是迂迴的。

這樣思考我才明白，我在《聽懂另一半》描述的另一個場景，重點也不是女人的迂迴，而是男人。女人往往比男人更容易道歉——這個模式儼然成為不衰的議題。女人如果碰到男人犯錯、令她失望或痛苦卻不道歉，也會很受挫。我在《因為我愛你》討論過，我有一天突然意識到，女人面對男人拒絕道歉的無力感，就跟男人面對女人拒絕直接要求的無力感一樣。同樣地，又是讀者的意見讓我理解。

明明白白表示「我很抱歉自己做了那件事，我做錯了」的女人，是態度直接。選擇避免道歉卻用其他方式（例如「我想我沒幫上什麼忙」）表達後悔的男人，是態度迂迴。我第一次看出這種類比情況，是某位男士（訪問我的記者）表示，每當他妻子不直接要求他做什麼、卻會想辦法要他做的時候，他其實大多知道妻子的暗示，但他覺得妻子還沒好好提出要求，所以他拒絕順從。我才明白，這個道理就類似於：女人知道丈夫對於讓人失望一事有愧，但因為她覺得丈夫還沒好好道歉，所以很不滿意。

一般而言，女人不只在道歉方面比較直接，也比較能直言自己受傷；男人則往往不太願意用那麼多話表達自己受傷。這種模式的案例出現在《聽懂另一半》的第九章。男大學生溫斯頓跟朋友提摩西聊天。提摩西已婚，但溫斯頓沒有對象。討論這種差別時，溫斯頓說：「我認為很多人一開始，也許還很年輕，他們可能就懷抱要百分之百犧牲的態度，後來他們被狠狠傷過。或者是他們的想法被狠狠傷了。很有可能，你知道的，這讓他們，你知道，接下來很長一段時間都用退縮的態度面對感情。」我當時評論，溫斯頓的言下之意似乎是他百分之百付出過感情，卻沒有結果，所以導致他現在沒有對象。這種例子讓我們看到，與其說女人的一切都比男人更迂迴，不如說男人和女人在不同的話題上，會有不同的直接或迂迴態度。

多年來，我不僅在讀者意見中獲得見解，他們的問題也給我許多啟發。我最常被問到的是：書裡描述的差異，是生物上還是文化上的？換句話說，是先天的還是後天的？我最感興趣的是，為何我們如此執著要區分這些影響。或許其中一種解釋，就存在於我已然觀察到的一種性別模式。問這個問題的人，通常會覺得自己知道答案：他們要不是深信男女差異幾乎或全然基於生物性，就是相信差異幾乎或全然是文化型塑。男人往往相信是生物因素，而女人則認為是文化因素——這種劃分本身就耐人尋味。許多人似乎以為，如果性別差異基於生物性，那麼無可避免地，女性執行長會少之又少，而且大多數女人會多分擔一些家務與育兒工作。按照這種推斷，男人的罪惡會減輕，同時女人想弭平這種不平等的希望也就注定失敗。另一方面，有些人則以為性別差異如果基於文化型塑，那麼，我們明天就可以改變自己不喜歡的種種一切。但這兩種假定在我看來都不精確。如果這種差異是源自生物性，那並不表示無法改變行為模式；而若是受文化形塑，卻往往極度深遠、難以改變。

我自己的研究並沒有為這個生物之於文化的難題帶來解答。我在語言學上的訓練與研究工作，讓我有能力觀察、描述、解釋說話的種種模式，而不是調查它們的來源。不過，我的看法是人類行為（包括關於性別的行為與其他類型）的模式是生物與文化影響密不可分的綜合體。依我看，我們的難題在於理解行為模式存在的樣貌。這種理解會提供一個起點，讓我們在公領域也好、對生活如此重要的個人關係領域也罷，做出自己希望的任何一切改變。

在此我討論的所有澄清釋疑與資料補充，都是讀者的意見和問題帶起的——包含記者與廣電製作人這類的專業讀者，也包含我偶遇或演講之後碰到的讀者。對我來說，這就是《聽懂另一半》意外成功最令人欣慰的回報：有此榮幸，擁有這麼多思慮周密又不吝分享的人讀了我的想法，並試著體會與理解。他們不嫌麻煩告訴我自己的反應，讓我聽見他們的見解，同時讓我得以一窺他們的個人經驗，這麼一來，加強了我對自己觀點的認識。我很感謝這些帶來真知灼見又讓我一探他們生活的禮物。我要把再版的《聽懂另一半》，獻給我的讀者。

致謝

我要向鼎力相助的同事致謝；他們閱讀本書初稿並提供增色改善的意見，這份情義，世俗的言謝也不足。謝謝 A. L. Becker、Penelope Eckert、Ralph Fasold、Michael Geis、Karl Goldstein、Robin Lakoff、Neal Norrick、Susan Philips、Naomi Tannen、Barrie Thorne和David Wise付出的時間與專注心力。更早之前，羅賓．萊可夫便對我有恩了。她開先鋒地研究語言與性別，闢出一條後來分支成許多不同探索方向的研究之路，讓我跟我這一代的學者有了起點。她一九七三年任教於加州柏克萊大學時，在語言學研究所開的課，對我大有啟發，埋下我日後成為語言學家同時選擇該校接受學術訓練的種子。她到現在還是我的朋友、對我百般支持，而且是追求理論研究卻不忘實際含意與影響的模範學者。我對勞夫．法索也多所感激。從他身上，我向來都可以得到智識上讓我珍惜不已的協助與挑戰，他和我討論我的研究，同時提供深具啟發的見解、範例，還有他自己的人脈資源，以及寶貴的電腦知識。我真感謝喬治城大學給了我這麼一個完美的同事兼朋友。

還有其他許多人也提供了很重要的協助，例如閱讀部分初稿、針對內容提出看法、分享他們自己的經歷，或者和我討論想法等等。雖然我成群羅列這些人，但是，對他們每個人的貢獻，我卻是一一感念在心：Katherine Abramovitz、Steve Barish、Niko Besnier、Tom Brazaitis、Bruce Brigham、Marjorie Brigham、Penelope Brown、Jocelyn Burton、Caroline Celce-Murcia、Andrew Cohen、Bronwyn Davies、Bambi Evans-Murray、Paul Friedrich、Allen Furbeck、Jim Garofallou、John Goldsmith、Paul Goldstein、Marjorie Harness Goodwin、John Guarnaschelli、Annie Hawkinson、Ray Hays、Paul Hopper、Deborah James、Christina Kakava、Judith Katz-Schwartz、Carolyn Kinney、Mark Kohut、Helen Kotsonis、Addie Macovski、Joseph Mahay、Alan Marx、Rachel Myerowitz、Susie Napper、Myriam Nastase、Mandana Navid-Tabrizi、Rebekah Perks、Molly Peterson、PuaPua Ponafala、Dennis Preston、Lucy Ray、Dan Read、Chuck Richardson、Celia Roberts、Joanna Robin、Elif Rosenfeld、Cynthia Roy、Pamela Saunders、Deborah Schiffrin、Gail Schricker、Tom Schricker、Amy Sheldon、Wendy Smith、Kyong Sook Song、Carola Sprengel、Jana Staton、Dorothy Tannen、Eli Tannen、Gary Weaver、Bob Webb、山田悅子，還有山田陽。我要謝謝Bruce Dorval給我機會分析他錄下的朋友談話影片與其逐字稿，而且還授權讓我引用這些內容。我也要謝謝Susan Gluck，再也沒有比她更好的經紀人了；還要謝謝William Morrow and Company出版社的全體員工，特別是我的編輯Maria Guarnaschelli——謝謝她從一開始就對這本書充滿信心，從頭到尾投入了無限的熱情與精力。

最後，我要對我的丈夫Michael Macovski說：謝謝你做的一切。

參考資料

請見：http://qrcode.bookrep.com.tw/tk001，或掃描以下 QR code。

一起來　0ZTK0041

聽懂另一半

破解男女溝通邏輯，語言學家教你解讀弦外之音

You Just Don't Understand: Women and Men in Conversation

作　　者　黛博拉・泰南 Deborah Tannen
譯　　者　沈聿德
主　　編　林子揚
編輯協力　張展瑜

總 編 輯　陳旭華 steve@bookrep.com.tw
出版單位　一起來出版／遠足文化事業股份有限公司
發　　行　遠足文化事業股份有限公司（讀書共和國出版集團）
　　　　　23141 新北市新店區民權路 108-2 號 9 樓
電　　話　02-22181417
法律顧問　華洋法律事務所　蘇文生律師

封面設計　Dinner illustration
內頁排版　宸遠彩藝工作室
印　　製　通南彩色印刷股份有限公司
初版一刷　2023 年 9 月
定　　價　450 元
I S B N　9786267212264（平裝）

國家圖書館出版品預行編目（CIP）資料

聽懂另一半：破解男女溝通邏輯，語言學家教你解讀弦外之音 / 黛博拉．泰南 (Deborah Tannen) 著；沈聿德譯．-- 初版．-- 新北市：一起來出版，遠足文化事業股份有限公司，2023.09
面；14.8×21 公分．--（一起來思；41）
譯自：You just don't understand : women and men in conversation
ISBN 978-626-7212-26-4(平裝)

1. 兩性溝通　2. 兩性關係

544.7　112009043